LITURGIA

Dados Internacionais de Catalogação na Publicação (CIP)
(Câmara Brasileira do Livro, SP, Brasil)

Beckhäuser, Alberto, 1935-2017
  Liturgia / Alberto Beckhäuser. 2. ed. – Petrópolis, RJ: Vozes, 2019.

  ISBN 978-85-326-5982-8

  1. Celebrações litúrgicas 2. Igreja Católica –
3. Liturgia 4. Palavra de Deus (Teologia)
5. Reflexão I. Título.

04-6817   CDD-264

Índices para catálogo sistemático:
1. Liturgia : Celebrações : Cristianismo   264

FREI ALBERTO BECKHÄUSER, OFM

LITURGIA

EDITORA
VOZES

Petrópolis

© 2004, 2019, Editora Vozes Ltda.
Rua Frei Luís, 100
25689-900 Petrópolis, RJ
www.vozes.com.br
Brasil

Todos os direitos reservados. Nenhuma parte desta obra poderá ser
reproduzida ou transmitida por qualquer forma e/ou quaisquer meios
(eletrônico ou mecânico, incluindo fotocópia e gravação) ou arquivada em
qualquer sistema ou banco de dados sem permissão escrita da editora.

CONSELHO EDITORIAL

Diretor
Gilberto Gonçalves Garcia

Editores
Aline dos Santos Carneiro
Edrian Josué Pasini
Marilac Loraine Oleniki
Welder Lancieri Marchini

Conselheiros
Francisco Morás
Ludovico Garmus
Teobaldo Heidemann
Volney J. Berkenbrock

Secretário executivo
João Batista Kreuch

Diagramação: Sheilandre Desenv. Gráfico
Revisão gráfica: Nilton Braz da Rocha / Nivaldo S. Menezes
Capa: Renan Rivero

ISBN 978-85-326-5982-8

Esta obra teve uma edição com o título
Os fundamentos da Sagrada Liturgia.

Editado conforme o novo acordo ortográfico.

Este livro foi composto e impresso pela Editora Vozes Ltda.

Sumário

Apresentação à segunda edição, 7

Prefácio, 11

Abreviaturas e siglas, 13

Introdução, 15

1. A ciência litúrgica, 19

2. Liturgia em abordagem filológica, 25

3. Liturgia como celebração, 31

4. Mistério nas religiões naturais, 35

5. O catolicismo tradicional em confronto com os mistérios do culto da religiosidade natural, 43

6. Aprofundamento do conceito de mistério, 50

7. Páscoa – Fato valorizado, 63

8. A Páscoa – Fato da Nova Aliança, 69

9. Páscoa-rito, o mistério do culto cristão, 75

10. A Sagrada Liturgia à luz da *Sacrosanctum Concilium*, 79

11. A Liturgia, obra da Santíssima Trindade, 84

12. Liturgia, ação da Igreja, 92

13. A Liturgia na totalidade da vida da Igreja, 99

14. O símbolo: a expressão significativa da Liturgia, 102

15. Os mistérios do culto de Cristo e da Igreja, 106

16. A expressão significativa da Liturgia: os ritos litúrgicos, 114

17. As pessoas: a assembleia e os ministros, 120

18. A Palavra de Deus: a Bíblia e a Liturgia, 128

19. A Palavra da Igreja na Liturgia: a eucologia, 141

20. Elementos da natureza como símbolos na Liturgia, 147

21. Objetos como símbolos na Liturgia, 157

22. A corporeidade na Liturgia, 162

23. Vestes sagradas, 172

24. A arte da cor na Liturgia, 179

25. A arte do som: a música e o canto litúrgicos, 190

26. Tempo e Liturgia, 199

27. Comunicação litúrgica e a arte da comunicação na Liturgia, 206

28. Participação da Liturgia, 214

29. A Liturgia através da história – I: Da Igreja primitiva até o século XVI (Concílio de Trento), 219

30. A Liturgia através da história – II: Do século XVI (Concílio de Trento) até os nossos dias, 232

31. O Magistério da Igreja e Liturgia, 246

32. Adaptação, criatividade, inculturação, 254

33. Liturgia e catequese, 261

34. Liturgia e espiritualidade, 264

35. Pastoral Litúrgica, 275

Referências, 283

Índice, 289

Apresentação à segunda edição

Uma coleção de teologia, escrita por autores brasileiros, leva-nos a pensar a função do teólogo no seio da Igreja. Tal função só pode ser entendida como atitude daquele que busca entender a fé que professa, e, por isso, faz teologia. Esse teólogo assume, então, a postura de produzir um pensamento sobre determinados temas, estabelecendo um diálogo entre a realidade vivida e a teologia pensada ao longo da história, e se caracteriza por articular os temas relativos à fé e à vivência cristã, a partir de seu contexto. Exemplo claro desse diálogo, com situações concretas, são Agostinho ou Tomás de Aquino, que posteriormente tiveram muitas de suas teorias incorporadas à doutrina cristã-católica, mas que a princípio buscaram estabelecer um diálogo entre a fé e aquele determinado contexto histórico. Como conceber um teólogo que se limita a reproduzir as doutrinas pensadas ao longo da história? Longe de ser alguém arbitrário ou que assuma uma posição de déspota, o teólogo é aquele que dialoga com o mundo e com a tradição. Formando a tríade teólogo-tradição-mundo, encontramos um equilíbrio saudável que faz com que o teólogo ofereça subsídios para a fé cristã, ao mesmo tempo que é fruto do contexto eclesial em que vive.

Outra característica que o acompanha é a de ser filho da comunidade eclesial, e como tal deve fazer de seu ofício um serviço aos cristãos. Se consideramos que esses cristãos estão inseridos em realidades concretas, cada teólogo é desafiado a oferecer pistas, respostas ou perspectivas teológicas que auxiliem na construção da identidade cristã que nunca está fora de seu contexto, mas acontece justamente na relação dialógica com ele. Se o contexto é sempre novo, também a teologia se renova. Por isso o teólogo olha novos horizontes e desbrava novos caminhos a partir da experiência da fé.

O período do Concílio Vaticano II (1962-1965) consagrou novos ares à teologia europeia, influenciada pela *Nouvelle Théologie,* pelos movimentos bíblicos e litúrgicos, dentre outros. A teologia, em contexto de modernidade, apresentou sua contribuição aos processos conciliares, sobretudo na perspectiva do diálogo que ela própria estabelece com a modernidade, realidade latente no contexto europeu. A primavera teológica, marcada por expressiva produção intelectual e pelo contato com as várias dimensões humanas, sociais e eclesiais, também chega à América Latina. As conferências de Medellín (1968) e Puebla (1979) trazem a ressonância de vários teólogos latino-americanos que, diferente da teologia europeia, já não dialogam com a modernidade, mas com suas consequências, vistas principalmente no contexto socioeconômico. Desse diálogo surge a Teologia da Libertação e sua expressiva produção editorial. A Editora Vozes, nesse período, foi um canal privilegiado de publicações, e produziu a coleção *Teologia & Libertação* que reuniu grandes nomes na perspectiva da teologia com a realidade eclesial latino-americana. Também nesse período houve uma reformulação conceitual na *REB* (Revista Eclesiástica Brasileira), organizada pelo ITF (Instituto Teológico Franciscano), sendo impressa e distribuída pela Editora Vozes. Ela deixou de ser canal de formação eclesiástica para se tornar um meio de veiculação da produção teológica brasileira.

Embora muitos teólogos continuassem produzindo, nas décadas do final do século XX e início do XXI, o pensamento teológico deixou de ter a efervescência do pós-concílio. Vivemos um momento antitético da primavera conciliar, denominado por muitos teólogos como inverno teológico. Assumiu-se a teologia da repetição doutrinária como padrão teológico e os manuais históricos – muito úteis e necessários para a construção de um substrato teológico – que passaram a dominar o espaço editorial. Essa foi a expressão de uma geração de teólogos que assumiu a postura de não mais produzir teologia, mas a de reafirmar aspectos doutrinários da Igreja. O papado de Francisco marcou o início de um novo momento, chancelando a produção de teólogos como Pagola, Castillo, e em contexto latino-americano, Gustavo Gutiérrez. A teologia voltou a ser espaço de produção e muitos teólogos passaram a se sentir mais responsáveis por oferecerem ao público leitor um material consonante com esse momento.

Em 2004, o ITF, administrado pelos franciscanos da Província da Imaculada, outrora responsável pela coleção *Teologia & Libertação* e ainda responsável pela *REB*, organizou a coleção *Iniciação à Teologia*. O Brasil vivia a efervescência dos cursos de teologia para leigos, e a coleção tinha o objetivo de oferecer a esse perfil de leitor uma série de manuais que exploravam o que havia de basilar em cada área da teologia. A perspectiva era oferecer um substrato teológico aos leigos que buscavam o entendimento da fé. Agora, em 2019, passamos por uma reformulação dessa coleção. Além de visarmos um diálogo com os alunos de graduação em teologia, queremos que a coleção seja espaço para a produção teológica nacional. Teólogos renomados, que têm seus nomes marcados na história da teologia brasileira, dividem o espaço com a nova geração de teólogos, que também já mostraram sua capacidade intelectual e acadêmica. Todos eles têm em comum a característica de sintetizarem em seus manuais a produção teológica que é fruto do trabalho.

A coleção *Iniciação à Teologia*, em sua nova reformulação, conta com volumes que tratam das Escrituras, da Teologia Sistemática, Teologia Histórica e Teologia Prática. Os volumes que estavam presentes na primeira edição serão reeditados; alguns com reformulações trazidas por seus autores. Os títulos escritos por Alberto Beckhäuser e Antônio Moser, renomados autores em suas respectivas áreas, serão reeditados segundo os originais, visto que o conteúdo continua relevante. Novos títulos serão publicados à medida que forem finalizados. O objetivo é oferecermos manuais às disciplinas teológicas, escritos por autores nacionais. Essa parceria da Editora Vozes com os teólogos brasileiros é expressão dos novos tempos da teologia, que busca trazer o espírito primaveril para o ambiente de produção teológica, e, consequentemente, oferecermos um material de qualidade, para que estudantes de teologia, bem como teólogos e teólogas, busquem aporte para seu trabalho cotidiano.

Welder Lancieri Marchini
Editor teológico, Vozes
Organizador da coleção

Francisco Morás
Professor do ITF
Organizador da coleção

Prefácio

Na 45ª Congregação Geral, em 10 de outubro de 1964, dentro da discussão sobre a hierarquia, os padres conciliares aprovam a missa concelebrada. Isso significa que eles passam a celebrar a missa em conjunto, com a presidência de um deles e a concelebração de outros. A Igreja Católica assume um modo de celebrar consonante com o entendimento que ela tem de si mesma, como Povo de Deus reunido em torno da palavra e da mesa eucarística. Os padres não mais celebrariam isolados, mas concelebrariam junto da comunidade. A liturgia passou a ser entendida pela perspectiva da participação plena, consciente e ativa dos fiéis.

A Constituição Dogmática *Sacrosanctum Concilium* trata de mudanças que carregam consigo um forte simbolismo. As celebrações em língua vernácula e mais próximas do povo, com o altar voltado à assembleia litúrgica em contraposição às missas anteriores ao Concílio, eram celebradas no altar-mor, de costas para o povo e em latim, trazendo consigo a perspectiva da participação ativa dos fiéis. Essa nova concepção litúrgica supera o rubricismo pré-moderno e reintroduz no catolicismo a dimensão celebrativa do cristão que se torna participante dos ritos.

Da participação ativa dos fiéis vêm as principais instruções pastorais que serão fundamentais no processo de recepção do Concílio em contexto latino-americano. A participação ativa acontece, sobretudo, pela inteligibilidade. Assim, a participação litúrgica proposta pelo Concílio deve ser ciente (SC 11) e consciente (SC 14, 48, 79).

A liturgia como um todo é entendida na perspectiva eclesial. A Palavra e sua pregação têm papel importante nesse processo. A comunidade católica passa a ser entendida como aquela que se reúne ao redor da Palavra, que por sua vez exerce eficácia sobre a comunidade. A obra que agora reeditamos traz a síntese do processo litúrgico conciliar, possibilitando a ciência e a consciência do celebrar. Frei Alberto Beckhäuser, um dos mais reconhecidos liturgistas em contexto brasileiro e conhecedor do contexto e dos textos conciliares, traz os principais fundamentos teóricos e pastorais que constroem a sagrada liturgia da Igreja e, consequentemente, a participação ativa dos fiéis cristãos.

Welder Lancieri Marchini
Editor teológico, Vozes
Organizador da coleção

Francisco Morás
Professor do ITF
Organizador da coleção

Abreviaturas e siglas

As abreviaturas dos livros bíblicos bem como os textos são da *Bíblia Sagrada*, Petrópolis, Vozes.

AVLB = Animação da Vida Litúrgica no Brasil, Doc. 43 da CNBB

CIC = Catecismo da Igreja Católica

CELAM = Conselho Episcopal Latino-Americano

CNBB = Conferência Nacional dos Bispos do Brasil

DL = *Dicionário de Liturgia*. São Paulo, Edições Paulinas, 1992

DP = III Conferência Geral do Episcopado Latino-Americano: PUEBLA. *A Evangelização no Presente e no Futuro da América Latina*. Texto oficial da CNBB. Petrópolis, Vozes, 1985

IGMR = Instrução Geral sobre o Missal Romano, 3ª ed. típica

LG = Constituição Dogmática *Lumen Gentium* sobre a Igreja, do Concílio Vaticano II

MS = Sagrada Congregação dos Ritos, *Instrução sobre a Música na Sagrada Liturgia*

PL = MIGNE. Patrologia Latina

REB = Revista Eclesiástica Brasileira, Petrópolis, Vozes

SC = *Sacrosanctum Concilium*, Constituição sobre a Sagrada Liturgia, do Concílio Vaticano II

Introdução

O Concílio Vaticano II teve como grande objetivo "fomentar sempre mais a vida cristã entre os fiéis" (SC 1). Para alcançar tal objetivo "julgou seu dever cuidar de modo especial da reforma e do incremento da Liturgia" (cf. SC 1).

"A santa Mãe Igreja deseja com empenho cuidar da reforma geral de sua Liturgia, a fim de que o povo cristão na Sagrada Liturgia consiga com mais segurança graças abundantes. Pois a Liturgia consta de uma parte imutável, divinamente instituída, e de partes suscetíveis de mudança. Estas, com o correr dos tempos, podem ou mesmo devem variar, se nelas se introduzir algo que não corresponda bem à natureza íntima da própria Liturgia, ou se estas partes se tornarem menos aptas. Com esta reforma, porém, o texto e as cerimônias devem ordenar-se de tal modo que de fato exprimam mais claramente as coisas santas que eles significam e o povo cristão possa compreendê-las facilmente, na medida do possível, e também participar plena e ativamente da celebração comunitária" (SC 21).

Essa reforma geral deverá seguir alguns critérios: *"A fim de que se mantenha a sã tradição e assim mesmo se abra caminho para um legítimo progresso, sempre preceda cuidadosa investigação teológica, histórica e pastoral acerca de cada uma das partes da Liturgia a serem reformadas"* (SC 23).

Contudo, para uma renovação e incremento da Sagrada Liturgia, não basta sua reforma a partir de uma compreensão teológica da Liturgia. Exige-se uma séria formação litúrgica do clero e de todo o povo através da catequese e da pastoral litúrgica:

"Deseja ardentemente a Mãe Igreja que todos os fiéis sejam levados àquela plena, cônscia e ativa participação das celebrações litúrgicas que a própria natureza da Liturgia exige e à qual, por força do batismo, o povo cristão, 'geração escolhida, sacerdócio real, gente santa, povo de conquista' (1Pd 2,9; cf. 2,4-5), tem direito e obrigação. Cumpre que essa participação plena e ativa de todo o povo seja diligentemente considerada na reforma e no incremento da Sagrada Liturgia. Pois é a primeira e necessária fonte da qual os fiéis haurem o espírito verdadeiramente cristão. E por isso, mediante instrução devida, deve com empenho ser buscada pelos pastores de almas em toda ação pastoral. Não havendo, porém, esperança alguma de que tal possa ocorrer, se os próprios pastores de almas não estiverem antes profundamente imbuídos do espírito e da força da Liturgia e dela se tornarem mestres, faz-se, por isso, muitíssimo necessário que antes de tudo se cuide da formação litúrgica do clero" (SC 14).

A grande reforma da Sagrada Liturgia completou 40 anos. Também no Brasil, os rituais, todos eles reformados, foram traduzidos. Por ser uma tarefa permanente na Igreja, sua renovação e animação ainda se encontram a meio caminho.

A reforma, de modo geral, foi bem acolhida entre nós. Muito se caminhou também na renovação e na animação litúrgicas. Certamente, a Sagrada Liturgia ainda não está no centro da ação pastoral da Igreja, que a compreende como *"cume para o qual tende a ação da Igreja e, ao mesmo tempo, a fonte donde emana toda a sua força"* (cf. SC 10).

Em relação à formação litúrgica do clero, dos religiosos e dos fiéis em geral também surgiram numerosas iniciativas como o Instituto de Pastoral Litúrgica (Ispal), a Associação dos Liturgistas (Asli), numerosos cursos, o Curso de Pós-graduação em Liturgia da Pontifícia Faculdade de Teologia Nossa Senhora da Assunção, em São Paulo, Centros de Formação Litúrgica, traduções de manuais de Liturgia para nível superior, produção de livros e artigos sobre a Sagrada Liturgia, formação litúrgica para os futuros presbíteros nos seminários, a organização da Pastoral Litúrgica em nível nacional, diocesana e paroquial.

Trabalhando, há quase quarenta anos, neste setor, publicamos uma série de livros sobre a Sagrada Liturgia, destacando-se o livro *Celebrar a Vida Cristã: Formação litúrgica para Agentes de Pastoral, Equipes de Liturgia e Grupos de Reflexão*, editado em 1984, lembrando os 20 anos da *Sacrosanctum Concilium*.

Merecem destaque os documentos da CNBB sobre a renovação litúrgica, particularmente o Documento n. 43 sobre a *Animação da Vida Litúrgica no Brasil*.

Neste início do terceiro milênio, a Igreja do Brasil sente o despertar dos leigos, sempre mais sedentos de um aprofundamento da fé em geral e da Sagrada Liturgia em particular.

Multiplicaram-se os Cursos de Teologia para os Cristãos Leigos, sempre mais engajados na ação pastoral. É neste contexto e a partir dessa demanda que nasceu a Coleção *Iniciação à Teologia*.

O Concílio Vaticano II propõe que *"nos seminários e casas religiosas de estudos, a disciplina da Sagrada Liturgia esteja entre as matérias necessárias e mais importantes; nas faculdades teológicas, porém, entre as principais. E seja tratada tanto sob o aspecto teológico e histórico quanto espiritual, pastoral e jurídico. Empenhem-se, além disso, os professores das demais disciplinas, especialmente de Teologia Dogmática, Sagrada Escritura, Teologia espiritual e pastoral, que, pelas exigências intrínsecas do objeto próprio de cada uma, ensinem o mistério de Cristo e a história da salvação, de tal modo que transpareçam claramente a sua conexão com a Liturgia e a unidade da formação sacerdotal"* (cf. SC 16).

O que vale para os seminários, casas religiosas de formação e as faculdades teológicas, aplica-se também aos Cursos de Teologia para os cristãos leigos.

Assim, **Os fundamentos da Sagrada Liturgia** pretende ser um texto que sirva à formação litúrgica dos leigos em nível superior. Trata-se da **Introdução à Liturgia**, ou **Liturgia Fundamental**. Um segundo volume abordará a sacramentalidade de toda a Liturgia, particularmente dos Sacramentos.

Os fundamentos da Sagrada Liturgia serão desenvolvidos numa progressão, segundo a seguinte temática:

Temas introdutórios; a compreensão teológica da Sagrada Liturgia; a ritualidade ou sacramentalidade de toda a Liturgia; temas decorrentes da compreensão teológica da Sagrada Liturgia.

Sendo a Sagrada Liturgia *"a primeira e necessária fonte, da qual os fiéis haurem o espírito verdadeiramente cristão"*, somente a partir de uma compreensão teológica da mesma os cristãos poderão viver a Sagrada Liturgia, crescendo em sua conformação a Cristo Jesus e transformando toda a vida numa liturgia vivida. Eles são chamados a realizar o que escreve o Apóstolo Paulo: *"Eu vos exorto, pois, irmãos, pela misericórdia de Deus, que vos ofereçais em vossos corpos, como hóstia viva, santa, agradável a Deus. Este é o vosso culto espiritual"* (Rm 12,1). Unirão numa só realidade fé e vida, podendo exclamar com o mesmo Paulo: *"Eu vivo, mas já não sou eu, é Cristo que vive em mim"* (Gl 2,20).

1
A ciência litúrgica

A ciência litúrgica, como é praticada hoje, é bastante recente. Passou por uma evolução muito grande até chegar aos nossos dias. Até por volta de 1500 não existiam tratados sobre Liturgia. Houve, sim, comentários sobre os Ritos feitas pelos Padres da Igreja e, posteriormente, Tratados sobre os Sacramentos no âmbito da Teologia Escolástica.

No início do século XVI surgem as primeiras preocupações com a vida litúrgica, cristalizada nas igrejas catedrais e nos mosteiros, distanciada do povo cristão. Podem ser lembrados os monges camaldulenses Paulo Giustiniani e Pedro Querini, autores de um *Libellus ad Leonem X* que contém importantes indicações para revitalizar a Liturgia e abrir seus tesouros a todo o Povo de Deus. Fala da necessidade de instrução, sobretudo bíblica, do clero e dos religiosos, a adoção da língua vernácula na celebração dos divinos mistérios, a reordenação dos livros litúrgicos, a eliminação de elementos espúrios, a catequese que leve a fazer com que os fiéis conheçam o valor da Liturgia.

O Concílio de Trento (1545-1563) nas suas três fases teve que se ocupar com questões referentes à Liturgia, mas sob o ponto de vista doutrinal e cultual. Fê-lo assumindo uma atitude de denúncia dos erros e de condenação dos abusos, de defesa da fé e da tradição litúrgica da Igreja. Deu atenção a questões atinentes à instrução litúrgica do povo, propondo, por decreto de uma reforma geral, um programa pastoral, confiando a sua aplicação à Sé Apostólica e aos Bispos.

Os Romanos Pontífices encetaram uma reforma geral da Sagrada Liturgia de 1568 a 1614. A reforma pretendia reformar os ritos, reconduzindo-os à "antiga norma dos Santos Padres". Aconteceu, porém, que as fontes patrísticas eram pouco conhecidas. Conseguiu-se uma notável unidade ritual no âmbito da Liturgia romana, que readquiriu dignidade e beleza, mas acentuando-se ainda mais sua fixidez que derivava mais dos ordenamentos rubricais que a regulavam do que de sua natureza. Assim a iniciativa pedida pelo Concílio de Trento não chegou a uma verdadeira reforma da Liturgia por falta de dados hauridos das Fontes. Foi, antes, profundamente influenciada pela Teologia Escolástica sobre os Sacramentos. Em 1688 o Papa Sisto V criou a Sagrada Congregação dos Ritos para a tutela e o ordenamento das celebrações litúrgicas da Igreja romana.

O ensino dos ritos da Igreja era confiado geralmente à Cadeira do Direito ou da Moral. Aprendia-se a "dizer Missa", a administrar validamente os Sacramentos da Igreja. Eram estudados os rituais, assimilando as normas e as rubricas, ou seja, o Cerimonial da Igreja. A própria Liturgia chamava-se também "as sacras cerimônias".

A partir da época do Iluminismo do século XVII, podemos falar de uma ciência litúrgica. Iniciou-se a pesquisa histórica do culto cristão, suas fontes e sua evolução através dos séculos. Assim, o estudo da Sagrada Liturgia consistia em estudar a história das normas e rubricas para administrar validamente os Santos Sacramentos e aprender os diversos rituais. Isso perdurou praticamente até o século XX.

No século XIX, mesmo que a Liturgia ainda fosse compreendida preponderantemente como *Culto público oficial da Igreja*, inicia-se o processo de volta às Fontes. Surgem na Igreja os diversos

Movimentos de retorno à Igreja primitiva e aos Padres da Igreja, como o Movimento bíblico, o Movimento patrístico, o Movimento catequético.

Na esteira desses movimentos tomou força também o Movimento Litúrgico, que se propunha voltar à pureza original da Sagrada Liturgia. É um movimento de volta às Fontes bíblicas, patrísticas e litúrgicas. O movimento toma força nos fins do século XIX, foi incentivado pelo Papa Pio X no início do século XX e se impôs com grande pujança em todo o mundo até o Concílio Vaticano II.

Nomes que se destacaram. Entre os precursores do Movimento Litúrgico está Dom Prosper Guéranger (1905-1975), a partir do Mosteiro de Solesmes na França, que se distinguiu pela restauração do canto litúrgico para uma maior vivência do Ano Litúrgico. Aderiram muitos mosteiros beneditinos da Europa. Como promotores do Movimento Litúrgico propriamente dito, distinguiram-se Lambert Beauduin, na Bélgica, Josef Andreas Jungmann, S.J., e Pius Parsch, na Áustria, Romano Guardini, na Alemanha, Cipriano Vagaggini, na Itália. Quem, contudo, revolucionou a ciência litúrgica foi o monge beneditino do Mosteiro de Maria Laach, na Alemanha, Dom Odo Casel, com sua compreensão da Liturgia como *Mistério do culto de Cristo e da Igreja*, a partir do estudo das "religiões dos mistérios". Suas pesquisas foram de vital importância para uma compreensão teológica da Sagrada Liturgia.

Com o Movimento Litúrgico, sobretudo a partir de Odo Casel, o estudo da Liturgia recebe novo enfoque. Sem omitir o aspecto ritual e histórico, busca-se agora o sentido teológico da Liturgia, como o fez magistralmente o monge beneditino Dom Cipriano Vagaggini no seu clássico *Il Senso Teológico della Liturgia*, cuja primeira edição apareceu em 1957, refeita em 1965, logo após o Concílio Vaticano II.

Já antes do Concílio surgem os Centros e Escolas de Liturgia em vista da formação de especialistas para formação de professores e promotores da Pastoral Litúrgica.

Em 1943 é fundado em Paris o Centro de Pastoral Litúrgica. Queria ser teológico, bíblico e pastoral ao mesmo tempo. Em 1947, foi fundado o Instituto Litúrgico de Tréveris, na Alemanha, que promoveu importantes Congressos de Liturgia.

Em 1960, surge o Instituto Superior de Liturgia, em Paris, cujo enfoque de abordagem é o estudo das Fontes. A partir desses Centros de estudos na França surge o primeiro grande Manual de Liturgia *Église en Prière* (Igreja em Oração), sob a coordenação de A.G. Martimort, traduzido e publicado no Brasil pela Editora Vozes Ltda.

Em 1961, é fundado o Pontifício Instituto Litúrgico de Santo Anselmo em Roma, cujo enfoque é a Teologia da Liturgia e sua espiritualidade, a partir das Fontes. Deste Instituto surgiu a coleção *Anamnesis*, traduzida e publicada no Brasil pela, então, Edições Paulinas.

Já após o Concílio Vaticano II, sobretudo a partir de Santo Anselmo, floresceu a ciência litúrgica na Espanha. Em 1965 surgiram o Centro de Pastoral Litúrgica e o Instituto de Liturgia de Barcelona, agora Instituto Superior de Liturgia de Barcelona. Este Instituto enfatiza as dimensões antropológica e pastoral da Liturgia. Deste esforço de aprofundamento da Sagrada Liturgia na Espanha nasceu também um Manual de Liturgia em três volumes, *A Celebração na Igreja*, organizado por Dionisio Borobio, traduzido e publicado no Brasil pelas Edições Loyola. É obra conjunta da Associação Espanhola dos Professores de Liturgia (A.E.P.L.).

Ao raiar do terceiro milênio da era cristã, o Conselho Episcopal Latino-Americano (Celam) oferece, com a contribuição de liturgistas latino-americanos, o *Manual de Liturgia – La Celebración del Misterio Pascual,* em quatro volumes, sendo o primeiro uma breve síntese, visando aos Seminários Menores, ao Propedêutico e às Casas de formação à vida religiosa. O manual deseja favorecer uma formação litúrgica aos latino-americanos a partir das realidades da Igreja e da sociedade latino-americanas.

Podemos dizer que com o Movimento Litúrgico instaurou-se um novo método de ensino da Sagrada Liturgia, dando ênfase à Teologia e à Espiritualidade da Liturgia. Esta visão é acolhida pelo Concílio que pede uma formação litúrgica integral, *"tratada tanto sob o aspecto teológico e histórico quanto espiritual, pastoral e jurídico"* (cf. SC 16).

Após o Concílio deu-se novo passo. Pioneiro dessa nova compreensão é Dom Salvatore Marsili, primeiro presidente do Pontifício Instituto Litúrgico de Santo Anselmo, discípulo de Odo Casel. Ele não se contenta com uma Teologia da Liturgia. Propõe, antes, uma Teologia Litúrgica. O princípio sempre aceito pela Tradição da Igreja que a *lex orandi statuat legem credendi* (a lei da oração constitua a lei da fé) faz com que a Liturgia da Igreja esteja entre as fontes primárias da Sagrada Teologia. Diríamos que a Teologia Litúrgica deve levar à vivência de uma Liturgia teologal. Todo o mistério da fé refletido na Teologia é vivenciado na Liturgia. Hoje, passado quase meio século do Concílio, percebe-se que toda pesquisa, o ensino e o estudo da Sagrada Liturgia devem ser iniciáticos e mistagógicos. Em outras palavras: Toda a abordagem da Sagrada Liturgia deverá partir da prática celebrativa, dos ritos, introduzir teórica e praticamente nas Celebrações (aspecto iniciático) e aprofundar os mistérios celebrados (aspecto mistagógico).

Na Sagrada Liturgia verifica-se a convergência de toda a realidade. Entra tudo o que é divino e humano, e, mesmo, todo o criado. Como diz o Vaticano II, a Liturgia *"caracteriza-se de ser, a um tempo, humana e divina, visível mas ornada de dons invisíveis, operosa na ação e devotada à contemplação, presente no mundo e no entanto peregrina. E isso de modo que nela o humano se ordene ao divino e a ele se subordine, o visível ao invisível, a ação à contemplação e o presente à cidade futura, que buscamos"* (SC 2).

Por isso, a ciência litúrgica, embora autônoma sob certo aspecto, exige a interdisciplinaridade. Uma formação integral que realmente inicie na vida litúrgica e leve ao crescimento na vida cristã tem que se valer da Filosofia, da Teologia fundamental e sistemática, da Teologia Bíblica e da Moral. Não podem estar ausentes as Ciências Humanas e Sociais, a Antropologia, a Antropologia Religiosa, a Psicologia, a Pedagogia, a Comunicação. Terão que ser considerados a História, o Direito, a Espiritualidade.

Daí se compreende a obra de iniciação à Liturgia de Julián López Martín, em dois respeitáveis volumes, *No Espírito e na Verdade*. Vol. I. *Introdução Teológica à Liturgia*. Vol. II. *Introdução Antropológica à Liturgia*, traduzida e publicada pela Editora Vozes. Neste trabalho aparecerão esses dois aspectos, o teológico e o antropológico.

2
Liturgia em abordagem filológica

A palavra **liturgia** para designar o culto da Igreja é de uso bastante recente. Os termos anteriormente usados eram sobretudo: Ofício Divino, Culto Divino, Sagradas Funções, Serviço religioso, Cerimônias sagradas, Ritos sagrados. O termo liturgia na era recente começou a ser usado na época do Iluminismo. Criou força com o Movimento Litúrgico e entrou no linguajar comum praticamente nos inícios do século XX, sobretudo a partir de Pio X.

Infelizmente a palavra liturgia é hoje usada mesmo no campo civil como um conjunto de ritos preestabelecidos. Fala-se também da liturgia de um processo jurídico. Tornou-se sinônimo de ritual, cerimonial ou protocolo. Os dicionários a designam como culto público e oficial instituído por uma Igreja.

Uma compreensão filológica do termo liturgia pode abrir horizontes para uma compreensão mais ampla de Liturgia, como celebração, como obra de Deus, ação da Santíssima Trindade, Serviço Divino de Salvação, e evitar uma compreensão ritualista e legalista da mesma.

Já Pio XII, em 1947, na carta encíclica *Mediator Dei*, condenava o conceito ritualístico e legalista da Liturgia. Escreve Pio XII: *"Estão, portanto, muito longe da verdadeira e autêntica noção da Sagrada Liturgia aqueles que a julgam como sendo apenas a parte externa e sensível do culto divino, fazendo-a consistir no aparato decorativo das cerimônias; e não erram menos os que a têm como simples conjunto de leis e regras com que a Hierarquia Eclesiástica manda ordenar a execução dos ritos sagrados"* (n. 22).

Para muitos, ainda hoje, a Liturgia é simplesmente um conjunto de ritos edificantes que levam os cristãos a rezarem ou a contemplarem melhor. Haveria duas coisas paralelas: ritos belos e artísticos por um lado e devoção e contemplação por outro. Existe uma dicotomia entre ritos e devoção ou comunicação. São ainda os saudosistas esteticistas. Possuem tal ideia de Liturgia aqueles que querem uma Liturgia bonita, com canto gregoriano e em latim, paramentos tradicionais e assim por diante. Isso não quer dizer que a arte e a estética não tenham sua importância na Liturgia, mas ela não é simplesmente isso.

A outra compreensão errônea sobre Liturgia, conforme Pio XII, é a do legalismo. A Liturgia seria o conjunto de normas, leis e orientações promulgadas pela hierarquia, que regem o culto oficial da Igreja. Neste grupo encontram-se os legalistas e rubricistas, que põem a Liturgia meramente na observância exata e escrupulosa de todas as normas e regras indicadas nas rubricas dos livros litúrgicos. Não quer dizer que não haja necessidade de normas e leis na Liturgia, mas Liturgia não é apenas isso.

O termo liturgia é palavra grega. Origina-se de dois termos. λεῖτον (lêiton), daí, λαός (laós), que significa povo ou o público e ἔργον (érgon), que significa ação ou obra, trabalho, afazeres, daí, λειτουργία (leitourguía), liturgia. Seria a obra ou ação do povo? Não. É a ação em favor do povo ou obra pública, em favor do público.

No mundo grego clássico, o termo era usado particularmente em dois sentidos, mas sempre como uma ação ou serviço de uma parte em favor do todo. Assim, por exemplo, a promoção dos jogos olímpicos era considerada uma liturgia, um serviço em favor do povo. A própria guerra em favor da nação constituía uma liturgia. O termo era usado também no campo religioso. Era, então, o culto ritual prestado às divindades em favor do povo, enquanto praticado por um grupo em favor do público ou em nome do povo. Aos poucos, o termo começou a ser usado para designar um serviço qualquer de uma parte em favor do todo e finalmente qualquer ação ou serviço prestado.

Nestas duas acepções, de serviço divino prestado por um indivíduo ou grupo sacerdotal em nome e para todo o povo e qualquer serviço prestado ao próximo, o termo passou para os escritos do Novo Testamento. A palavra liturgia com seus derivados ocorre 15 vezes. Em Lucas, Zacarias aparece exercendo um ofício religioso no templo: "Completados os dias do serviço [de sua liturgia], voltou para casa" (Lc 1,23). Nos Atos dos Apóstolos o termo ocorre para designar uma celebração da comunidade eclesial, durante a qual Paulo e Barnabé são enviados em missão: "enquanto celebravam a liturgia em honra do Senhor..." (At 13,2). Em Paulo, o termo liturgia tem um sentido amplo. Aparece quase sempre o aspecto religioso da ação da caridade. Ele compreende como uma liturgia o serviço aos pobres de Jerusalém. Parece que a coleta era feita numa assembleia de culto (cf. Rm 15,26-27). Também o serviço do Evangelho aos pagãos é considerado uma liturgia (cf. Rm 15,16).

Na carta aos Hebreus o termo liturgia aparece seis vezes intimamente ligado ao culto judaico e em relação a Jesus Cristo como Sumo Sacerdote, Mediador entre Deus e os homens. Jesus Cristo foi o grande liturgo, não no sentido de que tenha pertencido à casta sacerdotal ou realizado ritos cultuais a exemplo dos sacerdotes da Antiga Aliança, mas como Sumo Sacerdote da Nova Aliança. Diz-se na carta: "O ponto essencial de tudo que acabamos de dizer é este: temos um Sumo Sacerdote, que está sentado à direita do trono da Majestade divina nos céus. Ministro do santuário e do verdadeiro tabernáculo erigido pelo Senhor e não por homens" (Hb 8,1-2). Pouco adiante, continua: "Ele, entretanto, obteve um ministério tanto mais excelente quanto mais perfeita é a aliança selada por melhores promessas, da qual ele é mediador" (Hb 8,6). O seu sacerdócio substitui e é superior ao sacerdócio da Antiga Aliança: "Enquanto todo sacerdote se ocupa diariamente de seu ministério e repete inúmeras vezes os mesmos sacrifícios, que todavia não conseguem apagar os pecados, Cristo ofereceu pelos pecados um único sacrifício e logo em seguida tomou lugar para sempre à direita de Deus" (Hb 10,11). Cristo prestou o maior serviço à humanidade, o serviço da salvação, da vida plena. Ele presta culto ao Pai por sua total obediência a Ele, reconhecendo sua condição humana.

A partir desta compreensão religiosa de liturgia podemos perceber que a primeira e fundamental liturgia acontece eternamente no seio da Santíssima Trindade. Existe em Deus a intercomunhão de vida e de amor. O Pai, desde sempre e para sempre, gera o Filho, dá-se ao Filho. O Filho, gerado e não criado, comunica-se ao Pai no amor. Da comunhão de amor do Pai e do Filho procede o Espírito Santo, Dom de amor do Pai e do Filho. Deus é eterna Liturgia. Toda esta comunhão dinâmica em Deus é chamada de sinergia divina.

Deus é o amor, é o bem. É próprio do bem comunicar-se. Ele é a vida, mas quis ser também a fonte de vida, derramar esta vida no amor para fora de si mesmo. Isso se dá na Encarnação do Verbo, na criação do universo e nos seres humanos, criados para participarem de sua vida e do seu amor. A fonte do Amor e da Vida se abre. Pelo pecado do ser humano ela se tinha fechado. No Verbo encarnado, Jesus Cristo, esta fonte se abre novamente para toda a humanidade. Jesus serve, cultua a Deus no seu amor obediente e assim serve a toda a humanidade, a toda a criação. Antes de o ser humano cultuar, cultivar Deus, é Deus quem cultua (cultiva, serve) o ser humano. Jesus Cristo pela encarnação cultuou (cultivou) a Deus e a toda a humanidade, a toda a criação, tornando novas todas as coisas, abrindo a fonte da vida. Do lado aberto de Cristo jorram águas de vida eterna. Esta é a liturgia de Deus em favor da humanidade por Cristo e em Cristo.

Esta fonte de vida divina Jesus Cristo a confiou desde o Pentecostes a sua Igreja, para que ela, na força do Espírito Santo, a fizesse jorrar para toda a humana criatura e para todo o criado. A Igreja é enviada com o poder de levar a todos a se saciarem na fonte de água viva e assim entrarem em comunhão de vida e de amor com Deus, com o próximo e toda a realidade criada. É a Liturgia, o serviço de salvação, de culto a Deus, de santificação e de glorificação. O melhor culto a Deus é deixar-se santificar por Deus.

A Igreja é chamada a prestar este serviço de salvação, fazendo memória do serviço de salvação, isto é, de vida divina, à humanidade. Neste sentido, todo serviço de salvação é Liturgia.

Neste serviço de salvação prestado pela Igreja podemos distinguir dois modos. Primeiro, a que podemos chamar de **memória testamentária**. Jesus Cristo deixou seu testamento, o testamento do novo mandamento: "Um novo preceito eu vos dou: que vos ameis uns aos outros. Assim como eu vos amei, amai-vos também uns aos outros" (Jo 13,34). Deus deseja abrir a todos a fonte da vida, aberta por Jesus Cristo através da ação da caridade, através do mandamento do amor a Deus, ao próximo e a toda a realidade criada. É a Liturgia vivida. Entra aqui o serviço de salvação pela vivência do Evangelho, pelo anúncio do Evangelho e toda a ação da Igreja, que inclui as boas ações de qualquer ser humano, na boa vontade da busca e promoção do bem.

O segundo modo de realizar o serviço de salvação podemos chamar de **memorial celebrativo ritual** da obra de salvação realizada por Cristo Jesus. Comemorando a obra de Cristo, a liturgia de Cristo em favor da humanidade, esta obra se torna presente, se torna atual, no hoje dos que na fé em Cristo Salvador fazem sua memória. É a Liturgia ritual. Por ritos comemorativos as pessoas participam daquele serviço de salvação que Jesus Cristo prestou à humanidade.

Portanto, toda a vida pode transformar-se numa grande liturgia, participação da Liturgia divina, obra da Santíssima Trindade, obra de Jesus Cristo e da Igreja. Concluímos daí que a Liturgia não nos pertence. Ela constitui um dom de Deus. Podemos dizer que pela Liturgia memorial ritual somos abençoados e somos chamados e enviados a abençoar sobretudo pela ação litúrgica memorial testamentária na ação da caridade.

Nossa abordagem neste tratado quer aprofundar o sentido da Liturgia no seu sentido estrito celebrativo ritual, sem nunca perder de vista a compreensão da Liturgia no sentido amplo. Isso nos ajudará a perceber a íntima relação que tem o culto ritual, a fé celebrada e a vida de fé a perpassar toda a existência humana.

3
Liturgia como celebração

1. Métodos de abordagem

Existem vários tipos de abordagem da Liturgia, compreendida em geral como culto público oficial da Igreja.

Há autores que iniciam com a origem do culto cristão, considerando suas raízes na prática religiosa dos judeus, a participação de Jesus no culto público judaico, a prática religiosa de Jesus e o culto dos cristãos nos inícios da Igreja com sua evolução através da história.

Outros abordam o culto cristão a partir de uma definição conceitual de Liturgia enunciando as mais diversas definições possíveis.

O Catecismo da Igreja apresenta a Liturgia como celebração do mistério cristão. Parte do conceito de "celebração", sem no entanto aprofundá-lo. Desdobra depois a matéria em vários capítulos como "quem celebra", "como se celebra", "quando se celebra", "onde se celebra".

Nós preferimos trilhar um caminho diferente. Não partimos de um conceito dado ou adquirido. O conceito de Liturgia vai sendo desvelado aos poucos.

Partimos do fenômeno da celebração numa abordagem antropológica do fenômeno da celebração ou da festa. Não basta viver. O ser humano sente a necessidade de celebrar a vida.

A partir da compreensão da celebração em nível humano e social, passamos a analisar e aprofundar os elementos da celebração, chegando, aos poucos, à celebração cristã, à Sagrada Liturgia como *Celebração do Mistério Cristão* ou, no dizer de Odo Casel, a *Liturgia como Mistério do Culto de Cristo e da Igreja*.

2. Celebração

"Celebrar" significa, no sentido próprio, frequentar, ir muitas vezes a um lugar, ir em grande número, assistir em massa a uma festa ou solenidade; tornar célebre. Daí, fazer alguma coisa muitas vezes, praticar. Em sentido figurado significa: celebrar, solenizar, festejar, fazer exéquias; honrar, louvar, elogiar, tornar célebre. Como empregos especiais temos o significado de divulgar, espalhar, tornar conhecido. Assim, "célebre" significa primeiramente frequentado, movimentado, populoso. Temos em português a palavra "freguesia" e "fregueses" com esses diversos significados. Mais tardiamente, começou a significar também ilustre, famoso. Para que alguém seja ilustre ou famoso é preciso divulgar muitas vezes o que a pessoa realizou. Originariamente, não possui sentido religioso. Note-se, no entanto, o aspecto da frequência, de grande número, de movimento apressado e repetitivo.

A festa tem um sentido mais amplo de manifestação de alegria, com extroversão. Em geral é também mais ampla no tempo, com preparativos. Leva um dia ou mais dias. A solenidade, por sua vez, é compreendida como celebração em data fixa segundo o rito.

Tomemos um exemplo muito nosso, muito da cultura brasileira: a celebração do primeiro aninho de uma criança.

A celebração é constituída de três elementos:

1) O **fato valorizado**, ou **páscoa** – No caso do primeiro aniversário da criança, o que se celebra é o fato do nascimento, a vida que veio à luz e é conservada durante um ano. Este fato é evocado,

é lembrado, é narrado e divulgado. Terá que ser um fato valorizado, um bem. O negativo não merece ser divulgado, não se celebra.

2) A **expressão significativa do fato, ou o rito simbólico do fato** – O fato do nascimento se torna presente através de uma linguagem, que no caso, mais do que a palavra ou discurso narrativo, é a representação simbólica. Esta expressão significativa forma um rito. No caso do aniversário, o rito se compõe de diversos elementos ou diversas ações simbólicas: o espaço no âmbito familiar; a presença dos pais, avós, irmãos, padrinhos, os priminhos; a mesa com o bolo indispensável e a vela acesa; a presença da criança diante do bolo e da vela. Todos reunidos, canta-se o "Parabéns". É sempre o mesmo canto. Chato? Não. Faz parte do rito que seja conhecido, que seja familiar. Ele é sempre novo na novidade do fato celebrado. Segue-se a salva de palmas e leva-se a criança a apagar a vela. Por que soprar a vela? Talvez a criança não fale, mas ela age, comunica-se pelo sopro e o ar é manifestação da vida. A vela acesa é símbolo da vida, da alegria, da felicidade, agora presente e manifestada na criança que completa um aninho. Corta-se o bolo para a partilha da vida, da solidariedade, da confraternização. O conjunto desses elementos formam a expressão significativa ou o rito.

3) **Intercomunhão solidária** ou **mistério** – Pela vivência do rito evocativo do fato acontece a intercomunhão solidária entre as pessoas, acontece e comunica-se o mistério. É o terceiro elemento da celebração, o sentido e a razão de ser da celebração.

Assim, no centro de uma celebração, mesmo no nível antropológico, está o bem, a vida, o amor.

3. Nossa abordagem da matéria

Nossa abordagem da Liturgia Fundamental segue um caminho próprio, fruto de longos anos de ensino da Liturgia. Parte do princípio da Liturgia compreendida como Celebração do mistério de Cristo ou, conforme Odo Casel, a Liturgia como mistério do culto de Cristo e da Igreja.

Assim, aprofundaremos os três elementos constitutivos de uma celebração começando pelo conceito de mistério, passando para o conceito de páscoa e completando com o conceito de símbolo.

1) O **mistério** ou intercomunhão solidária, à luz da religiosidade natural ou das religiões naturais, onde também já aparecem os outros dois elementos, a páscoa e o símbolo ou rito.

2) A **Páscoa** ou fato valorizado – o que se celebra – à luz da experiência religiosa do povo de Israel. Na abordagem da Páscoa estarão presentes os outros dois elementos, ou seja, o mistério e o símbolo ou rito.

3) O **símbolo** (**rito**) ou expressão significativa – como se celebra – à luz da experiência da fé em Jesus Cristo, onde temos os elementos da Páscoa e do Mistério.

Finalmente, serão tratados temas decorrentes da compreensão teológica de Liturgia.

4
Mistério nas religiões naturais

O grande liturgista Odo Casel define a Liturgia como sendo *o mistério do culto de Cristo e da Igreja* (CASEL, 1948: 21; 102). Conforme essa compreensão, a Liturgia tem a ver com mistério, com culto, com Cristo e com Igreja. Para chegarmos a uma compreensão adequada do que seja a Liturgia é importante aprofundar primeiramente o conceito de mistério.

1. Compreensão filológica de mistério

Quando se fala de mistério, num primeiro momento, pensa-se em algo desconhecido, oculto, que não se pode entender pela razão humana. É verdade que este elemento está sempre presente. Por outro lado, falamos em mistério de Deus, mistério da Santíssima Trindade, mistério da Encarnação, mistério da Eucaristia, mistério de Natal, mistério da Páscoa, mistérios do Rosário, o mistério do homem, o mistério do mal, o mistério da semente, o mistério do olhar de uma criança. Percebemos, então, que se usa o termo mistério em sentidos diversos.

Se abrirmos o Pequeno Dicionário da Língua Portuguesa percebemos que a palavra mistério possui dupla conotação: o oculto, o secreto, o inatingível pela razão humana e o rito como expressão do culto.

A palavra mistério vem do verbo grego μύω (mýo), e daí o substantivo μυστήριον (mystérion). O verbo *mýo* significa estar fechado, estar cerrado, ou fechar-se, cerrar-se. Mas só de algo que pode ser descerrado, aberto. Assim diz-se da porta, da janela, dos olhos, da boca. Temos, pois, o elemento fechado, oculto, mas que pode ser revelado. A porta, por exemplo, oculta algo quando fechada e é capaz de revelar algo quando é aberta. Como exemplo de mistério poderíamos citar também a virgindade, significativa da identidade mais profunda da mulher e de sua potencialidade de vida tendo como fonte o amor verdadeiro.

2. As religiões dos mistérios

O termo mistério tem origem no chamado culto dos mistérios ou religiões dos mistérios do mundo grego antigo. Na origem desse culto encontra-se o mito, que tenta trazer à memória e à compreensão uma realidade de máximo valor, ou seja, a vida, tanto como fenômeno da natureza como fenômeno humano.

Não devemos considerar o mito como algo vazio. Pelo contrário, a narração do mito constitui uma forma de conhecimento, certamente mais profunda do que o discurso. Quando deseja captar realidades mais profundas do que pode alcançar o pensamento discursivo, o ser humano apela para o mito, procurando compreender e captar os mistérios de suas origens e do seu destino.

3. O mito de Coré

Para melhor compreendermos o mistério, vejamos a religião dos mistérios de Elêusis, cidade da antiga Grécia, à luz do mito de Coré. Os mitos falam da sorte das divindades dos tempos primitivos ou originais.

Este mito narra o seguinte:

Coré, jovem moça, é raptada por Plutão, deus dos infernos, ou seja, dos abismos, que a faz sua esposa. Demetra, mãe de Coré, considerando morta sua filha, passa a vingar-se da filha, destruindo tudo que ela toca em sua passagem. Aparece, então, Hermes, deus do sol, que, no carro de Plutão, arrebata Coré dos braços de Plutão e a restitui a sua mãe. E tudo revive. Mas, pelo fato de Coré ter-se tornado esposa de Plutão, doravante ela terá que viver uma terça parte do ano debaixo da terra e duas terças partes do ano sobre a terra.

Este é o mito. Ele se presta a múltiplas interpretações. Originariamente, porém, ele está ligado a um fenômeno da natureza, referente à vida, ou à sorte anual da semente lançada à terra antes do inverno. À luz disso, a interpretação se torna fácil. Coré significa a semente. Plutão, a terra. Demetra, a natureza, como o vento, a chuva, a neve, que tudo destrói durante o inverno. Hermes significa a primavera, o calor do sol, quando a semente germina, nasce e produz fruto, sendo assim devolvida à terra. Este ciclo de morte e vida repete-se a cada ano.

Interessante notar que a questão subjacente ao mito é a vida que passa pela morte. Temos aqui vários princípios de vida, não interpretados segundo os princípios do masculino e feminino. Platão, significando a terra, é quem acolhe a vida. Demetra, significando a natureza, exerce um princípio ativo. O princípio de fecundidade que conjuga Platão e Deméter é Hermes. Devemos considerar ainda outro aspecto da questão, entrando aí a dimensão religiosa, ou a comunicação com as divindades. É crença geral dos povos primitivos que o ser humano não tem poder sobre a vida. A vida é propriedade das divindades. Por isso, o ser humano busca a proteção da divindade sobre a vida. Ele o faz através de um rito que recorda a sorte da divindade.

Assim, o *rito* através do qual era representado vivamente o *mito* é chamado *mistério*. O **mistério** é, portanto, a recordação do **mito** através de um **rito**. O rito é mistério porque ao mesmo tempo oculta e revela algo, algo divino. Neste caso, revela o **mito** e leva a uma vivência do mito. Podemos chamá-lo também de *mistério do culto*, enquanto através do rito as pessoas se relacionam com a divindade. Os mistérios do culto nunca perdem o aspecto do oculto, por duas razões: primeiro, porque a experiência da relação ou comunhão com a divindade permanece sempre oculta sob o véu do rito; segundo, porque os ritos eram realizados ocultamente. A prática dos ritos iniciáticos chamados mistérios constituía uma expressão pré-religiões institucionalizadas, sob o domínio do poder público ou do "poder sacerdotal".

4. A dimensão antropológica do mistério nas religiões naturais

A dimensão religiosa do ser humano é um fenômeno universal. Está presente em todos os povos, mesmo antes que houvessem religiões institucionalizadas. Está presente em cada coração humano. Ela responde à aspiração mais fundamental do ser humano: o desejo de uma vida feliz para sempre. Por outro lado, o ser humano confronta-se com a realidade fatal da temporalidade. Ele nasce, cresce, chega à idade adulta, multiplica-se. Aos poucos aparecem os achaques da vida, envelhece e morre. Como fugir desse fatalismo da vida humana? Como garantir uma sobrevivência feliz após a morte? Aqui estaria a base das religiões.

Em quase todos os povos existe um mito muito significativo. Quer expressar a consciência de que houve um tempo em que as divindades e os seres humanos conviviam felizes neste mundo. Mas, por causa de várias razões – seria o pecado – houve uma ruptura entre os humanos e as divindades. Os deuses afastaram-se da humanidade e foram habitar nas esferas celestes. O ser humano, entregue a si mesmo, perdeu com isso a imortalidade e a sobrevivência feliz após a morte.

Para que a vida eterna feliz, este supremo valor do ser humano, seja recuperada existe uma só solução. É apelar para quem possui a vida: a divindade; procurar entrar em comunhão com ela nesta vida para garantir uma vida feliz após a morte.

Para isso, o ser humano deve entrar em comunhão com a divindade neste mundo. Um modo concreto de fazê-lo é através de *ritos* que comemorem mitos diversos, trazendo-os ao hoje, evocando a sorte das divindades.

Assim, se inicialmente o *rito*, que evocava um mito, chamado mistério, era uma maneira de entrar em comunhão com as divindades, pedindo-lhes proteção para a semente ou o rebanho, de que dependia a vida presente, é fácil compreender que esses ritos passassem a representar também um fenômeno humano: a crença na vida feliz após a morte. Acreditava-se que os seres humanos poderiam sobreviver após a morte numa vida feliz, contanto que neste mundo experimentassem, através de ritos imitativos, a sorte pela qual tinha passado uma divindade enquanto vivia neste mundo em tempos primitivos.

Por isso, realizavam ritos que evocavam mitos. Se no rito a pessoa experimentasse o que experimentara a divindade, ela estava de posse da salvação a σωτηρία (sôtéría), conquistava a garantia de uma vida feliz em companhia da divindade após a morte. Quando, no rito de iniciação, que consistia em abluções, transes, ou outros, a pessoa pudesse exclamar, por exemplo: "Eu sou Coré", ela estava de posse da σωτηρία (sôtéría), da salvação, da imortalidade. Era alguém iniciado no mistério, um μύστης? (mýstés), iniciado nos mistérios, na vida divina, sem precisar importar-se da vida moral a levar após o rito de iniciação.

Portanto, através do *rito* comemorativo do *mito*, a pessoa pretendia entrar em comunhão com a divindade. Assim, o *mistério* era o *rito* evocativo do *mito* pelo qual a pessoa se relacionava ou entrava em comunhão com a divindade.

Devemos, então, distinguir dois aspectos no mistério: o *rito* como tal e a comunhão com a divindade. Esta comunhão com a divindade através do rito comemorativo de um mito podemos chamar também *mistério do culto*. Temos, portanto, no mistério do culto, o aspecto da expressão significativa pelo rito e o culto, a comunhão com a divindade. Não está ausente o elemento fato valorizado subjacente à compreensão do mito.

5. Semelhanças e diferenças entre os mistérios do culto dos pagãos e os mistérios do culto dos cristãos

Mesmo sem termos ainda aprofundado os mistérios do culto cristão todos têm uma noção deles. Pensemos nos ritos de iniciação cristã como o Batismo, a Celebração eucarística, o Matrimônio.

É de grande proveito traçar agora uma comparação entre os ritos pagãos e os ritos cristãos para percebermos em que se semelham e em que diferem para, em seguida, analisarmos a religião do catolicismo brasileiro desde as suas origens.

1) **Semelhanças** – As semelhanças são muitas. Primeiramente, o que se busca em ambas as expressões é a vida, a sobrevivência feliz após a morte. A felicidade consiste numa sobrevivência feliz após a morte. O ser humano não é senhor, não é dono da vida, não tem poder sobre a vida; a vida é propriedade divina. Em ambos os casos se reconhece um tempo original de comunhão de vida com a divindade que pode ser recuperado. A existência de uma ruptura com a divindade. A realidade do fenômeno da vida que passa pela morte. A felicidade que se busca consiste no convívio com a divindade. A busca de salvação na divindade. A imitação da sorte da divindade, ou seja, a necessidade de se revestir, de se identificar com a divindade, já na vida terrena. Um aspecto interessante

encontramos no modo como se realiza esta comunhão com a divindade: através de ritos comemorativos e imitativos da divindade e da sorte da divindade. Em outras palavras, o rito é memorial e imitativo da divindade. Existe ainda a realidade da mediação. Lá temos Hermes; no mistério cristão, Jesus Cristo.

2) **Diferenças** – Existem, porém, algumas diferenças entre os mistérios pagãos e os cristãos. Antes de tudo, os mistérios pagãos ou das religiões naturais se baseiam no *mito*, ao passo que os mistérios do culto cristão se fundam num evento, o evento da salvação em Cristo Jesus. O fato valorizado celebrado nas religiões dos mistérios está no mito. Isso não quer dizer que subjacente ao mito não haja uma realidade de revelação natural de Deus, mas que não se encontra um evento salvífico histórico da divindade. Certamente para as religiões naturais a iniciação nos mistérios constitui uma realidade salvífica. Seriam as sementes do Verbo sacramentos de salvação. Esta compreensão nos leva a ver na Liturgia uma dimensão profunda de diálogo religioso, de respeito para com todas as formas de expressão religiosa, onde quer que elas se realizem.

Uma segunda diferença: Os mistérios pagãos estão baseados no politeísmo, em ídolos, ou deuses aparentes, ao passo que, assim o cremos, os mistérios cristãos se baseiam no Deus verdadeiro Uno e Trino que age na História por Cristo e em Cristo. É o Deus, Pai de Nosso Senhor Jesus Cristo.

Outra diferença é a compreensão da força do rito. Nos mistérios das religiões naturais o rito tem valor mágico. Nos mistérios cristãos tudo é dom, é gratuidade. Os ritos não agem por si mesmos, mas na fé em Deus que age na força do Espírito Santo. Constituem na fé a atualização da ação salvadora de Jesus Cristo realizada uma vez para sempre.

Nas expressões religiosas das religiões naturais a força está no próprio rito. A salvação é automática. Não importa como a pessoa viva em seguida. Nos mistérios cristãos, os ritos vividos na fé exigem uma vida de acordo com os ritos. Os cristãos já são salvos e ainda não o são.

5
O catolicismo tradicional em confronto com os mistérios do culto da religiosidade natural

Nos estudos sobre a prática religiosa dos povos latino-americanos, e particularmente do Brasil, fala-se de religião do povo, religião popular, religiosidade popular, em oposição ao catolicismo romano ou romanizado ou oficial do Clero. Outras expressões usadas são catolicismo popular ou catolicismo tradicional. Faz-se referência às muitas religiões católicas do povo brasileiro.

Não entramos aqui na distinção entre piedade popular e religiosidade popular. Contudo, uma distinção se faz necessária.

A locução *piedade popular* expressa mais o modo da prática religiosa do povo, o tipo de devoção. Assim, a reforma da Liturgia promovida pelo Vaticano II quer fazer com que toda a Liturgia seja popular, isto é, do povo.

A locução *religiosidade popular* tem mais a ver com religião, ou seja, com a relação do ser humano com a divindade, seja ela cristã ou não. Fala-se assim em religiosidade natural de qualquer ser humano. A expressão *religiosidade popular* expressa mais os conteúdos da fé do povo simples ou da religião do povo, em oposição à religião oficial ou institucionalizada, representada e transmitida pelo clero. Pode expressar também os aspectos de conteúdos da fé, inclusive da fé cristã, acentuados e preferidos pelas massas populares. Devemos reconhecer, porém, que muitas vezes os dois termos são usados como sinônimos.

1. Um povo muito religioso

No confronto da religiosidade do povo brasileiro com os mistérios das religiões naturais entra sobretudo a religiosidade. Neste sentido podemos afirmar que o povo brasileiro é muito religioso, herdeiro de uma religiosidade natural, pouco cristão e menos ainda eclesial. Para não cometermos injustiças, vamos por partes.

A fonte do catolicismo tradicional no Brasil possui três vertentes principais.

Foi herdado de *Portugal* na primeira evangelização. É tributário de um Evangelho mal-assimilado, de tradição anterior ao Concílio de Trento, eivado de elementos da religiosidade dos povos celtas com suas divindades e superstições. O próprio catolicismo trazido para o Brasil era desvinculado da autêntica tradição litúrgica da Igreja. Por motivo das circunstâncias, tornou-se no Brasil uma religião leiga, individualista, familiar, de associações e irmandades, de peregrinações e santuários, pouco compromissada com a ética, a moralidade e o compromisso de vida. Estabeleceu-se uma dicotomia entre fé e vida.

A segunda vertente são as práticas de *religiões naturais* por parte dos povos autóctones, os índios, com suas crenças e práticas religiosas. "Catequizados" e batizados para obterem a salvação, muitos continuavam com suas crenças e tradições religiosas, mesmo na clandestinidade.

A terceira grande vertente são os *afrodescendentes*. Eles vieram com suas crenças e ritos. Para entrarem no Brasil, serem brasileiros e serem gente, foram batizados compulsoriamente. Também eles não passavam por uma verdadeira iniciação na fé cristã e na prática religiosa. Muitos, quando conseguiam sobreviver em família, mantinham suas crenças e práticas religiosas.

Desta convergência de fatores, agravada pela falta de pastores, aos poucos foi se constituindo o que chamamos de catolicismo popular. Um povo semievangelizado, com práticas de religiões naturais primitivas.

Esta religiosidade caracteriza-se pela relação com um Deus conceito, um Deus Criador, um Deus vingativo que deve ser aplacado. Importa estar de bem com Ele. Por isso, os sentimentos de culpa, os pedidos de proteção, as promessas, as oblações expiatórias, uma religião de bênçãos e de salvação, onde não interessa a atitude de vida, a prática do bem.

Devemos reconhecer que o povo brasileiro é *muito religioso*. Basta pensar no linguajar diário. "Vai com Deus, fica com Deus", "Deus te abençoe", "Deus seja louvado", "se Deus quiser". Faz-se o sinal da cruz ao se passar diante de uma igreja, quando se inicia uma ação importante como o jogo de futebol. Trata-se, no entanto, de uma religiosidade preponderantemente natural.

2. Um povo pouco cristão

São católicos, mas será que são realmente cristãos? No sentido amplo sim, porque são batizados, mas no sentido pleno parece que não. Dizendo isso não queremos afirmar que o povo brasileiro não viva muitos valores cristãos, herdados da evangelização como constata Puebla (cf. DP 454- 455). Podemos citar a hospitalidade, a solidariedade, a compaixão, a fraternidade e a alegria de viver. Mas, a sua prática religiosa e cultual não está centrada em Jesus Cristo, no seu mistério pascal com suas exigências. O Deus cultuado não é o Deus Trindade nem o Pai de Nosso Senhor Jesus Cristo, cheio de bondade e de misericórdia. Isso aconteceu não por culpa própria, mas por condicionamentos históricos, resultado de uma evangelização deficiente por falta de pastores que lhe tivessem transmitido uma compreensão mais plena da mensagem do Evangelho e do culto cristão (cf. DP 456).

Os próprios signos do culto cristão católico são usados como expressão de sua religiosidade natural, em busca de bênçãos e de salvação. Pensemos nos sacramentos que lhes são administrados e são recebidos e não celebrados e muito menos vividos. Importam os sacramentos do ciclo da vida: Batismo, Primeira Comunhão, em geral, também a última, o Matrimônio e a Encomendação final a Deus.

3. Menos ainda eclesial

Pode-se dizer que o povo brasileiro, como todos os povos latino-americanos, é menos ainda eclesial. Falta-lhe uma consciência e uma prática comunitárias. É marcado pelo individualismo, pela prática da exploração e do próprio favorecimento, de um senso atrofiado do bem comum, de comunidade, tão presente nos povos autóctones. Como consequência verifica-se também uma deficiência da dimensão eclesial em sua prática religiosa e cultual. Existe, sim, uma referência à Igreja como grande instituição, da qual se gloria, onde os *católicos ocasionais* buscam a proteção, a bênção e a salvação. Mas trata-se de uma Igreja distante, clerical. O povo não se sente ele mesmo na Igreja como Corpo místico de Cristo, como Povo de Deus reunido no mistério da Trindade.

Assim, era usual falar-se de católicos praticantes e não praticantes. Hoje, prefere-se usar uma nova terminologia. Teríamos os católicos ocasionais ou de prática ocasional e os católicos participantes.

No Brasil – a situação não será muito diversa nos outros países da América Latina –, conforme estatística confiável, 20% da população, hoje talvez já um pouco mais, manifestam-se adeptos de outras confissões que não a católica. Dos outros 80%, isso significa mais de 100 milhões, 75% seriam católicos ocasionais, em torno de 100 milhões, e apenas 5%, uns 7 a 8 milhões, católicos participantes.

Abandona-se a expressão *católico praticante*, pois os 75% de *católicos ocasionais*, a seu modo, também são *praticantes*. Procuram viver sua fé católica sobretudo no nível dos sacramentais. Declaram-se "muito católicos" mas mostram- se, na prática, "pouco cristãos". Buscam os sacramentos do ciclo da vida, participam das expressões religiosas populares como as procissões da Semana Santa e dos Santos Padroeiros, de São Pedro e de Nossa Senhora dos Navegantes, as peregrinações aos santuários, as bênçãos, os eventos religiosos extraordinários como a peregrinação de imagens de Nossa Senhora e a visita do papa e outras formas de oração, elaborando e vivendo um calendário do Ano Litúrgico paralelo.

Por sua vez, a pequena porcentagem dos cristãos católicos participantes são chamados a fornecer todos os agentes para o serviço evangelizador e sacramental em favor dessas massas que procuram ocasionalmente a Igreja. Vive-se na periferia da fé.

4. Confronto com as religiões naturais

Poderíamos agora confrontar as duas realidades. Espelhar a realidade do catolicismo tradicional nas semelhanças e diferenças verificadas entre os mistérios das religiões naturais e os ritos da Igreja cristã católica.

O conceito de Deus – O Deus da religiosidade do povo brasileiro aproxima-se mais do conceito de Deus dos pagãos. Um Deus Criador, distante da história da humanidade, um Deus tremendo que castiga, que deve ser aplacado. Não o Deus pessoal, o Deus Trindade que caminha na história da humanidade, o Deus, Pai de Nosso Senhor Jesus Cristo.

Uma religião salvacionista – Usa ritos católicos para conseguir a salvação, receber salvação. Mesmo os ritos que celebram a fé cristã como o Batismo e a Eucaristia.

O caráter mágico dos ritos – Os ritos têm força, agem por si mesmos, sem compromisso de vida de acordo com o seu sentido. Uma vez recebido o Sacramento da Salvação, a vida corre paralela. O que importa é garantir o céu após a morte. Os ritos são compreendidos como sinais mágicos.

Idolatria – O Deus e Pai e Nosso Senhor Jesus Cristo, a Trindade Santa, são muitas vezes substituídos por ídolos, por deuses aparentes. Jesus, o Filho de Deus e Redentor, não se encontra no centro da prática da fé. Não se verifica, muitas vezes, um revestir-se da divindade, um revestir-se de Cristo no aqui e agora da vida presente.

Mercantilismo religioso – Tenta-se comprar o sagrado, tenta-se comprar as bênçãos e a salvação definitiva. Isso através dos diversos ritos. O sacerdote está apenas a serviço da salvação. Esquece-se o dom de Deus, a gratuidade, o aspecto celebrativo dos mistérios como acolhida da graça e da glorificação de Deus.

5. Desafios

Como foi dito, não se trata de culpa do nosso povo, mas de falta do anúncio da boa-nova cristã, o Evangelho, por falta de catequese de iniciação à vida cristã, por falta de pastores. Ouso afirmar que grande parte dos cristãos católicos nunca esteve na Igreja. Formam talvez a Igreja invisível. Quando, então, outras crenças religiosas atendem à sede da Palavra, e favorecem a experiência de comunidade, onde a pessoa é chamada e acolhida pelo nome, não é de admirar que elas lá permaneçam. Sob este aspecto a passagem do cristão católico, porque batizado, pode ser considerada um progresso no seu caminho para Deus, no seu caminho de santidade e de salvação.

Do conhecimento da realidade do catolicismo tradicional ou popular no Brasil brota uma série de questionamentos sobre a necessidade de uma nova evangelização, a necessidade de uma catequese de iniciação à vida cristã não só para crianças e adolescentes, mas para jovens e adultos, a necessidade de uma pastoral litúrgica que conheça as expressões da religiosidade popular e a valorize e, aos poucos, a vá purificando no que for necessário. Toda a Pastoral da Igreja no Brasil terá que partir da realidade religiosa do povo. Por isso, terá que estudá-la, aprofundar-se nela, descobrir seus valores, valorizá-los e evangelizar a partir deles.

6

Aprofundamento do conceito de mistério

Já vimos que no termo *mistério* estão presentes os aspectos de oculto, do inatingível à razão humana, e a possibilidade do ser revelado, mas nunca totalmente revelado. Está presente o elemento do rito, que vela e revela ao mesmo tempo. Não se trata simplesmente de um conceito abstrato, mas de uma ação, de uma relação, de uma comunicação.

1. O mistério de Deus

A partir da compreensão do sentido original da palavra mistério e mistério do culto podemos abordar agora o mistério de Deus. Deus apresenta-se como mistério sob vários aspectos.

Primeiramente Deus é mistério porque é infinito. Jamais poderemos apreender ou compreender plenamente a Deus. Ele é inesgotável. Sempre continuará mistério também no sentido de secreto, oculto, inatingível à razão humana.

Mais importante, porém, do que essa compreensão de Deus como mistério, é uma segunda. Deus é mistério em si mesmo, porque é comunhão de vida, de amor e de felicidade em si mesmo.

Deus é amor, Deus é bondade. Uma vez que nos é revelado que Deus é o Bem, a bondade, diz São Boaventura que Ele não podia ser simplesmente unidade, pois é próprio do bem comunicar-se. Esta comunicação se realiza no próprio Deus. O Pai ama eternamente o Filho, gerando-o desde toda a eternidade e para sempre. O Filho, por sua vez, ama o Pai. E do amor entre o Pai e o Filho procede o Espírito Santo, o Dom de amor do Pai e do Filho. Por isso, Deus é o mistério, sinergia de amor, de vida, de felicidade nele mesmo. Neste sentido Deus se basta. Trata-se do mistério em Deus mesmo. Claro que esta compreensão de Deus também continua mistério no primeiro sentido, no nível da compreensão.

2. O mistério de Cristo Jesus

Mistério, assim como o entende a Sagrada Escritura, principalmente São Paulo, os Padres da Igreja e a Liturgia, é o plano de Deus de fazer o ser humano participante de sua vida, de seu amor e de sua felicidade, revelado e realizado em Jesus Cristo e, por ele, nos seres humanos de boa vontade.

O mistério em si é um só e abrange toda a realidade. O mistério, como o entende a Liturgia, certamente não é uma verdade que se descobre simplesmente, ou uma verdade oculta que se revela somente à inteligência humana; mistério é, antes, uma verdade que, revelando-se, se cumpre, um desígnio ou plano de Deus que se realiza. Mistério é a ação de Deus, na qual Ele entra em comunhão com o mundo e com os homens. Por um lado, Deus se revela e se comunica ao homem e, por outro, o homem entra em comunhão com Deus.

O mistério realiza-se também para fora de Deus.

Deus é amor, é o Bem; somente Ele é bom. Deus, de sempre e para sempre, em sua bondade, tem o desígnio de fazer outros fora dele mesmo participantes de sua bondade, do seu amor, da sua vida e da sua glória. Trata-se do plano eterno de Deus realizado no tempo da criação. Dentro da visão cristocêntrica de todo o criado, conforme o Prólogo do Evangelho de João, e as Cartas de Paulo aos Efésios e aos Colossenses, o bem-aventurado João Duns Scotus e sua Escola Teológica sistematizaram resumidamente esse plano de Deus nos seguintes termos:

Deus é o Bem. Ora, é próprio do Bem difundir-se, comunicar-se. Claro que esta comunicação do Bem se dá na própria fonte do Bem, a Santíssima Trindade. Neste sentido Deus em si mesmo é plenitude de vida, de amor, de glória e de felicidade.

Mas, Deus quis que outros fora dele participassem desse Bem. Assim, na ordem das ideias, se assim se pode falar dos desígnios de Deus, na ordem do seu plano, o primeiro fora de Deus chamado a participar da plenitude do Bem seria o Deus-Homem ou o Homem-Deus, o Verbo Encarnado, Jesus Cristo. Ele seria o sumo amante de Deus e lhe daria a glória suprema. Em segundo lugar no plano de Deus, está a Mãe do Filho de Deus Encarnado, Maria. Em terceiro lugar, como companheiros no amor e na glorificação de Deus com Maria e Jesus Cristo, estão todos os homens e mulheres criados à imagem e semelhança de Deus. Em quarto lugar na ordem da prioridade vem toda a criação, o cosmos.

Na ordem da realização desse plano eterno segue-se a ordem inversa. Por Cristo e em Cristo, a Trindade Santa cria primeiramente o universo. Em seguida, o ser humano à sua imagem e semelhança, na inteligência, na vontade e na capacidade de amar. Ele é chamado a servir e glorificar a Deus, seu Criador. Como fina flor da humanidade e de toda a criação, eis Maria, a Mãe do Homem-Deus. Finalmente, como o fruto da criação e de toda a humanidade, Jesus Cristo.

Jesus Cristo está no centro do plano de Deus da criação, independentemente de os seres humanos serem ou não fiéis à sua vocação de celebrantes da glória do Pai. Pelo fato, porém, de o ser humano ter negado à sua vocação pelo pecado do orgulho, querendo ser igual a Deus, o Filho de Deus Encarnado Jesus Cristo, além de ser o Senhor na ordem da criação, torna-se também o Senhor na ordem da salvação.

Aprofundemos agora o mistério de Cristo, pois enquanto este plano de Deus se revela e se realiza em Cristo Jesus ele é chamado mistério de Cristo.

Mistério no sentido dos Escritos do Novo Testamento, dos Padres da Igreja e da Liturgia é visto sob o aspecto da Economia Divina da Criação e da Salvação.

Economia provém da palavra grega *oikonomía* (*oíkos* + *nómos*) que significa a norma da casa, a administração da casa. Prefiro distinguir entre Economia Divina da Criação e Economia Divina da Salvação. Ou ao menos que a Economia Divina da Salvação compreenda também a Criação. O plano de Deus da criação inclui a salvação. Temos a primeira criação e a nova criação em Cristo morto e ressuscitado.

A Economia Divina da Salvação é o plano de Deus em relação à sua família. Economia Divina da Salvação significa o plano que Deus tem em relação aos homens de fazê-los participantes de sua vida, de seu amor, de sua felicidade e de sua glória.

A Sagrada Escritura, a Liturgia e os Santos Padres usam a palavra mistério em sentidos diversos, mas está sempre latente a ideia fundamental de que no Mistério tem lugar o invisível e o visível, o celeste e o terreno, o divino e o humano; a virtude interior espiritual e a imagem exterior material.

A palavra mistério, onde duas realidades separadas se unem em uma só, comporta já uma ideia de núpcias, seja qual for o significado da palavra em cada caso concreto. Podemos dizer, então, que é o mistério do Esposo e da esposa, o mistério de Cristo-Igreja, o Mistério do Amor, o mistério daquele amor divino que desde a eternidade deseja as núpcias com seu par humano e não descansa enquanto não se tenha celebrado. Ainda hoje, Deus continua cortejando a humanidade para tomá-la como esposa e continuará a fazê-lo até que o Redentor e os remidos reunidos sejam um só Cristo.

A essência de Cristo consiste em ser para sempre **um** e **dois**, Jesus Cristo e Igreja. Trata-se de estar um com o outro, mas vitalmente o que se dá e o que recebe no ser daquele que dá. É um contato muito íntimo do que dá com o que recebe. É fazerem-se os dois uma mesma coisa. Mas, é ao mesmo tempo distância: o que recebe não se faz absolutamente uma coisa com o que dá; recebe dele; vive com ele e nele, mas continua sendo o que era; torna-se em viva imagem sua, mas não deixa de ser imagem, sempre dependente dele, sempre em estado de receptividade. Eis por que se chama de mistério a esta aliança nupcial de amor que une Deus com a humanidade, como esposo e esposa, sendo como que uma só carne.

Este plano de Deus, Paulo o descreve como sendo "a realização da Palavra de Deus, o mistério oculto desde os séculos e as gerações, mas agora revelado aos santos. Deus quis dar-lhes a conhecer a riqueza da glória deste mistério entre os pagãos, que é o próprio Cristo em vosso meio, a esperança da glória" (Cl 1,25-27; cf. Rm 16,25-26). O mesmo pensamento volta no fim da carta: "Orai também unânimes por nós para que Deus nos abra uma porta à palavra, a fim de anunciarmos o mistério de Cristo, por quem estou preso" (Cl 4,3; cf. Ef 6,19). Na Carta aos Efésios lemos: "Deu-nos a conhecer o mistério de sua vontade, conforme o beneplácito que em Cristo se propôs, a fim de realizá-lo na plenitude dos tempos: unir sob uma cabeça todas as coisas em Cristo, tanto as que estão no céu como as que estão na terra" (Ef 1,9-10). "Foi por revelação que se me manifestou o mistério que acabo de expor brevemente. Lendo-me, podereis entender a compreensão que me foi concedida do mistério de Cristo, que em outras gerações não foi manifestado aos homens da maneira como agora tem sido revelado pelo Espírito aos seus santos apóstolos e profetas. A saber: que os pagãos são também herdeiros conosco e membros de um mesmo corpo, coparticipantes das promessas em Cristo Jesus mediante o Evangelho" (Ef 3,3-6). "A mim, o menor de todos os santos, foi-me dada esta graça de anunciar aos pagãos a incalculável riqueza de Cristo e de manifestar a todos o desígnio salvador de Deus, mistério oculto desde os séculos em Deus, criador de todas as coisas. Assim, de ora em diante, as dominações e as potestades celestes podem conhecer pela Igreja a infinita diversidade da sabedoria de Deus, de acordo com o desígnio eterno que Deus realizou em Cristo Jesus, Senhor nosso. Pela fé que nele depositamos temos plena confiança de aproximar-nos junto a Deus" (Ef 3,8-12). O mistério de Deus é Cristo: "Tudo sofro para que seus corações sejam reconfortados e que, estreitamente unidos pela caridade, sejam enriquecidos da plenitude de inteligência para conhecerem o mistério de Deus, Cristo, no qual estão escondidos todos os tesouros da sabedoria e ciência" (Cl 2,2-3). Conforme Paulo, o mistério se realiza também na união de amor dos esposos em Cristo Jesus: "Grande é este mistério. Quero referir-me a Cristo e sua Igreja" (Ef 5,32).

A palavra mistério ocorre uma vez em cada evangelho sinótico. Marcos a usa no singular: "A vós foi confiado o mistério do Reino de Deus" (Mc 4,11). Não é somente dado a conhecer, mas o mistério é dado. Conforme Mateus, Jesus diz: "A vós foi dado conhecer os mistérios do reino dos céus" (Mt 13,11). Segundo Lucas, temos: "A vós foi dado conhecer os mistérios do Reino de Deus" (Lc 8,10).

O mistério de Deus é a Palavra de Deus sobre Deus, sobre aquele Deus que se revelou em Cristo e comunicou sua vida eterna mais íntima ao ser humano. Mistério é, pois, Cristo em nós, a esperança da glória. Mistério de Deus pode se dizer que é Cristo, a Palavra de Deus que se fez visível por causa dos homens e foi crucificado pela humanidade. Mas Cristo não é apenas a pessoa humano-divina do Senhor, mas o Cristo prolongado, o Cristo total, ou seja, o Cristo pneumático, Cristo juntamente com sua Igreja. Este Mistério é a comunhão de todos os remidos em Cristo Jesus. É a realidade que antes da criação do mundo existia unicamente no seio de Deus Uno e Trino e que o Filho nos trouxe. Esta realidade continua oculta aos nossos olhos de carne, mas ao mesmo tempo revelada em Cristo.

Assim, segundo Odo Casel, o mistério no cristianismo é o mistério de Deus, ou seja, o desígnio eterno de Deus revelado em Cristo que diz respeito à salvação dos homens e a realiza. Consiste em que Deus quer salvar todos os homens e cumulá-los de sua vida eterna pela união com seu Filho na unidade do Corpo Místico, na unidade da única Igreja amada como esposa. O Mistério é, por conseguinte, o plano redentor que Deus mesmo idealizou desde toda a eternidade e que atrai os homens a Deus, depois que Deus o realizou em Cristo Jesus. Chama-se mistério de Cristo enquanto esta comunhão divino-humana se realizou em Cristo Jesus.

3. A vocação do ser humano

A compreensão do mistério e da Liturgia em geral deve ser vista à luz da vocação do ser humano.

O ser humano constitui um ser chamado para a comunhão eterna com Deus, em harmoniosa união com os outros seres humanos, seus companheiros no amor, abraçando toda a realidade criada. Uma perspectiva maravilhosa que transparece claramente no primeiro capítulo da Carta aos Efésios e nos primeiros três capítulos do Gênesis.

Em ambos os textos bíblicos aparece primeiramente o plano de Deus da criação, que por causa do pecado também se torna plano de salvação.

Na Carta aos Efésios podemos ler: *"Bendito seja o Deus e Pai de Nosso Senhor Jesus Cristo que dos céus nos abençoou com toda a bênção espiritual em Cristo. Assim, antes da constituição do mundo, nos escolheu em Cristo para sermos em amor santos e imaculados a seus olhos, predestinando-nos à adoção de filhos por Jesus Cristo, conforme o beneplácito de sua vontade, para louvor da glória de sua graça com que nos agraciou em seu Bem-amado"* (Ef 1,3-6). Pouco adiante, lemos: *"Nele, em quem fomos escolhidos herdeiros, predestinados que éramos segundo o desígnio daquele que faz todas as coisas de acordo com a decisão de sua vontade, para sermos nós o louvor de sua glória, todos quantos já antes esperávamos em Cristo"* (Ef 1,11-12).

É a descrição do fim último do ser humano. Escolhido antes da criação do mundo para ser santo e irrepreensível diante de Deus, que nos predestinou no seu amor, adotando-nos como filhos por Jesus Cristo. Portanto, abençoado, isto é, beneficiado por Deus com toda a bênção espiritual, ou seja, com a própria vida de Deus, tornando-se celebrante da glória do Pai. Eis, pois, o ser humano como ser vocacionado, orientado para o próprio Deus, chamado a participar de sua vida, do seu amor, de sua felicidade, de sua glória.

Já no Livro do Gênesis lemos que o homem foi criado à imagem e semelhança de Deus (cf. Gn 1,26). Mas o homem não é um ser voltado para Deus pura e simplesmente. Ele possui uma vocação terrena de abertura para o próximo, seu companheiro no amor, e para a natureza criada. Isto aparece claramente no primeiro e segundo capítulos do Gênesis: *"Deus disse: 'Façamos o homem à nossa imagem e segundo nossa semelhança, para que domine sobre os peixes do mar, as aves do céu, os animais domésticos e todos os animais selvagens e todos os répteis que se arrastam sobre a terra'. Deus criou o homem à sua imagem, à imagem de Deus o criou, macho e fêmea Ele os criou. E Deus os abençoou e lhes disse: 'Sede fecundos e multiplicai-vos, enchei e subjugai a terra! Dominai sobre os peixes do mar, sobre as aves do céu e sobre tudo que vive e se move sobre a terra'"* (Gn 1,26-28).

O ser humano é constituído senhor da criação, recebendo a missão de administrar a sua casa e de continuar a obra da criação divina. Vemos aqui sua abertura para a natureza criada.

Contudo, o ser humano não constitui um ser isolado. Sozinho ele se sente inseguro. "E o Senhor Deus disse: 'Não é bom que o homem esteja só. Vou-lhe dar uma auxiliar que lhe corresponda" (Gn 2,18). "O homem deu nomes a todos os animais domésticos, às aves do céu e a todos os animais selvagens. Mas não havia para o homem uma auxiliar que lhe correspondesse" (Gn 2,20). Para mostrar que ele não é um ser isolado aparece a descrição da necessidade de uma companheira que lhe fosse adequada. Surge, então, a mulher, da mesma natureza do homem, um ser com o qual ele poderia entrar em diálogo, em comunhão. Diante dela o homem se extasia, descobre que ela constitui o seu próprio símbolo: "E o homem exclamou: 'Desta vez sim, é osso dos meus ossos e carne da minha carne! Ela será chamada 'mulher' porque foi tirada do homem'. Por isso deixará o homem o pai e a mãe e se unirá à sua mulher, e se tornarão uma só carne" (Gn 2,23-24).

Deus criou-os homem e mulher para que pudessem ser o reflexo do próprio Deus; realizando a unidade na pluralidade como em Deus. Estabelece-se um relacionamento harmonioso entre o homem e a mulher: *"Ambos estavam nus, o homem e a mulher, mas não se envergonhavam"* (Gn 2,25). Estavam revestidos do próprio mistério de Deus. O homem é chamado a realizar uma comunhão de amor, no nível do relacionamento entre o homem e a mulher na comunidade conjugal, na comunidade fraterna familiar – Caim e Abel – e na comunidade fraterna mais ampla, na sociedade. Onde o ser humano convive no amor, na harmonia, aí realiza-se o mistério. Esta comunhão de amor é fonte de vida. O mistério para fora de Deus realiza-se também aí onde Deus e o homem se encontram, convivem, colaboram, formam uma unidade. Mistério é comércio santo, comunhão humano-divina, comunhão humana em Deus.

As virtudes teologais da fé, da esperança e da caridade fazem-no acolher em si toda a realidade. Sendo uma criatura voltada para Deus na fé, ele é sacerdote que dá a Deus uma resposta de obediência, reconhecendo sua condição de criatura; sendo, na esperança, senhor da criação, ele dá sentido a todas as coisas e as orienta, como sacerdote, para o Criador, sem deixar-se escravizar, ou tornar-se dono absoluto. É o respeito diante da criação, que constitui a atitude de pobre, porque rico de Deus. No amor, é também um ser relacionado com o próximo: na comunidade conjugal e, logicamente, na fraterna e na social. Neste relacionamento existe o amor, a caridade, que aponta para Deus, constituindo-se desta forma profeta para o seu próximo.

Este homem vivia feliz. Símbolo desta felicidade é o paraíso. Ele podia ser imortal, o que vem expresso pela árvore da vida. Mas havia a possibilidade de fracassar pelo abuso de um grande dom recebido de Deus: a liberdade, representada pela árvore do bem e do mal. Ele poderia corresponder à sua vocação ou falhar desgraçadamente.

4. A queda, o "não" à vocação, e a necessidade da conversão

Este mistério das núpcias entre Deus e o ser humano teve sua primeira manifestação no paraíso. Deus criara o homem à sua imagem e semelhança. O primeiro homem representa aquela admirável unidade do invisível e o visível, do celeste e o terreno. Adão leva dentro de si o ser eterno do Pai, a visão do Lógos, o sopro e a sabedoria do Pneuma.

Acontece, porém, uma separação da criatura do Criador, da esposa, do Esposo. Com o pecado, descrito no capítulo terceiro do Gênesis, entra o desequilíbrio, a desarmonia na vida do homem. Desarmonia em relação a Deus, ao próximo e às criaturas.

No seu relacionamento de filho (sacerdote) em relação a Deus, ele tende a ser rebelde. Em vez de servo, ele quer ser senhor, "igual a Deus". "Ouvindo o ruído do Senhor Deus, que passeava pelo jardim à brisa da tarde, o homem e a mulher se esconderam do Senhor Deus no meio do arvoredo do jardim" (Gn 3,8). Desfez-se o mistério, não ousa mais participar da comunhão de vida e de amor com Deus, que "passeava pelo jardim à brisa da tarde"; o homem se oculta da face do Senhor, ele se fecha dentro de si mesmo. Sente sua miséria, o seu despojamento do divino, pois a ruptura do correto relacionamento com Deus, o Criador, desfaz a realidade íntima contida na criatura. Antes, o relacionamento entre Deus e o homem era amigo, filial. Agora, ele tem medo, foge de sua face, oculta-se, sente-se nu, porque não mais revestido do mistério. Não realizou sua vocação, não aceitou ser criatura agraciada com o dom da vida, com todos os bens criados; ele perde a vida, pois não a possui como direito, mas como dom.

Este desequilíbrio do homem em relação a Deus manifesta-se no seu relacionamento com o próximo e toda a natureza criada. Com o próximo, onde ele é chamado a ser irmão, ele se torna tirano. Entra o desequilíbrio na comunidade conjugal. Temos a acusação mútua (cf. Gn 3,12). Antes, a mulher era companheira do homem, agora ele lhe impõe nome (cf. Gn 3,20). O relacionamento deixa de ser harmonioso: "Para a mulher Ele disse: 'Multiplicarei os sofrimentos da gravidez. Entre dores darás à luz os filhos, a paixão arrastar-te-á para o marido e ele te dominará'" (Gn 3,16). Vemos a mesma destruição da unidade entre os irmãos: Caim não respeita a vida de Abel (cf. Gn 4,14). A mesma desordem verifica-se na sociedade que pretende atingir o céu, tornar-se igual a Deus. A Torre de Babel, símbolo do orgulho humano, desmorona. É o homem que se autodestrói, se confunde e se dispersa, tornando-se, por si só, incapaz de se compreender por não compreender mais a linguagem do amor (cf. Gn 11).

O mesmo relacionamento hostil manifesta-se entre o homem e a natureza criada. Onde ele era chamado a ser rei ou senhor, torna-se escravo. Símbolo desta inimizade temos nas dores do parto, no suor do rosto de Adão para sujeitar a natureza e conseguir o sustento da vida. O sustento da vida atual e o processo de continuação da vida na sua descendência tornam-se hostis ao homem (cf. Gn 3,17.19).

O ser humano deixou de ser uma criatura voltada para Deus, foge de sua face, mas Deus continua voltado, aberto para o homem pelo diálogo como no caso de Adão e Eva e de Caim (cf. Gn 3,15; 4,9). Por isso, pode-se reconstituir o mistério da comunhão, contanto que o homem se converta, ou se deixe converter por Deus. Deus continua chamando o homem à sua vocação última e terrena, à sua vocação integral, bastando que ele volte e se volte novamente para o seu Deus, para o próximo e para as criaturas, reconciliando-se com toda a realidade. É necessário que se realize uma conversão para Deus, para os homens, seus companheiros no amor, e para o mundo criado.

Conversão é um conceito de máxima importância para a compreensão da vocação e do mistério do culto. Esta conversão, após o pecado, compreende duas etapas ou duas facetas. Situa-se entre a negação ou ausência da vida divina no homem e a plenitude de comunhão com Deus. A primeira é a saída do negativo, do não relacionamento amigo, é deixar o mal, que se chamaria de volta para a graça, para a amizade, a vida de comunhão com Deus. Contudo, conversão não termina aí. Este converter-se, este voltar-se cada vez mais para Deus não tem limites. A conversão torna-se, pois, um contínuo voltar-se para Deus, para o próximo e para a natureza criada, segundo Deus, tornando-se a própria realização da vocação integral do ser humano.

O homem por si só não tem mais o direito à vida. Quem o reintegra em sua vocação é o próprio Deus, que continua sempre voltado, sempre aberto para acolher o ser humano. Ele não tem mais o direito de voltar, mas a História da Salvação nos mostra como Deus o readmite à participação do mistério, sob a condição de que ele se converta atendendo ao chamado de Deus.

7
Páscoa – Fato valorizado

Chegamos agora ao segundo elemento constitutivo de uma celebração: o fato valorizado ou a páscoa.

O grande liturgista da Teologia litúrgica, Dom Salvatore Marsili, afirma que para se compreender a Liturgia como Mistério do Culto não será preciso apelar para os mistérios do culto das religiões primitivas. Podemos fazê-lo a partir da experiência religiosa do povo de Israel, sobretudo a partir do Livro do Êxodo. É o que vamos fazer para compreender melhor o sentido da páscoa, tanto da páscoa-fato como da páscoa-rito.

O Livro do Êxodo constitui ótimo roteiro de iniciação à compreensão teológica da Sagrada Liturgia. Nele encontramos os três elementos fundamentais de uma celebração: o fato valorizado ou páscoa, a expressão significativa ou rito e a intercomunhão solidária ou mistério.

1. Páscoa

Páscoa significa passagem. Não qualquer passagem, mas passagem de uma situação para outra melhor. No fundo, páscoas constituem experiências de vitória da vida sobre a morte, do bem sobre o mal. Exemplificando: a primeira grande páscoa do ser humano é o nascimento. Ele passa do útero materno para uma vida autônoma. É dado à luz. A páscoa como passagem não se restringe a um sentimento psicológico de euforia, mas atinge o ser humano na totalidade do seu ser. À luz da fé, é sempre a passagem de uma situação para outra melhor pela ação de Deus. Temos uma dupla passagem: a de Deus e do ser humano, ou do ser humano por ação de Deus. Neste sentido, a própria morte constitui uma páscoa.

2. Páscoa-fato

Na experiência religiosa do povo eleito do Primeiro Testamento já não estamos diante de mitos. Deus intervém na história de um povo. Primeiro, em relação a um indivíduo, Abraão; depois, de uma família, a família de Jacó; e, finalmente, de um povo inteiro.

O que gerou e consolidou o povo eleito foi a tomada de posição diante de um fato marcante que podemos chamar de *Páscoa*.

Para o povo hebreu páscoa também significa passagem. Mas não uma passagem qualquer; é passagem para uma situação melhor: da opressão para a liberdade, da morte para a vida, de não povo para povo eleito, constituído através da aliança.

Todo este evento pascal do povo hebreu vem narrado no Livro do Êxodo que nos leva a compreender melhor o significado da *páscoa-fato* e da *páscoa-rito*.

O Livro do Êxodo narra a passagem de Deus, libertando o povo e fazendo com ele uma aliança, e a passagem do povo por ação de Deus, da terra de opressão, o Egito, até a Terra Prometida, onde corre leite e mel. Para o povo hebreu a páscoa é sempre passagem dupla: de Deus e do povo.

Esta Páscoa tem dois momentos altos. Primeiro, a *páscoa da libertação* do Egito, culminando na travessia do Mar Vermelho, descrito no Livro do Êxodo, capítulos 12 a 15, e a *páscoa da aliança* aos pés do Monte Sinai, onde temos a proposta da aliança no capítulo 19,3-8 e sua ratificação no capítulo 24,3-8.

Estes dois aspectos da páscoa já são insinuados na vocação de Moisés: *"Deus disse ainda a Moisés: 'Assim dirás aos israelitas: O Senhor, o Deus de vossos pais, o Deus de Abraão, Deus de Isaac e Deus de Jacó, envia-me a vós. Este é o meu nome para sempre, e assim serei lembrado de geração em geração. Vai e reúne os anciãos de Israel para dizer-lhes: O Senhor, o Deus de vossos pais, o Deus de Abraão, de Isaac e de Jacó, apareceu-me, dizendo: Estou a par do que vos acontece e de como vos tratam no Egito. Decidi, portanto, tirar-vos da opressão egípcia e conduzir-vos à terra dos cananeus, dos hititas, dos amorreus, dos fereseus, dos heveus e dos jebuseus, a uma terra onde corre leite e mel!' Eles te escutarão, e tu, com os anciãos de Israel, irás ao rei do Egito, e lhe direis: O Senhor, o Deus dos hebreus, marcou um encontro conosco. Deixa-nos, pois, fazer uma viagem de três dias pelo deserto, a fim de oferecer sacrifícios ao Senhor nosso Deus'"* (Ex 3,15-18).

Santo Ambrósio explica assim a páscoa da libertação do Egito: *"Existiria algo mais importante do que a travessia do mar pelo povo judeu, para exaltarmos nesta hora do batismo? O confronto começa por aí: os judeus que atravessaram o mar morrem todos no deserto; aquele no entanto que atravessa esta fonte, isto é, que passa das coisas terrenas para as celestiais – afinal é uma passagem, por isso, páscoa, trânsito, quer dizer, trânsito de quem passa do pecado para a vida, da culpa para a graça, da imundície para a santificação. O que passa por esta fonte – é certo – não morre, mas ressuscita"* (AMBRÓSIO, 1972: 25).

Páscoa é vida que passa pela angústia, pela morte, por ação de Deus. Naquela noite, depois das pragas e da morte dos primogênitos dos egípcios, finalmente o faraó deixa o povo hebreu partir. O povo chega junto ao Mar Vermelho. O faraó arrepende-se de ter deixado o povo partir, e manda o seu exército atrás dele. O povo está encurralado entre duas certezas de morte: atrás o exército inimigo com seus carros e cavalos; à frente, o mar. Por si mesmo está votado à morte. Está numa situação de angústia. *Angústia* significa estreiteza. Seguir adiante significa morte; voltar atrás significa morte. A partir de si mesmo, o ser humano é morte. O povo apela então para o alto, para Deus. Deus atende ao clamor por vida. No simbolismo da ação de Deus Moisés toca as águas do mar com o bastão e todo povo o atravessa a pé enxuto. Agora, do outro lado do mar, o povo vive, mas vive a partir de Deus, por ação de Deus. Isto é páscoa: passagem do povo da morte para a vida por ação de Deus. O povo passou, aceitando ser mortal, aceitando que só poderia viver a partir de Deus.

O segundo ponto alto da passagem de Deus e do povo é a aliança aos pés do Monte Sinai: No capítulo 19 temos a proposta da aliança: *"No terceiro mês depois da saída do Egito, nesse mesmo dia, chegaram os israelitas ao deserto do Sinai. Partindo de Rafidim, chegaram ao deserto do Sinai, onde acamparam. Israel acampou bem em frente à montanha, enquanto Moisés subiu até Deus. O Senhor o chamou do alto da montanha, dizendo: 'Assim deverás falar à casa de Jacó e dizer aos israelitas: Vistes o que fiz aos egípcios e como vos levei sobre asas de águia e vos trouxe a mim. Agora, se realmente ouvirdes minha voz e guardardes a minha aliança, sereis minha propriedade exclusiva dentre todos os povos. De fato é minha toda a terra, mas vós sereis para mim um reino de sacerdotes e uma nação santa. São estas as palavras que deverás dizer aos israelitas'. Moisés foi chamar os anciãos do povo e lhes expôs tudo o que o Senhor lhe tinha mandado. O povo inteiro respondeu unânime: 'Faremos tudo o que o Senhor falou'"* (Ex 3,1-8).

Nos capítulos que se seguem vai-se revelando a voz do Senhor. Apresenta-se o decálogo, as diversas leis oriundas de várias tradições que regem a sociedade. Finalmente, no capítulo 24, temos a ratificação da aliança:

"E disse a Moisés: 'Sobe até o Senhor junto com Aarão, Nadab, Abiú e setenta dos anciãos de Israel, e vos prostrareis a distância. Ape-

nas Moisés se aproximará do Senhor. Os outros não se aproximarão, nem o povo subirá com ele'. Moisés foi referir ao povo todas as palavras do Senhor e todos os decretos. O povo respondeu em coro: 'Faremos tudo o que o Senhor nos disse!' Então Moisés escreveu todas as palavras do Senhor. Levantando-se na manhã seguinte, ergueu ao pé da montanha um altar e doze marcos de pedra, segundo as doze tribos de Israel. Mandou alguns jovens israelitas para oferecerem holocaustos e imolarem touros como sacrifícios pacíficos ao Senhor. Moisés pegou a metade do sangue e pôs em vasilhas, e derramou a outra metade sobre o altar. Pegou depois o documento da aliança, e o leu em voz alta ao povo, que respondeu: 'Faremos tudo o que o Senhor falou e obedeceremos'. Moisés pegou o sangue e aspergiu com ele o povo, dizendo: 'Este é o sangue da aliança que o Senhor faz conosco, referente a todas estas palavras'" (Ex 24,1-8).

3. Páscoa-rito

A passagem libertadora de Deus, fazendo uma aliança com Israel, constitui o fato fundante do povo. A partir deste fato as comunidades através das gerações se reúnem para comemorar e, assim, renovar no presente a páscoa da libertação e a páscoa da aliança. Faziam-no através do rito comemorativo que podemos chamar de **páscoa-rito** ou mistério do culto.

A partir dos símbolos e das experiências de passagem vividos a partir da experiência do tempo, temos três comemorações pascais muito significativas.

A mais antiga, já comemorada logo ao entrarem na Terra Prometida (cf. Js 5,10-12), é a grande celebração anual da Páscoa, ao ritmo do tempo solar, já insinuada no Livro do Êxodo 12,43-50, na experiência do despertar da nova vida na primavera. Era a Ceia pascal. A páscoa da libertação era lembrada pela ação de graças sobre o pão, onde estava presente também o cordeiro, e a páscoa da aliança, pela ação de graças sobre o cálice de vinho. Era a páscoa da libertação e da aliança vivida no rito comemorativo.

Mais tarde, surgiu a celebração semanal da páscoa através da celebração da Palavra no culto sinagogal aos sábados. Ela brota da experiência lunar do tempo, dividido em semanas. Através de leituras, o canto de salmos e ações de graças, e pelo repouso, celebrava-se a libertação do Egito e a Aliança do Sinai.

Mais tarde ainda, temos a celebração diária da páscoa, através do louvor vespertino e do louvor matinal. No louvor vespertino o motivo principal da ação de graças era a páscoa da libertação; no louvor matinal, a páscoa da aliança.

Nestas celebrações, comemorar era tornar presente e renovar. A ação libertadora de Deus realizava-se no presente e renovava-se cada vez a aliança com Deus. É o mistério do culto do Povo de Deus no Antigo Testamento. Percebemos claramente presentes os três elementos da celebração: o fato valorizado, a expressão significativa e a intercomunhão solidária entre o povo de Israel e o seu Deus.

8
A Páscoa – Fato da Nova Aliança

O plano de Deus de fazer o homem participante de sua vida e felicidade não se desfaz. Deus dialoga com Adão e Eva, contrai aliança com Noé. A Bíblia mostra como Abraão respondeu ao chamado de Deus por um duro processo de conversão. Este chamado estende-se a uma família, a família de Abraão. Mais tarde, Deus forma um povo, onde são feitas as mesmas exigências de conversão e as mesmas promessas, o povo de Israel. Por sua passagem, o povo eleito passa da escravidão à liberdade, da morte para a vida e se estabelece a aliança do Sinai. Todas essas passagens de Deus, no entanto, eram figuras da grande passagem do próprio Deus por este mundo.

1. Jesus Cristo, a Páscoa verdadeira

Na plenitude dos tempos Deus não mais mandou falar. Ele mesmo fez-se palavra, pois "o Verbo se fez carne e habitou entre nós" (Jo 1,14). Cristo, nosso Senhor, não veio abolir o Antigo Testamento, nem cancelar o plano divino da salvação. Veio sim completá-lo, realizá-lo plenamente. Adaptou-se ao plano divino da salvação, já iniciado no Antigo Testamento com o Povo eleito.

Desde o início de sua vida Jesus Cristo inseriu-se na vida religiosa de seu povo, sendo de realçar sua participação anual na Festa da Páscoa em Jerusalém. Toda a intervenção salvífica de Deus no

Antigo Testamento era já realidade, mas por sua vez constituía tipo, figura, sombra daquilo que se haveria de realizar perfeita e definitivamente em Cristo Jesus. Era intenção divina que também Cristo fizesse uso do sinal pascal para a redenção verdadeira e definitiva.

Assim, a morte e ressurreição de Cristo constituem a verdadeira Páscoa, que liberta os homens do pecado, reconciliando-os com Deus, realizando assim a nova e eterna aliança com os homens.

A ligação entre a celebração do rito pascal dos hebreus e a morte de Cristo aparece evidente nos evangelhos. Em Mt 26,2, lemos: "Sabeis que dentro de dois dias é Páscoa e o Filho do homem será entregue para ser crucificado". Clara a relação entre a Páscoa e a sua morte.

Em Jo 13,1 se diz: "Antes da Festa da Páscoa, já sabia Jesus que chegara a hora de passar deste mundo para o Pai. E como amasse os seus, que estavam no mundo, amou-os até o fim". Jesus tem consciência de que a verdadeira Páscoa, a verdadeira passagem de Deus por entre os homens é a sua, do Pai a este mundo e deste mundo para o Pai. Diz Jesus: "Sabendo que o Pai lhe pusera nas mãos todas as coisas e que saíra de Deus e para Deus voltava"... (Jo 1,3). E no capítulo 16,28: "Saí do Pai e vim ao mundo. Agora deixo o mundo e volto para junto do Pai". O pensamento volta na oração sacerdotal: "Agora, reconheceram que todas as coisas que me deste precedem de ti. Porque lhes transmiti as palavras que me confiaste e eles as receberam e reconheceram verdadeiramente que saí de ti e creram que me enviaste" (Jo 17,7-9). "Já não estou no mundo, mas eles estão no mundo, enquanto eu vou para ti" (Jo 17,11). "Mas agora vou para junto de ti" (Jo 17,13).

João acentua o aspecto pascal da morte de Cristo, fazendo coincidir sua entrega para ser crucificado com a imolação dos cordeiros no templo para a Festa da Páscoa: "Era véspera da Páscoa, por volta do meio-dia..." (Jo 19,14). "Então Pilatos o entregou a eles para que fosse crucificado" (Jo 19,16). Em outra passagem: "Assim sucedeu para que se cumprisse a Escritura: 'Não lhe quebrareis osso algum'. E outra Escritura diz também: 'Olharão para aquele a quem traspassaram'" (Jo 19,36-37). São Paulo é mais explícito ainda: "Pois Cristo, a nossa páscoa, já foi imolado" (1Cor 5,7).

Esta passagem de Deus por este mundo de forma palpável através de Jesus Cristo, culminando com sua volta para o Pai, realiza o mistério de Deus, compreendido como seu plano de fazer o ser humano participante de sua vida, de seu amor e de sua glória e felicidade.

Jesus Cristo, Deus feito homem, realizou plenamente a vocação do ser humano. Ele manifestou-se como rei da criação, como aquele que não está sujeito, mas é senhor da natureza. Ele vence o pecado e a morte, ressuscitando dos mortos, e recebe do Pai o dom da vida, tornando-se o *Kyrios*, o Senhor.

Ele manifesta-se como sacerdote. Reconhecido como Filho de Deus no Jordão, é apontado como o Cordeiro de Deus que tira o pecado do mundo (cf. Jo 1,29.36). Seu sacerdócio se exerce de modo particular em sua obediência até a morte e morte de cruz, pela qual Ele se reconhece verdadeiramente homem, sujeito ao seu Criador e Senhor. Ele se humilhou até a morte e morte de cruz. Pelo que Deus o exaltou e lhe deu um nome que está acima de todo o nome (cf. Fl 2,5-11).

Jesus Cristo, sendo rei e sacerdote, anunciou o Reino de Deus pelo exemplo de sua vida e pela pregação. É o profeta de Deus neste mundo.

Em Jesus Cristo realizou-se de modo perfeito a comunhão entre Deus e o homem. Em Cristo, Deus e homem se tornaram um só. A natureza divina e a humana em Jesus Cristo são uma só pessoa. Assim, o mistério de Deus, o plano de realizar a união de vida e de amor com o homem, enquanto se realiza em Jesus Cristo, chama-se mistério de Cristo. Em Jesus Cristo dá-se a verdadeira páscoa, a verdadeira passagem de Deus pelo mundo dos homens e a passagem do homem para a esfera de Deus. Nele toda a humanidade estava presente e foi reconciliada. Por meio dele, apesar do pecado, o homem poderá realizar novamente sua vocação integral de comunhão de vida e de amor com Deus.

2. Os mistérios de Cristo

Esta Páscoa-fato realizada em Cristo Jesus é chamada também de mistério de Cristo, enquanto o mistério de Deus se realiza em Jesus Cristo e na Igreja. Este mistério de Cristo, compreendendo todo o mistério da Encarnação, pode ser desdobrado em diversos momentos, marcados por ações de Cristo, que revelam e realizam o mistério de Deus, compreendido como o seu plano criador e salvador. Temos, então, os chamados mistérios de Cristo. São ações salvíficas ou libertadoras do Cristo histórico e do Cristo continuado na história, isto é, da Igreja, pela ação do Espírito Santo. Trata-se sempre de passagens libertadoras de Deus e da humanidade por ação de Deus em Cristo Jesus. São ações de Cristo através das quais se revela e se realiza por Cristo e em Cristo o plano salvífico de Deus.

Assim podemos enumerar os diversos mistérios de Cristo: a criação, a encarnação, a visita a Isabel, o nascimento, a imposição do nome, a manifestação aos pastores e aos magos, a apresentação ao Templo, o encontro no Templo, a vida oculta e de trabalho em Nazaré, o batismo no Jordão, as tentações, o jejum, a oração, a pregação, as catequeses, as perseguições, a transfiguração, os jantares com os pecadores, as travessias do mar, as peregrinações a Jerusalém, a escolha e o envio dos discípulos e dos apóstolos, a entrada em Jerusalém, o lava-pés, os passos da paixão, a morte, a sepultura, a ressurreição, a ascensão, o envio do Espírito Santo e o retorno glorioso. Fazem parte do mistério de Cristo também as páscoas-fatos vividas pela Igreja. Temos a pregação dos apóstolos, o testemunho dos mártires, as virtudes dos santos em geral, cada qual revelando algum aspecto do mistério de Cristo, a ação dos cristãos na gestação do Corpo místico de Cristo, a Igreja pela ação pastoral em suas diversas dimensões.

3. O Mistério Pascal

Este conjunto de ações de Jesus Cristo, o conjunto dos mistérios de Cristo, manifestações da Páscoa-fato, de Jesus Cristo a verdadeira páscoa, constituem o Mistério pascal.

O Concílio Vaticano II define o Mistério pascal dentro da Economia Divina da Salvação, manifestada na História da Salvação.

O artigo quinto da *Sacrosanctum Concilium* o resume assim:

"Deus, que 'quer salvar e fazer chegar ao conhecimento da verdade todos os homens' (1 Tm 2,4), 'havendo outrora falado muitas vezes e de muitos modos aos pais pelos profetas' (Hb 1,1), quando veio a plenitude dos tempos, enviou seu Filho, Verbo feito carne, ungido pelo Espírito Santo, para evangelizar os pobres, curar os contritos de coração, como 'médico corporal e espiritual', Mediador entre Deus e os homens. Sua humanidade, na unidade da pessoa do Verbo, foi o instrumento de nossa salvação. Pelo que, em Cristo, 'ocorreu a perfeita satisfação de nossa reconciliação e nos foi comunicada a plenitude do culto divino'. Esta obra da Redenção humana e da perfeita glorificação de Deus, da qual foram prelúdio as maravilhas divinas operadas no povo do Antigo Testamento, completou-a Cristo Senhor, principalmente pelo mistério pascal de sua sagrada Paixão, Ressurreição dos mortos e gloriosa Ascensão. Por este mistério, Cristo, 'morrendo, destruiu a nossa morte e, ressuscitando, recuperou a nossa vida'. Pois do lado de Cristo dormindo na cruz nasceu o admirável sacramento de toda a Igreja" (SC 5).

O mistério pascal está centrado principalmente na sagrada Paixão, Ressurreição dos mortos e gloriosa Ascensão. Na compreensão bíblica e litúrgica a Paixão inclui a morte de Cristo. O documento diz "*principalmente*", e não exclusivamente. Fazem parte ou compõem o mistério pascal toda a grande passagem de Deus por este mundo: a própria criação, a encarnação, a vida oculta, as ações do seu ministério messiânico na vida pública, o envio do Espírito Santo e a ação de Cristo na História da Igreja pela força do Espírito Santo.

Pelo mistério pascal Jesus Cristo realiza a Redenção humana e a perfeita glorificação de Deus. Em Cristo ocorreu a perfeita satisfação de nossa reconciliação e nos foi comunicada a plenitude do culto divino. O culto divino que podemos prestar a Deus é dom de Deus. Podemos dizer que, antes de o ser humano cultuar a Deus, no sentido de cultivar ou dedicar-se Ele, Deus cultuou o ser humano. Melhor, o ser humano pode prestar um culto agradável a Deus, porque Deus em Cristo Jesus cultuou primeiramente o ser humano.

9
Páscoa-rito, o mistério do culto cristão

A experiência da fé em Jesus Cristo morto e ressuscitado levou a comunidade eclesial nascente a compreender, na força do Espírito Santo, que Jesus Cristo é a verdadeira Páscoa. É o acontecimento central da história da humanidade. Por sua morte e ressurreição Jesus inaugurou a nova criação; morrendo, destruiu a nossa morte e, ressuscitando, recuperou a nossa vida.

Jesus Cristo confia aos apóstolos bem como aos discípulos em geral a missão de continuar na história o serviço de salvação e de glorificação de Deus, concedidas à humanidade pela Trindade Santa, por Jesus Cristo, na força do Espírito Santo.

1. Páscoa-rito ou mistério do culto

Já os povos das religiões naturais procuravam entrar em comunhão com as divindades, representando a sorte das mesmas através de ritos comemorativos de mitos. Deus, por sua vez, concedeu ao povo de Israel recordar e assim renovar a cada ano, cada semana e cada dia a páscoa da libertação e da aliança através da celebração do fato pascal, fundante do povo eleito.

Como os judeus tinham um rito que comemorava a Páscoa histórica, a libertação do Egito e a constituição em Povo de Deus no Sinai através da aliança, assim Jesus Cristo, antes de deixar este mundo e voltar para o Pai, instituiu um rito, que, substituindo a

Páscoa antiga, perpetuasse a verdadeira Páscoa, a verdadeira passagem do homem deste mundo para o Pai, por sua morte redentora.

Jesus confia este serviço de santificação e de glorificação à Igreja. A *Sacrosanctum Concilium* expressa essa missão da Igreja através da teologia dos envios:

"Portanto, assim como Cristo foi enviado pelo Pai, assim também Ele enviou os Apóstolos, cheios do Espírito Santo, não só para pregarem o Evangelho a toda criatura, anunciando que o Filho de Deus, pela sua morte e ressurreição, nos libertou do poder de satanás e da morte e nos transferiu para o reino do Pai, mas ainda para levarem a efeito o que anunciavam: a obra da salvação através do Sacrifício e dos Sacramentos, em torno dos quais gira toda a vida litúrgica. Assim, pelo Batismo os homens são inseridos no mistério pascal de Cristo: com Ele mortos, com Ele sepultados, com Ele ressuscitados; recebem o espírito de adoção de filhos, 'pelo qual clamamos: Abba, Pai' (Rm 8,15), e assim se tornam verdadeiros adoradores procurados pelo Pai. Da mesma forma, toda vez que comem a ceia do Senhor, anunciam-lhe a morte até que venha. Por este motivo, no próprio dia de Pentecostes, no qual a Igreja apareceu ao mundo, 'os que receberam a palavra' de Pedro 'foram batizados'. E 'perseveravam na doutrina dos Apóstolos, na comunhão da fração do pão e nas orações, louvando a Deus e cativando a simpatia de todo o povo' (At 2,41-47). Nunca, depois disto, a Igreja deixou de reunir-se para celebrar o mistério pascal: lendo 'tudo quanto a Ele se referia em todas as Escrituras' (Lc 24,27), celebrando a Eucaristia, na qual 'se torna novamente presente a vitória e o triunfo de sua morte' e, ao mesmo tempo, dando graças 'a Deus pelo dom inefável' (2Cor 9,15) em Jesus Cristo, 'para louvor de sua glória' (Ef 1,12), pela força do Espírito Santo" (SC 6).

Encontramo-nos diante do que Odo Casel chamou de *Mistério do Culto de Cristo e da Igreja*, a Liturgia. Os que creem no Cristo e o seguem participam dos mistérios de Cristo pelo mistério do culto. O mistério do culto é a representação e a reatualização ritual, a celebração do mistério de Cristo, que nos permite entrar no mistério de Cristo. O mistério do culto é, pois, um modo de o cristão viver o Mistério de Cristo.

2. Os mistérios do culto

Os *mistérios do culto* são as diversas celebrações do mistério de Cristo, atualizando-o no hoje da ação memorial da Igreja. Os diversos mistérios do culto evocam sempre o mistério pascal, todo o mistério de Cristo. Mas, além do mistério de sua Paixão-Morte e Ressurreição redentoras, cada mistério do culto, cada celebração litúrgica, evoca também algum aspecto particular do mistério de Cristo. Daí o enfoque característico dos diversos mistérios do culto ou das diversas celebrações.

Os mistérios do culto são a continuação da presença e da ação de Cristo no mundo. Pelos mistérios do culto, isto é, por ações que a Igreja realiza e que Cristo realiza na Igreja, participamos de modo material-visível, isto é, no rito, e ao mesmo tempo de modo espiritual-invisível, sob o véu da fé e do rito, das ações redentoras, dos mistérios de Cristo, de tal maneira que pelo símbolo imitamos a vida de Cristo em suas ações salvadoras. Assim, se realiza no hoje da vida da Igreja o mistério pascal.

A Igreja participa dessas ações salvíficas de Cristo primeiramente pelos sacramentos. O Batismo e a Eucaristia, como Sacrifício memorial da Morte e Ressurreição de Cristo e Ceia pascal do Senhor, aparecem como os mistérios do culto fundamentais, dos quais decorrem todos os demais.

O *Batismo* recorda, torna presente a Páscoa de Cristo, a nova vida, realizando-se a Aliança de amor na fé e a inserção na comunidade eclesial. Pela *Crisma* a Igreja comemora e participa da efusão do Espírito de Pentecostes, o Dom de Deus. Na *Eucaristia*, a Igreja realiza o memorial da Nova Aliança como Sacramento do Sacrifício da Cruz, na forma de banquete fraterno, do amor universal e eterno. Na Eucaristia a Igreja celebra sempre todo o mistério de Cristo, *o mistério da fé*. A *Penitência* faz memória do Cristo que veio perdoar. Como Ele perdoou, reconciliou em sua vida histórica e mereceu a misericórdia de Deus para todos os homens arrependidos, na celebração da Penitência torna-se presente a mesma misericórdia e o perdão de Deus manifestados em Cristo. A *Unção dos Enfermos* recorda o Cristo que veio confortar e curar os enfermos e sanar a humanidade inteira do pecado, dando-lhe a esperança da saúde e da salvação eterna. No sacramento da *Ordem* a Igreja celebra o Cristo que veio para servir em ordem à salvação e não para ser servido. Este serviço de salvação de Cristo continua na Igreja pelo anúncio da mensagem do Evangelho, pela santificação e o culto e pelo pastoreio do rebanho de Cristo. No *Matrimônio* a Igreja celebra, no símbolo da união de amor entre o homem e a mulher, a união de amor de Cristo com a Igreja e com toda a humanidade.

O mesmo poderíamos dizer da Profissão religiosa, onde a Igreja celebra a vocação do homem à santidade em Cristo e as núpcias escatológicas entre Cristo e a humanidade, antecipada na vida religiosa.

Depois, temos os outros mistérios do culto, como o Ano Litúrgico, o Domingo, a Oração comunitária da Igreja em sua forma erudita da Liturgia das Horas e nas formas populares como o Rosário, o *Angelus*, a Via-Sacra etc. Importante mistério do culto é a Celebração da Palavra de Deus. Finalmente, temos os funerais, as procissões e romarias, as celebrações de bênçãos etc.

Todos estes mistérios do culto são expressões da Liturgia cristã. Agora, podemos compreender melhor a afirmação de Odo Casel, segundo a qual a *Liturgia é o mistério do culto de Cristo e da Igreja*.

10

A Sagrada Liturgia à luz da *Sacrosanctum Concilium*

Depois de explicar o que se entende por mistério pascal na Economia Divina da Salvação, manifestada na História da Salvação (n. 5) e de apresentar a teologia dos envios (n. 6), a *Sacrosanctum Concilium* fala da presença atuante de Cristo na história da Igreja, sobretudo através da ação litúrgica. No fim apresenta uma descrição que poderíamos chamar também de definição da Sagrada Liturgia.

O texto reza assim: *"Para levar a efeito obra tão importante Cristo está sempre presente em sua Igreja, sobretudo nas ações litúrgicas. Presente está no sacrifício da missa, tanto na pessoa do ministro, pois aquele que agora oferece pelo ministério dos sacerdotes é o mesmo que outrora se ofereceu na Cruz, quanto sobretudo sob as espécies eucarísticas. Presente está pela sua força nos sacramentos, de tal forma que quando alguém batiza é Cristo mesmo que batiza. Presente está pela sua palavra, pois é Ele mesmo que fala quando se leem as Sagradas Escrituras na igreja. Está presente finalmente quando a Igreja ora e salmodia, Ele que prometeu: 'Onde dois ou três estiverem reunidos em meu nome, aí estarei no meio deles'* (Mt 18,20).

Realmente, em tão grandiosa obra, pela qual Deus é perfeitamente glorificado e os homens são santificados, Cristo sempre associa a si a

Igreja, sua Esposa diletíssima, que invoca seu Senhor e por Ele presta culto ao eterno Pai.

Com razão, pois, a Liturgia é tida como o exercício do múnus sacerdotal de Jesus Cristo, no qual, mediante sinais sensíveis, é significada e, de modo peculiar a cada sinal, realizada a santificação do homem; e é exercido o culto público integral pelo Corpo Místico de Cristo, Cabeça e membros.

Disto se segue que toda a celebração litúrgica, como obra de Cristo sacerdote, e de seu Corpo que é a Igreja, é uma ação sagrada por excelência, cuja eficácia, no mesmo título e grau, não é igualada por nenhuma outra ação da Igreja" (SC 7).

Podemos realçar vários elementos deste precioso texto do Magistério da Igreja.

1) Levar a efeito obra tão importante de Cristo. Trata-se da obra da salvação, da santificação do homem e da perfeita glorificação de Deus, concedido aos humanos como dom; Cristo legou à humanidade o perfeito culto a Deus.

2) As diversas presenças de Jesus Cristo em sua Igreja para levar a efeito tão importante obra. Está presente nas ações litúrgicas. Entre elas distingue-se o Sacrifício eucarístico. Nele, Jesus Cristo está presente particularmente, na pessoa do ministro e nas espécies eucarísticas. Está presente pela sua palavra, pois é Ele mesmo que fala quando se leem as Sagradas Escrituras na igreja. Está presente ainda na oração comunitária da Igreja.

3) Aponta para os dois grandes movimentos da ação litúrgica, suas duas grandes finalidades: a perfeita glorificação de Deus e a santificação dos homens.

4) Pela presença atuante de Cristo nas ações litúrgicas Ele vai formando a Igreja, sua Esposa diletíssima, que por Ele presta culto ao eterno Pai.

5) A Liturgia constitui uma epifania da Igreja.

6) Apresenta uma definição descritiva da natureza da Liturgia: "A Liturgia é tida como o exercício do múnus sacerdotal de Jesus Cristo, no qual, mediante sinais sensíveis, é significada e, de modo peculiar a cada sinal, realizada a santificação do homem; e é exercido o culto público integral pelo Corpo Místico de Cristo, Cabeça e membros".

7) A celebração litúrgica é obra de Cristo e da Igreja. Aparece aqui a Liturgia como celebração.

8) A excelência da ação litúrgica em relação a qualquer outra ação da Igreja.

Mas detenhamo-nos nos dois últimos parágrafos, em que o Concílio apresenta a natureza da Sagrada Liturgia.

À luz do que ensina o Concílio, podemos apresentar uma definição da Sagrada Liturgia:

Liturgia é uma ação sagrada pela qual, através de ritos sensíveis e significativos, se exerce, no Espírito Santo, o múnus sacerdotal de Cristo, na Igreja e pela Igreja, para a santificação do homem e a glorificação de Deus, até que Ele venha.

Nesta definição são apresentados os elementos que constituem teologicamente a Sagrada Liturgia. Apresentamos os seguintes:

1) **A Liturgia é uma ação sagrada por excelência** – A Liturgia se dá na ação. Ela não existe em livros. É ação sagrada em duplo sentido: Primeiro, porque é ação divina, realizada pela Santíssima Trindade, por Cristo, com Cristo e em Cristo. Segundo, por ser uma ação da Igreja que tem a ver com o sagrado, com o divino; a ação da Igreja estabelece uma relação com o sagrado, com o divino, com Deus.

2) **Através de ritos sensíveis e significativos** – Nem tudo na Igreja é Liturgia, nem a Liturgia esgota toda a comunicação do homem com Deus. Na Liturgia esta comunicação com Deus por Cristo e em Cristo se faz através de ritos sensíveis, isto é, de forma

sacramental. A Liturgia se dá através de ritos, através de sinais sensíveis e significativos. Sensíveis, porque formados de elementos da natureza, através dos sentidos humanos. Significativos do mistério pascal de Cristo, dos mistérios de Cristo, que também foram sensíveis no mistério da Encarnação. Podemos dizer que pela Liturgia o Verbo de Deus continua a se encarnar na história. Assim, a Liturgia é toda ela simbólica, ou seja, toda ela sacramental; possui caráter sacramental.

3) **O exercício do múnus sacerdotal de Cristo** – Jesus Cristo entrou no Santo dos Santos uma só vez para sempre, sendo o Sumo Sacerdote da Nova Aliança, exercendo sua função sacerdotal de Mediador entre Deus e os homens. Na Liturgia este exercício sacerdotal de mediação se atualiza através dos séculos até a consumação final de todas as coisas, quando todas as coisas estiverem recapituladas em Cristo e entregues ao Pai. Na Liturgia realiza-se, pois, a função sacerdotal de Jesus Cristo, na ação memorial do sacerdócio de Cristo pela Igreja. Este sacerdócio de Cristo é exercido na força do Espírito Santo no tempo da Igreja.

4) **Na Igreja e pela Igreja** – Quando dizemos **na Igreja** queremos acentuar que o primeiro agente na Liturgia é Jesus Cristo pelo seu Espírito. A ação, a eficácia é, em primeiro lugar, de Jesus Cristo. Quando dizemos **pela Igreja** queremos dizer que Cristo não age sozinho, mas está presente e atuante na e pela ação da Igreja. A ação memorial na história, por sinais sensíveis e significativos, é da Igreja. Ela realiza a ação. Nesta ação da Igreja se atualiza a ação histórica de salvação e de glorificação de Jesus Cristo que perdura perante o Pai para sempre.

5) **Para a santificação do homem e a glorificação de Deus** – São os dois aspectos, chamados também dois movimentos fundamentais de cada ação litúrgica. O movimento de Deus para o homem, a santificação, e o movimento do homem para Deus, a

glorificação. Certamente a melhor glorificação de Deus se dá na santificação do homem.

6) **Até que Ele venha** – A Liturgia como memorial da Obra da Salvação através de sinais sensíveis e significativos perdura até o fim dos tempos. Aqui queremos acentuar o caráter escatológico da Sagrada Liturgia conforme a *Sacrosanctum Concilium*:

"Na Liturgia terrena, antegozando, participamos da Liturgia celeste, que se celebra na cidade santa de Jerusalém, para a qual, peregrinos, nos encaminhamos. Lá, Cristo está sentado à direita de Deus, ministro do santuário e do tabernáculo verdadeiro; com toda a milícia do exército celestial entoamos um hino de glória ao Senhor e venerando a memória dos Santos, esperamos fazer parte da sociedade deles; suspiramos pelo Salvador, Nosso Senhor Jesus Cristo, até que Ele, nossa vida, se manifeste, e nós apareceremos com Ele na glória" (SC 8).

Estes são os critérios para distinguirmos uma ação litúrgica de outras ações humanas, mesmo sagradas. Como vemos, o Concílio não contempla livros litúrgicos nem a aprovação por parte do Magistério para que uma ação sagrada seja litúrgica. Isso não quer dizer que os livros litúrgicos não tenham sua importância nem que se possa dispensar a função do Magistério, como veremos.

11
A Liturgia, obra da Santíssima Trindade

"A Sagrada Liturgia edifica cada dia em templo santo no Senhor, em tabernáculo de Deus no Espírito aqueles que estão dentro dela, até à medida da idade da plenitude de Cristo, ao mesmo tempo admiravelmente lhes robustece as forças para que preguem Cristo. Destarte ela mostra a Igreja aos que estão fora como estandarte erguido diante das nações, sob o qual os filhos de Deus dispersos se congregam num só corpo, até que haja um só rebanho e um só pastor" (SC 2).

A Liturgia constitui uma epifania da Igreja. Por obra do Pai e do Filho e do Espírito Santo (cf. LG 2-4), a Igreja toda aparece como "o povo reunido na unidade do Pai e do Filho e do Espírito Santo" (LG 4).

A Liturgia pode ser concebida como Ofício divino, obra da Santíssima Trindade. Ofício significa fazer uma obra (*opus facere*). A obra divina consiste na obra da criação e da nova criação, a salvação.

Toda ação divina é sempre trinitária, isto é, do Pai e do Filho e do Espírito Santo. Os diversos aspectos da ação de Deus Trino e Uno constituem atribuições às Pessoas divinas. No seio da Trindade o Pai é sempre fonte que gera o Filho; o Filho é sempre gerado; o Espírito Santo procede do Pai e do Filho, é o Dom do Amor do Pai e do Filho.

Assim também a ação de Deus para fora (*ad extra*) é sempre ação do Deus Trino e Uno. Atribui-se, no entanto, ao Pai, a criação, ao Filho, a salvação e ao Espírito Santo, a santificação, o levar à plenitude da comunhão do amor a ação do Pai e do Filho. Isso vem belamente expresso naquela doxologia da devoção popular: *"Glória ao Pai que me criou, glória ao Filho que me salvou, glória ao Espírito Santo que me santificou".*

O Deus da Liturgia, por ser um Deus de ação, não é um Deus conceito, distante da realidade e da história. É um Deus pessoal que se revela, que age e que caminha com a humanidade inteira, na ordem da criação, na ordem da salvação, e na ordem da perfeição.

O Pai revela e envia o Filho para realizar a sua obra para fora de si mesmo. Confia a sua obra ao Filho. O Filho, por sua vez, revela e envia o Espírito Santo, para continuar a sua obra e levá-la à plenitude. No caminho inverso, isto é, da humanidade para Deus, o Espírito Santo revela, aprofunda o conhecimento do Filho e conduz a Ele; o Filho, por sua vez, revela sempre mais profundamente o Pai e a Ele conduz.

Assim, a vida da Igreja se move na dinâmica do mistério da Trindade. Sendo a expressão mais íntima da vida da Igreja também a Sagrada Liturgia, obra de Cristo e da Igreja, acontece mergulhada no dinamismo da Santíssima Trindade.

1. O Pai é louvado

Temos aqui o caráter doxológico da Liturgia. Toda a ação litúrgica que, em última análise, brota do Pai, por sua vez, dirige-se ao Pai. O culto é prestado ao Pai, por Cristo, no Espírito Santo. O louvor se eleva ao Pai, fonte de tudo: *"Bendito seja Deus e Pai de nosso Senhor Jesus Cristo, que nos abençoou com toda sorte de bênçãos espirituais, nos céus, em Cristo Jesus. Nele escolheu-nos antes da fundação do mundo para sermos santos e irrepreensíveis diante dele no amor. Ele nos predestinou para sermos seus filhos adotivos por Jesus Cristo, conforme o beneplácito da sua vontade, para louvor e glória da sua graça, com a qual Ele nos agraciou no Bem-amado"* (Ef 1,6).

"Na Liturgia da Igreja, a bênção divina é plenamente revelada e comunicada: o Pai é reconhecido e adorado como a fonte e o fim de todas as bênçãos da criação e da salvação; no seu Verbo, encarnado, morto e ressuscitado por nós, Ele nos cumula com suas bênçãos, e através dele derrama em nossos corações o dom que contém todos os dons: o Espírito Santo" (CIC 1082). A Igreja dá uma resposta de fé e de amor às bênçãos espirituais, rende graças ao Pai pelos benefícios e, unida a seu Senhor e sob a ação do Espírito Santo, bendiz ao Pai pelo seu dom inefável através da adoração, do louvor e da ação de graças. O Pai é adorado, louvado, glorificado. Ao Pai se atribui particularmente a criação do mundo e do ser humano. O Pai é a fonte e o fim da Liturgia.

2. O Filho é comemorado

A Liturgia tem caráter anamnético em relação à obra de Cristo. Jesus Cristo é o centro na Liturgia.

Quando chegou sua hora, Jesus viveu o único evento da história que não passa: Jesus morre, é sepultado, ressuscita dentre os mortos e está sentado à direita do Pai "uma vez por todas". É um evento real acontecido na nossa história, mas é único: todos os outros eventos da história acontecem uma vez e depois passam engolidos pelo passado. O Mistério pascal de Cristo, ao contrário, não pode ficar somente no passado, já que pela sua morte destruiu a morte, e tudo o que Cristo é, fez e sofreu por todos os homens, participa da eternidade divina, e por isso abraça todos os tempos e nele se mantém permanentemente presente. O evento da cruz e da ressurreição permanece e atrai tudo para a vida (cf. CIC 1084).

Na Liturgia a Igreja, recordando a obra de Cristo, a torna presente, a torna atual. Diz o Catecismo da Igreja Católica: *"Sentado à direita do Pai' e derramando o Espírito Santo no seu Corpo que é a Igreja, Cristo age agora pelos sacramentos, instituídos por Ele para comunicar a sua graça. Os sacramentos são sinais sensíveis (palavras e ações), acessíveis à nossa humanidade atual. Realizam eficazmente a graça que significam, em virtude da ação de Cristo e pelo poder do Espírito Santo"* (CIC 1084).

O centro de toda a liturgia da Igreja é Jesus Cristo, por ser ela uma ação memorial do mistério pascal, ou seja, das ações salvadoras realizadas por Jesus Cristo. O Filho, Verbo encarnado, é comemorado. Ao Filho de Deus encarnado se atribui sobretudo a salvação. Na ação de graças ao Pai comemora-se todo o mistério da criação e da redenção, enfim, da salvação.

3. O Espírito Santo é invocado

Temos também o aspecto epiclético da Liturgia: a presença e a ação do Espírito Santo (*epiclese significa invocação sobre*). O Espírito Santo é invocado, pois a Ele o Pai e o Filho confiaram a continuação da obra do Filho, para que leve a pleno cumprimento a obra de Jesus Cristo. Somente à luz e na força do Espírito Santo os apóstolos e seguidores de Cristo podem compreender e dar testemunho do Cristo morto e ressuscitado (cf. At 5,29-32).

Onde está presente o Corpo de Cristo, aí está o Espírito Santo com sua ação. Está presente no mistério da Encarnação, quando Maria concebe a Palavra, o Verbo, por obra do Espírito Santo. Está presente quando o pão e o vinho se tornam Corpo e Sangue de Cristo na Eucaristia. Está presente na formação do Corpo místico de Cristo a partir do dia de Pentecostes e onde quer que se forme a Igreja; particularmente, quando se reúne para comer a Ceia do Senhor.

A função do Espírito Santo por sua presença e ação aparece muito timidamente na *Sacrosanctum Concilium*. É bem mais acentuada nos documentos posteriores do Concílio. Sabe-se que foi por insistência dos padres conciliares orientais que se fez referência à função do Espírito Santo na Sagrada Liturgia.

Temos apenas três referências, mas bem significativas. Jesus realiza sua obra messiânica ungido pelo Espírito Santo (cf. SC 5). A segunda referência encontra-se na teologia dos envios: *"Assim como Cristo foi enviado pelo Pai, assim também Ele enviou os Apóstolos, cheios do Espírito Santo, não só para pregarem o Evangelho a toda criatura... mas ainda para levarem a efeito o que anunciavam..."* (SC 6). A terceira está no final do mesmo artigo: *"Nunca, depois disso, a Igreja deixou de reunir-se para celebrar o mistério pascal: lendo 'tudo quanto a Ele se referia em todas as Escrituras' (Lc 24,27), celebrando a Eucaristia, na qual 'se torna novamente presente a vitória e o triunfo de sua morte' e, ao mesmo tempo, dando graças 'a Deus pelo dom inefável' (2Cor 9,15) em Jesus Cristo, 'para louvor de sua glória' (Ef 1,12), pela força do Espírito Santo".*

Boa síntese é apresentada pelo Catecismo da Igreja Católica, no item *O Espírito Santo e a Igreja na Liturgia* (CIC 1091-1109). O desejo e a obra do Espírito no coração da Igreja é que vivamos da vida de Cristo ressuscitado. Quando encontra em nós a resposta de fé que Ele mesmo suscitou, realiza-se uma verdadeira cooperação. Através dela a Liturgia se torna obra comum do Espírito Santo e da Igreja.

O Espírito Santo prepara a Igreja para encontrar o seu Senhor, recorda e manifesta o Cristo à fé da assembleia, torna presente e atualiza o mistério de Cristo pelo seu poder transformador, e finalmente, como Espírito de comunhão, une a Igreja à vida e à missão de Cristo.

O Espírito e a Igreja cooperam para manifestar o Cristo e a sua obra de salvação na Liturgia. O Espírito Santo é a memória viva da

Igreja. Fazendo memória, o Espírito Santo atualiza o mistério de Cristo. A Liturgia cristã não somente recorda os acontecimentos que nos salvaram, como também os atualiza, torna-os presentes. O mistério pascal de Cristo é celebrado, não é repetido; o que se repete são as celebrações; em cada uma delas sobrevém a efusão do Espírito Santo que atualiza o único mistério. Juntamente com a anamnese a epiclese está no cerne de cada celebração sacramental. O poder transformador do Espírito Santo na liturgia apressa a vinda do reino e a consumação do mistério da salvação. Na expectativa e na esperança ele os faz realmente antecipar a comunhão plena da Santíssima Trindade. Enviado pelo Pai que ouve a epiclese da Igreja, o Espírito dá a vida aos que o acolhem, e constitui para eles, desde já, o penhor da sua herança.

O fim da missão do Espírito Santo em toda a ação litúrgica é colocar a assembleia celebrante em comunhão com Cristo para formar o seu corpo. O Espírito Santo é como que a seiva da vida do Pai que produz os seus frutos nos ramos. Na Liturgia realiza-se a cooperação mais íntima entre o Espírito Santo e a Igreja. Ele, o Espírito de comunhão, permanece indefectivelmente na Igreja, e é por isso que a Igreja é o grande sacramento da Comunhão divina que congrega os filhos de Deus dispersos. O fruto do Espírito na Liturgia é inseparavelmente comunhão com a Santíssima Trindade e comunhão fraterna entre os irmãos.

A epiclese é também a oração para o efeito pleno da comunhão da assembleia com o mistério de Cristo. A Igreja pede ao Pai que envie o Espírito Santo para que faça da vida dos fiéis uma oferenda viva a Deus através da transformação espiritual à imagem de Cristo, da preocupação pela unidade da Igreja e da participação da sua missão pelo testemunho e pelo serviço da caridade.

O Catecismo da Igreja Católica resume desta forma a dimensão trinitária da Liturgia: *Na Liturgia da Igreja, Deus Pai é bendito e adorado como a fonte de todas as bênçãos da criação e da salvação, com as quais os abençoou em seu Filho, para dar-nos o Espírito da adoção filial.*

A obra de Cristo na Liturgia é sacramental porque o seu mistério de salvação se torna presente nela mediante o poder do seu Espírito Santo; porque seu corpo, que é a Igreja, é como que o sacramento (sinal e instrumento) no qual o Espírito Santo dispensa o mistério da salvação; porque através das suas ações litúrgicas a Igreja peregrinante já participa, em antegozo, da Liturgia celeste.

A missão do Espírito Santo na Liturgia da Igreja é preparar a assembleia para encontrar-se com Cristo; recordar e manifestar Cristo à fé da assembleia; tornar presente e atualizar a obra salvífica de Cristo pelo seu poder transformador e fazer frutificar o dom da comunhão na Igreja (CIC 1110-1112).

4. Uma espiritualidade trinitária

A compreensão da Liturgia como obra da Santíssima Trindade leva a uma espiritualidade cristã trinitária.

O Deus dos cristãos não é solidão, isolamento. Em Deus existe a diversidade de Pessoas. Cada uma das Pessoas se realiza na outra, ama a outra, está na outra, formando todavia, neste amplexo de amor eterno, a unidade.

Se Deus se revela e age na história como Trino e Uno não é para ser aos homens um quebra-cabeça. Esta revelação transmite uma mensagem: a busca da comunhão no respeito e acolhimento da diversidade.

Tudo é criado como vestígio, como imagem, do Deus Trino e Uno. Sobretudo, o ser humano é criado à imagem e semelhança de Deus. É imagem e semelhança de Deus como varão (homem), como mulher e como casal humano.

O modo de ser e de agir de Deus Trino e Uno reflete-se na vocação do ser humano de buscar em tudo a unidade no respeito à diversidade. Temos, primeiramente, a busca da unidade em si mesmo: corpo, alma e espírito; inteligência, vontade e memória; no entanto, uma só pessoa, um só eu. Depois, a busca da unidade no outro ou na outra como feminino ou masculino; e nos outros, na vivência da fraternidade. Finalmente, a unidade com todo o criado, buscando sempre acolher a todos e a tudo, conforme o plano de Deus, na confraternização universal.

Se Deus se revela e age como Pai e Filho e Espírito Santo, existe também em cada ser humano algo que é uno e algo que é "trino": uma unidade e uma diversidade ou multiplicidade. Em tudo existe algo de Pai: fonte, origem, ação geradora. Existe em nós algo de Filho: o gerado, o realizado pelo ser humano. Existe algo de Espírito Santo, que é comunhão, que é, por assim dizer, o selo da unidade. O mistério de Deus Trino e Uno em nossa vida leva-nos a buscar sempre a unidade na diversidade em nossa própria pessoa, como nos outros e em toda a natureza criada.

Jesus Cristo, dom do Amor do Pai, é a porta, o caminho para Ele, é a verdade na qual o Espírito Santo nos introduz, é a vida. O elo desta comunhão é o Espírito Santo. Ele nos revela e nos conduz ao Pai. Sim, ao Pai, por Cristo, no Espírito Santo. Jesus Cristo é o nosso Caminho, a esperança; é a Verdade, nossa fé; é a Vida, o amor na sua plenitude. São as três virtudes teologais vividas em Deus, através do seu Filho, Jesus Cristo, no Espírito Santo. Na Liturgia vivemos sacramentalmente esta espiritualidade trinitária.

12
Liturgia, ação da Igreja

Na *Sacrosanctum Concilium* se diz: *"Toda a celebração litúrgica, como obra de Cristo sacerdote e de seu Corpo que é a Igreja, é uma ação sagrada por excelência"* (SC 7).

É obra de Cristo porque comemora e assim torna presente a obra de Cristo realizada uma vez por todas, como sumo e eterno Sacerdote; a ação histórica de Cristo atualiza-se sacramentalmente: *"Cristo, uma vez que permanece para a eternidade, possui um sacerdócio que não muda. Por isso Ele é capaz de salvar para sempre aqueles que, por seu intermédio, se aproximam de Deus. Ele está sempre vivo para interceder por eles. Tal é precisamente o sumo sacerdote que nos convinha: santo, inocente, sem mancha, separado dos pecadores e elevado acima dos céus. Ele não precisa, como os sumos sacerdotes, oferecer sacrifícios em cada dia, primeiro por seus próprios pecados e depois pelos do povo. Ele já o fez uma vez por todas, oferecendo-se a si mesmo"* (Hb 7,24-27).

"O mistério pascal de Cristo é celebrado, não é repetido; o que se repete são as celebrações; em cada uma delas sobrevém a efusão do Espírito Santo que atualiza o único mistério" (CIC 1104). Assim, não é correto dizer que é Cristo quem preside a ação litúrgica. Ele é a ação litúrgica. A ação litúrgica, como ação na história, é colocada pela Igreja, é presidida por quem preside a Igreja, na força do Espírito Santo. "O Espírito e a Esposa dizem: Vem!" (Ap 22,17).

"Como forças que saem do corpo de Cristo, sempre vivo e vivificante, ações do Espírito Santo em operação no seu Corpo que é a Igreja, os sacramentos são as obras-primas de Deus na Nova e Eterna Aliança" (CIC 1116). Neste sentido, podemos dizer que as ações litúrgicas da Igreja são também ações do Espírito Santo, operando no Corpo de Cristo que é a Igreja.

A Liturgia é ação do Cristo todo. Os que desde agora a celebram, para além dos sinais, já estão na liturgia celeste, onde a celebração é toda festa e comunhão. O Espírito e a Igreja nos fazem participar da liturgia eterna quando celebramos o mistério da salvação (cf. CIC 1137-1139).

É toda a comunidade, o corpo de Cristo unido à sua Cabeça, que celebra. Por isso diz a *Sacrosanctum Concilium: "As ações litúrgicas não são ações privadas, mas celebrações da Igreja, que é o sacramento da unidade, isto é, o povo santo, unido e ordenado sob a direção dos Bispos. Por isso, estas celebrações pertencem a todo o Corpo da Igreja e o manifestam e afetam; mas atingem a cada um dos membros de modo diferente, conforme a diversidade de ordens, ofícios e da participação atual"* (SC 26).

Consequentemente, *"todas as vezes que os ritos, de acordo com sua própria natureza, admitem uma celebração comunitária, com assistência e participação ativa dos fiéis, seja inculcado que, na medida do possível, ela deve ser preferida à celebração individual ou quase privada"* (SC 27).

É ainda o Catecismo da Igreja Católica que diz: "A assembleia que celebra é a comunidade dos batizados, os quais, 'pela regeneração e unção do Espírito Santo, são consagrados como casa espiritual e sacerdócio santo para oferecer sacrifícios espirituais'. Este sacerdócio comum é o de Cristo, único sacerdote, participado por todos os seus membros" (cf. CIC 1141).

Já o Concílio Vaticano II afirmava: *"A mãe Igreja deseja ardentemente que todos os fiéis sejam levados àquela plena, consciente e ati-*

va participação nas celebrações litúrgicas que a própria natureza da Liturgia exige e à qual, por força do batismo, o povo cristão, 'geração escolhida, sacerdócio régio, gente santa, povo de conquista' (1Pd 2,9) tem direito e obrigação" (SC 14).

1. O mistério da Igreja

Os apóstolos receberam a missão de em Cristo congregar a todos na unidade, de estabelecer o reino do amor, onde tudo seja recapitulado em Cristo (cf. Ef 1,10). Chegarão ao amor, chegarão a realizar a vocação integral aqueles que crerem em Cristo, aqueles que o seguirem e imitarem, procurando viver o que Ele realizou. Onde houver boa vontade, onde houver amor, aí Deus está, pois haverá justificação em Cristo.

Assim surgem os dois aspectos da Igreja de Cristo. No sentido amplo, a Igreja é o mistério de vida divina no conjunto de todos os que amam a Deus, em todos os que tenham boa vontade, pois aí continua a obra de Cristo. "Onde o amor e a caridade, Deus está", proclama a Igreja em oração na Quinta-feira Santa. Segundo, a Igreja se apresenta como comunidade visível dos que creem conscientemente em Cristo e, guiados e servidos pela hierarquia, participam de seus sacramentos, e da Liturgia em geral, procurando viver uma vida mais consciente de caridade através da vocação e da missão batismais.

A Igreja, no sentido amplo, como mistério de vida divina, pode ser imaginada como um cone. Em todos os níveis está presente Jesus Cristo como o único Mediador entre Deus e os homens. Na base está toda a humanidade que pode conhecer e encontrar a Deus a partir da revelação natural. Nesta base podem ser situadas pessoas pertencentes a expressões religiosas naturais como os nossos povos indígenas e as que pertencem às grandes religiões não cristãs da humanidade. Todos têm em comum a revelação natural. No degrau seguinte, aparecem os que creem em Cristo através das Sagradas Escrituras. Depois, os que ouvem as Escrituras, creem em Cristo e têm o Batismo em Cristo Jesus. Podemos citar as crenças cristãs, sobretudo os movimentos pentecostais. Temos, em seguida, as chamadas religiões cristãs, que possuem um corpo de doutrinas, um aprofundamento das Sagradas Escrituras, o Batismo e outros sacramentos. Vêm, em seguida, os chamados cristãos separados, que possuem em comum, além dos elementos anteriores, todos os sacramentos e outros mistérios do culto cristão. Finalmente, a Igreja cristã católica. Católica porque possui todos os meios para a realização plena da vocação e missão da Igreja: a revelação natural, a Palavra de Deus das Escrituras, os sacramentos, a Tradição e o Magistério, garantia da verdade e da unidade. Esta constitui o Sacramento visível e universal da Igreja de Cristo, sinal e instrumento de salvação.

Sinal e instrumento de salvação, a Igreja é essencialmente missionária. Na medida em que possui todos os meios para chegar à perfeição da caridade, ela se torna mais responsável pela evangelização do mundo. Assim, a Igreja Católica é a primeira responsável pela missão de levar a todos a perfeição do Evangelho de Cristo.

Esta dupla compreensão da Igreja de Cristo é muito importante para compreendermos e apreciarmos as diversas formas e expressões da Liturgia: as expressões da Igreja Católica e todas as outras expressões, seja das Igrejas evangélicas e de todas as comunidades humanas que de boa vontade buscam a Deus. Esta compreensão de Igreja cria nos cristãos uma atitude ecumênica e de diálogo religioso de apreço e respeito por todas as formas de culto, tanto no cristianismo como fora dele.

Voltemos à Igreja como o povo reunido na unidade do Pai e do Filho e do Espírito Santo, sociedade à qual são incorporados plenamente os que, tendo o Espírito de Cristo, aceitam a totalidade de sua organização e todos os meios de salvação nela instituídos e na sua estrutura visível, regida por Cristo através do Sumo Pontífice e dos Bispos, se unem com Ele, pelos vínculos da profissão de fé, dos sacramentos, do regime e da comunhão eclesiásticos (cf. LG 4 e 14).

A Igreja é vista como comunidade congregada daqueles que, crendo, voltam seu olhar a Jesus, autor da salvação e princípio da unidade e da paz, sendo assim para todos e para cada um o sacramento visível desta salutífera unidade (cf. LG 9).

2. A Liturgia como epifania da Igreja

"As ações litúrgicas não são ações privadas, mas celebrações da Igreja, que é o sacramento da unidade, isto é, o povo santo, unido e ordenado sob a direção dos bispos. Por isso, estas celebrações pertencem a todo o Corpo da Igreja, e o manifestam e afetam; mas atingem a cada um dos membros de modo diferente, conforme a diversidade de ordens, ofícios e da participação atual" (SC 26). *"Todas as vezes que os ritos, de acordo com sua própria natureza, admitem uma celebração comunitária, com assistência e participação ativa dos fiéis, seja inculcado que, na medida do possível, ela deve ser preferida à celebração individual ou quase privada!"* (SC 27).

A Liturgia é vista como a principal manifestação da Igreja. Mostra-a aos que estão fora como estandarte erguido diante das nações, sob o qual os filhos de Deus dispersos se congreguem num só corpo, até que haja um só rebanho e um só pastor" (SC 2). As ações litúrgicas manifestam todo o Corpo da Igreja (cf. SC 26). É até a principal manifestação da Igreja (cf. SC 41).

3. As diversas manifestações da Igreja

Este Povo de Deus, congregado na unidade da Trindade, manifesta-se "de facto" nas mais diversas expressões das assembleias celebrantes.

1) **A Liturgia catedral** – A Igreja manifesta-se do modo mais pleno em sua expressão sacramental na assembleia da Igreja local sob a presidência do Bispo: *"O Bispo deve ser tido como o sumo sacerdote de sua grei, do qual, de algum modo, deriva e depende a vida de seus fiéis em Cristo. Por isso faz-se mister que todos, particularmente na catedral, deem máxima importância à vida litúrgica da diocese em redor do Bispo: persuadidos de que a principal manifestação da Igreja se realiza na plena e ativa participação de todo o povo santo de Deus nas mesmas celebrações litúrgicas, sobretudo na mesma Eucaristia, numa única oração, junto a um só altar, presidido pelo Bispo, cercado de seu presbitério e ministros"* (SC 41).

2) **A Liturgia paroquial** – A Igreja reunida sob a presidência de um presbítero, como cooperador e delegado do Bispo, também é sacramento da Igreja universal em suas celebrações do Mistério pascal de Cristo. *"Como nem sempre e em todos os lugares o Bispo, em sua Igreja, pode estar pessoalmente à frente do rebanho todo, deve necessariamente organizar comunidades de fiéis. Entre elas sobressaem as paróquias, confiadas a um pastor local, que as governe, fazendo as vezes do Bispo: pois de algum modo elas representam a Igreja visível estabelecida por toda a terra. Por isso a vida litúrgica da paróquia e sua relação para com o Bispo deve ser favorecida na mente e na praxe dos fiéis e do clero. Haja esforço para que floresça o espírito de comunidade paroquial, mormente na celebração comunitária da missa dominical"* (SC 42).

3) **A Liturgia das pequenas comunidades eclesiais** – Esta ação litúrgica concretiza-se também onde quer que cristãos se reúnem em nome de Cristo, em comunhão com o Bispo, pois "onde dois ou três estiverem reunidos em meu nome aí estarei no meio deles" (Mt 18,20; cf. SC 7). Aí está presente e se manifesta a Igreja universal.

4) **A Igreja "de iure"** – Pode haver também expressões da Igreja de "iure", ou de direito. Neste caso, tem sentido a celebração do mistério pascal por um sacerdote a sós como na Eucaristia, ainda

que seja imperfeita a expressão significativa, ou seja, a assembleia. A função confiada a essa pessoa a faz agir em nome de Cristo em favor de toda a Igreja e da humanidade inteira. Algo semelhante podemos verificar em relação à oração de toda a Igreja no ritmo da Liturgia das Horas, rezada a sós por um ministro ordenado, por um religioso ou um fiel leigo, à luz do sacerdócio ministerial ou do sacerdócio geral.

13

A Liturgia na totalidade da vida da Igreja

Como celebração da Igreja e sua maior manifestação, a Sagrada Liturgia deve ser compreendida na totalidade do mistério da Igreja, no âmbito de toda a sua vida e ação.

1. A Liturgia não esgota toda a vida e ação da Igreja

Existe o antes e o depois da ação litúrgica: *"A Sagrada Liturgia não esgota toda a ação da Igreja. Pois, antes que os homens possam achegar-se da Liturgia, faz-se mister que sejam chamados à fé e à conversão: 'Como invocarão Aquele em quem não creram: E como crerão sem terem ouvido falar dele: E como ouvirão se ninguém lhes pregar? E como se pregará se ninguém for enviado?' Por isso a Igreja anuncia aos não crentes a mensagem da salvação, para que todos os homens conheçam o único verdadeiro Deus e Aquele que enviou, Jesus Cristo, e se convertam de seus caminhos, fazendo penitência. Aos que creem, porém, sempre deve pregar-lhes a fé e a penitência; deve, além disso, dispô-los aos Sacramentos, ensinar-lhes a observar tudo o que Cristo mandou e estimulá-los para toda a obra de caridade, piedade e apostolado. Por estas obras os fiéis cristãos manifestem que não são deste mundo, mas sim a luz do mundo e os glorificadores do Pai diante dos homens"* (SC 9).

2. A Liturgia, cume e fonte da vida da Igreja

Citemos mais uma vez a *Sacrosanctum Concilium: "Todavia, a Liturgia é o cume para o qual tende a ação da Igreja e, ao mesmo tempo, é a fonte donde emana toda a sua força. Pois os trabalhos apostólicos se ordenam a isso: que todos, feitos pela fé e pelo Batismo filhos de Deus, juntos se reúnam, louvem a Deus no meio da Igreja, participem do sacrifício e comam a ceia do Senhor. A própria Liturgia, por seu turno, impele os fiéis que, saciados dos 'sacramentos pascais', sejam 'concordes na piedade'; reza que 'conservem em suas vidas o que receberam pela fé'; a renovação da Aliança do Senhor com os homens na Eucaristia solicita e estimula os fiéis para a caridade imperiosa de Cristo. Da Liturgia, portanto, mas da Eucaristia, principalmente, como de uma fonte, se deriva a graça para nós e com a maior eficácia é obtida aquela santificação dos homens em Cristo e a glorificação de Deus, para a qual, como a seu fim, tendem todas as demais obras da Igreja"* (SC 10).

A ação da Igreja não se esgota na ação litúrgica. Ela é muito mais ampla. Algumas ações precedem a ação litúrgica, outras a seguem. Precedem-na o primeiro anúncio do Evangelho, a catequese e o contínuo incentivo à conversão permanente e à perseverança no bem. Depois temos a ação da caridade, o compromisso com o que foi celebrado, o seguimento de Cristo pelo testemunho de vida, a atividade de cada cristão no seu estado de vida, em sua profissão, em sua missão como cidadão na comunidade social. Na Liturgia, no entanto, todas as ações da Igreja se encontram. A ação litúrgica as acolhe e as expressa, pois a Liturgia celebra não só a páscoa de Cristo, mas as páscoas dos cristãos recapituladas na Páscoa de Cristo.

Verifica-se, pois, um processo dinâmico da relação entre a Liturgia celebrada e a Liturgia vivida, do memorial celebrativo ritual e o memorial testamentário da ação da caridade, duas maneiras de tornar presente o serviço de salvação de Jesus Cristo, duas maneiras de evangelizar. Estamos diante da dimensão empenhativa da Liturgia. É a exigência de se viver de acordo com o que se celebra.

3. A Liturgia celebra a Igreja

Se é verdade que a Igreja celebra a Liturgia, também é verdade que a Liturgia celebra a Igreja. Isso se torna claro quando compreendemos que a ação libertadora e salvadora de Cristo se estende através da história na plenitude de Cristo que é a Igreja. Já Santo Agostinho dizia que na Vigília pascal a Igreja celebra a Páscoa de Cristo e a Páscoa dos cristãos.

Os mistérios de Cristo são prolongados após a Ascensão e o Pentecostes no testemunho dos mártires e nas ações dos cristãos. Jesus Cristo continua a servir nos cristãos; continua sendo o enviado do Pai na missão evangelizadora dos cristãos; Ele continua a aprofundar os mistérios do Reino através dos missionários e catequistas; Ele continua prestando culto ao Pai na dimensão orante da vida dos cristãos; Ele continua em diálogo com os que ainda não creem nele na atitude e na ação ecumênica e de diálogo religioso dos cristãos; Ele continua seu anúncio da boa-nova aos pobres e excluídos. Toda essa ação de Cristo nos cristãos constituem mistérios de Cristo, porque ações de Cristo nos cristãos e ações pascais no tempo da Igreja. Por isso, também podem e devem ser acolhidas e expressas na celebração da Igreja. Trata-se de celebrar a vida da Igreja na vida de Cristo. Estamos diante das seis dimensões da vida e ação da Igreja, instrumento de salvação.

14

O símbolo: a expressão significativa da Liturgia

Vimos que a ação litúrgica é o exercício do múnus sacerdotal de Cristo na força do Espírito Santo através de *sinais sensíveis e significativos* do mistério de Cristo realizados pela Igreja.

Visto o que é o mistério do culto, devemos agora considerar a expressão significativa ou o símbolo, pois a Liturgia, toda ela, tem caráter simbólico, é toda ela simbólica.

Trata-se do símbolo, no sentido original do termo, como usado na filosofia grega, na Liturgia e nos Padres da Igreja.

Simbólico, aqui, não é sinônimo de aparente ou irreal. Trata-se do símbolo no sentido forte original: a mesma realidade em outro modo de ser. O simbólico é real.

A palavra símbolo é de origem grega. Vem de συν-βάλλω (synbállo), verbo composto de *syn* e *ballo*. βαλλεῖν (ballêin) significa lançar, atirar. Σύν (syn) significa com, junto. Συμβαλλεῖν (synballêin) significa, pois, lançar junto, unir. O substantivo é σύμβολον (sýmbolon). Transparece sempre um movimento de comunhão. O contrário de simbólico é dia-bólico; que separa, dispersa.

Em português temos muitas palavras derivadas da raiz *ballein* ou *bolon*. Podemos citar: bala, balística, embalo, balança, balanço, balada, balão, baile, balé, baleia. Ou, a partir do substantivo: bola, bolo. A bola não é bola por ser redonda, mas porque é feita para ser lançada. O que tem a ver o bolo com lançamento? Sua massa é preparada sendo lançada; o mesmo se diga da bala de chupar.

Há várias explicações para o significado da palavra símbolo. A mais comum, sem excluir outras, vem da prática comercial do mundo da Grécia antiga, um comércio de trocas. As pessoas iam ao mercado, a fim de fazer os seus negócios, que consistiam na troca de produtos. Nem sempre traziam os produtos a serem trocados, comerciados. Assim, as pessoas fechavam o negócio da troca de produtos a serem trazidos numa próxima ocasião. Para que pudessem identificar-se como parceiros da troca, tomavam um bastão, ou vara, e a quebravam em duas partes, sendo que cada um levava uma parte para sua casa. Ao voltarem com o produto, juntavam, uniam as duas partes formando uma só. A ação de lançar, de juntar as duas partes, identificava o negócio, a troca feita. Era o σύμβολον (sýmbolon).

Podemos dizer que cada uma das duas partes do bastão continha, ocultava, revelava e comunicava uma realidade, o negócio, a troca feita. Uma parte continha a outra, revelava a outra, completava a outra. Uma está na outra, embora de outra forma. O desenho das duas partes, que se unem e se tornam um, é o mesmo, em modo de ser diferente: côncavo e convexo. Outro exemplo temos na senha usada no exército romano: uma peça de cerâmica com a imagem do imperador. Quem saísse do acampamento levava uma parte da peça de cerâmica, para poder identificar-se na volta, recompondo a imagem do imperador ou da própria peça de cerâmica. Aqui temos também o aspecto da parte ou do fragmento que, por uma ação de unir, recompõe o todo.

Assim também o ser humano. Ele existe em dois modos de ser. Na expressão masculina, e temos o varão (homem), e na expressão feminina, e temos a mulher. Ambos são ser humano. O varão ou, no linguajar comum, o homem contém e revela a mulher; a mulher, por sua vez, contém e revela o homem. Um é símbolo do outro. Daí a força da linguagem corporal através da sexualidade. Já não são dois, mas uma só carne, sem no entanto perder a própria identidade. São dois formando um só; é um só em dois.

Mais um exemplo: o bolo da festa de aniversário. Um dia, em viagem, numa parada de ônibus, escutei um diálogo entre duas moças. Uma diz à outra: "Sabe, fulana de tal convidou-me para comer um bolo na casa dela. Ela está de aniversário e convidou os amigos para comer um bolo". A moça começou a desfazer daquele bolo. Bobagem, comer bolo na casa dos outros! Que negócio cafona, coisa de coroa. Isso de comer bolo na casa dos outros já era! É verdade que é aniversário. Mas, não vou, não. E acrescentou: Se quiser comer bolo vou a uma confeitaria e como à vontade. Depois de um silêncio, a amiga, que a escutava, observou: "Mas, é festa, não é?!" E a conversa morreu aí.

Analisemos. As duas encontram-se diante da mesma realidade: o bolo. No entanto, como é diferente a compreensão de bolo para cada uma. Para a primeira, bolo é bolo, e pronto! Iguaria, alimento. Pode comê-lo sozinha na confeitaria e eventualmente sofrer as consequências. Para a segunda bolo não é bolo, é festa. O bolo se identifica com a festa. O que é festa? É difícil descrever o que seja uma festa. Em todo caso, é encontro, acolhida, expressão de amizade, apreço mútuo, celebração da vida... Enfim, é a experiência de uma intercomunhão solidária, que podemos chamar de mistério. É um sinal sensível e significativo de intercomunhão solidária na vida e no amor. O bolo não se pode separar da festa, pode-se apenas distinguir da festa. Não é bolo, é festa! O bolo faz parte do rito da festa, é o símbolo da festa.

Assim como o bolo contém, oculta, revela e comunica, ao mesmo tempo, a festa, o símbolo contém, oculta e revela ao mesmo tempo o mistério. O símbolo é a linguagem do mistério.

Podemos, pois, definir o símbolo de três modos diversos:

a) O símbolo é a mesma realidade em outro modo de ser.

b) O símbolo é um sinal sensível que contém, oculta, revela e comunica, ao mesmo tempo, o mistério.

c) O símbolo é a linguagem ou a comunicação do mistério.

Um conjunto de símbolos ou sinais sensíveis e significativos formam o rito sempre simbólico do mistério.

Na Liturgia, o rito, formado por um conjunto de símbolos, é a linguagem do mistério pascal, da obra salvadora de Jesus Cristo, enfim, da obra da Santíssima Trindade em favor da humanidade.

Os ritos constituem a expressão significativa da Sagrada Liturgia. São a expressão externa, sensível dos mistérios celebrados na fé. Não constituem a Liturgia, mas um elemento componente da Liturgia terrena, que evocam o fato valorizado e, evocando-o na imitação do mesmo fato, tornam os eventos salvíficos de Cristo presentes no hoje da Igreja, na força do Espírito Santo.

15
Os mistérios do culto de Cristo e da Igreja

As diversas celebrações dos mistérios de Cristo são chamadas mistérios do culto. Eles contêm sempre os três elementos fundamentais da ação litúrgica, que não se encontra nos livros, mas na ação comemorativa concreta feita pela Igreja. Em cada celebração podemos detectar o fato valorizado ou a páscoa-fato, a expressão significativa ou o rito e a intercomunhão solidária divino-humana, ou o mistério vivido.

Temos primeiramente os sete mistérios do culto que acompanham a vida do ser humano em suas experiências pascais, os sete sacramentos.

Podemos estabelecer como que uma linha de montagem, detectando em cada mistério celebrado os três elementos que compõem uma celebração cristã, ou os mistérios do culto.

1) A expressão significativa, o rito, composto de um conjunto de símbolos, significativa dos fatos celebrados.

2) O fato valorizado, a páscoa, a vida. Cada celebração faz memória sempre de todo o mistério de Cristo, centrado no Mistério pascal da morte e ressurreição de Cristo. Além do mistério pascal central, podemos encontrar em cada celebração ou mistério do

culto um mistério de Cristo particular que caracteriza cada celebração particular. Por exemplo, o mistério da Encarnação, Paixão-Morte, Ressurreição, Pentecostes. Além disso, cada celebração parte de uma experiência pascal da Igreja ou de membros diversos da Igreja. Na Liturgia sempre se celebra a Páscoa de Cristo e as páscoas dos cristãos recapituladas na Páscoa de Cristo.

Costumamos dizer que na Liturgia se celebra a vida. Esta afirmação deve ser bem entendida. A Liturgia não é uma mera celebração da vida. Neste caso, seria apenas uma manifestação social. Se, no entanto, compreendermos como vida, a Vida plena, a comunhão com Deus em Cristo Jesus, então, podemos dizer que a Liturgia é a celebração da Vida, que por sua vez é fonte de Vida divina.

Celebra-se a Vida que é Cristo Jesus e a vida dos cristãos. Cristo vivo é revelado sobretudo através das Sagradas Escrituras. Por isso, as Sagradas Escrituras constituem a expressão significativa privilegiada do dom da vida plena. A vida dos membros de Cristo, a Igreja, por sua vez, é percebida particularmente nos acontecimentos ou nos eventos da história de cada um, da comunidade de fé, da sociedade e da própria humanidade. Podem constituir eventos pascais.

De maneira feliz a Igreja no Brasil detecta a Vida nas seis dimensões da ação da Igreja: a comunitária e participativa, a missionária, a catequética, a litúrgica, a ecumênica e de diálogo religioso e a sociotransformadora.

Penso que a formulação da dimensão bíblico-catequética não é muito feliz. Primeiro, porque, se há um lugar privilegiado, onde a Bíblia se torna atual e eficaz, é na Liturgia. Além disso, a Bíblia não constitui propriamente uma dimensão da vida e da ação da Igreja, pois está presente e ilumina a todas elas. Não se pode dissociar nunca Liturgia, catequese e Sagrada Escritura.

3) Na ação memorial dos fatos valorizados, as páscoas de Cristo e dos cristãos, acontece o terceiro e mais importante elemento da Liturgia, a ação divina, a comunicação com o mistério, a graça, a santificação do homem e a glorificação de Deus, que pode ser chamada também de intercomunhão solidária divino-humana por Cristo, com Cristo e em Cristo.

Quanto melhor o símbolo ou os ritos conseguirem significar toda essa realidade, mais litúrgicos eles serão. Mais intensamente eles contêm, ocultam, revelam e comunicam os mistérios celebrados.

Vejamos como aparecem os três elementos nos principais mistérios do culto. Notemos que em cada celebração está presente sempre o Mistério pascal em sua plenitude.

1. Os sete sacramentos

1) Batismo

Fato valorizado ou páscoa:

• A Páscoa da ressurreição de Cristo.

• A vida nova do cristão, na fé e pelo batismo; sua justificação pela obra redentora de Cristo; está incluído também o dom da vida.

Expressão significativa, símbolo, o rito essencial:

• A água com as palavras que dão sentido à ação de batizar, mergulhar na água, com todo o sentido simbólico da água em sua bivalência de morte e vida. Os demais ritos são desdobrativos desse rito essencial. O Batismo é a páscoa da ressurreição do cristão.

Intercomunhão solidária ou mistério vivido:

• A justificação, a filiação adotiva de Deus, membro da Igreja sacramento, sinal e instrumento de salvação.

2) Crisma

Fato valorizado ou páscoa:

- Cristo que envia o Espírito Santo, Pentecostes.
- A fecundidade do Reino, a vocação à plenitude da realização humana.

Expressão significativa, símbolo, o rito essencial:

- Imposição das mãos e unção com as palavras que as acompanham.

Intercomunhão solidária ou mistério vivido:

- O Espírito Santo, o Dom de Deus. Como o Batismo é a Páscoa do cristão, a Crisma é o seu Pentecostes.

3) Eucaristia

-Fato valorizado ou páscoa:

- Todo o mistério. Todo o mistério de Cristo, desde o plano eterno de Deus até o retorno glorioso de Cristo, centrado no mistério pascal de sua Morte e Ressurreição.
- A vida que brota e é alimentada pelo amor, amor fraterno que permanece para sempre.

Expressão significativa, símbolo, o rito essencial:

- A ceia como símbolo da vida e do amor fraterno que permanece para sempre. Por isso, a expressão significativa é a refeição fraterna, o comer e beber juntos, com alimento sólido e líquido, o pão e o vinho com água. Comer e beber em ação de graças, memorial do Sacrifício redentor de Cristo. A oração eucarística revela e dá o sentido desta refeição memorial do mistério pascal.

Intercomunhão solidária ou mistério vivido:

- Atualização para nós do sacrifício da cruz; comunhão sacramental de vida, e de amor com Deus, com o próximo e toda a criação, por Cristo, com Cristo e em Cristo.

4) Reconciliação ou Penitência

Fato valorizado ou páscoa:

- A misericórdia do Pai manifestada em Cristo Jesus, que perdoou os pecados.

- Experiência da queda espiritual na certeza do perdão em Cristo Jesus; o cair e levantar-se novamente; o estar perdido e ser reencontrado pelo Pai misericordioso.

Expressão significativa, símbolo, o rito essencial:

- Um gesto de reconciliação com as palavras de perdão e reconciliação.

Intercomunhão solidária ou mistério vivido:

- Perdão dos pecados; reconciliação; a graça da comunhão de vida e de amor com Deus; reatamento da aliança, intensificação da aliança; a força do Espírito Santo para continuar no bom caminho da conversão permanente.

5) Unção dos Enfermos

Fato valorizado ou páscoa:

- Jesus Cristo que passou fazendo o bem, confortando, curando e perdoando os enfermos.

- E experiência humana do sofrimento, da enfermidade na esperança da saúde.

Expressão significativa, símbolo, o rito essencial:

- Imposição das mãos e unção do enfermo com a oração sobre o óleo e o enfermo, dando o significativo da unção. O óleo é medicinal: para alívio e cura e sempre tem a ver com a ação do Espírito Santo.

Intercomunhão solidária ou mistério vivido:

- O dom do Espírito Santo para viver a vocação e missão batismais numa situação de enfermidade ou doença. O conforto espiritual, o alívio no sofrimento; a cura, o perdão dos pecados.

6) Ordem

Fato valorizado ou páscoa:

- O Cristo que veio não para ser servido, mas para servir no seu serviço messiânico, profético, sacerdotal e real.
- Pessoas chamadas para o serviço messiânico de Cristo ao Reino.

Expressão significativa, símbolo, o rito essencial:

- Imposição das mãos, seguida da Prece de Ordenação. Este elemento ritual é comum nos três graus do sacramento da Ordem, na celebração da Ordenação. O rito é diferenciado, no conteúdo da Prece de Ordenação.

Na ordenação de um *Bispo*, a Igreja invoca e transmite o Espírito Soberano, ou o Espírito principal, que constitui o Bispo chefe para constituir o Templo de Deus no mundo, a Igreja.

Na ordenação de um *Presbítero*, a Igreja invoca e transmite o Espírito de Santidade, que, na força do Espírito, constitui o presbítero como cooperador do bispo em sua missão.

Na ordenação de um *Diácono*, a Igreja invoca e infunde os sete dons do Espírito Santo para o serviço à comunidade de fé, particularmente no serviço aos necessitados.

Intercomunhão solidária ou mistério vivido:

- A força do Espírito Santo para o ministério episcopal, presbiteral e diaconal.

7) Matrimônio

Fato valorizado ou páscoa:

- Deus que se manifesta em seu amor e vida em si mesmo, transbordado na criação e na salvação em Cristo Jesus. O amor, fonte de vida em Deus mesmo; o amor, fonte de vida em Cristo Jesus: amor de aliança, amor fiel de Deus.

• O amor humano entre um homem e uma mulher, reflexo do amor e da vida em Deus e chamados a serem sinal do amor fiel e de aliança de Cristo à humanidade e fonte de vida.

Expressão significativa, símbolo, o rito essencial:

• O enlace, acompanhado das palavras de consentimento de mútua pertença fiel no amor como esposo e esposa, amor aberto à vida.

Intercomunhão solidária ou mistério vivido:

Participação do amor e da vida de Deus. Eles se amam em Deus, em Cristo Jesus. O dom do Espírito Santo que leva sempre mais ao amor mútuo e ao amor a Deus; o antegozo da comunhão eterna com Deus, em Deus no amor.

Aqui é de observar que o rito do matrimônio não termina no mútuo consentimento na igreja. O matrimônio é um sacramento permanente. Assim, todo gesto, toda expressão do amor mútuo constituem uma celebração do amor em Deus e do amor de Deus à humanidade, do amor de entrega de Cristo. Toda a comunhão de corpos no amor é expressão significativa do amor e da comunhão em Deus; é antegozo da felicidade da comunhão definitiva com Deus. A vida matrimonial constitui um ato de culto a Deus, uma forma de oração: de santificação e de glorificação de Deus.

2. Outros mistérios de Cristo

Também nos outros mistérios do culto cristão, chamados sacramentais, estão presentes os três elementos significativos da Liturgia. Por exemplo:

1) **Liturgia das Horas** – Cada dia é celebrado o mistério pascal de Cristo, particularmente os mistérios do Tríduo pascal, caracterizado anualmente por todos os mistérios de Cristo. Comemora-se, e assim se atualiza, o Cristo orante no tempo da Igreja. A expressão significativa é a palavra, especialmente a Palavra de

Deus, mas também os gestos e posições do corpo. O mistério vivido é a comunhão com o Pai, por Cristo, no Espírito Santo, nas mais diversas expressões da oração.

2) **Celebração da Palavra de Deus** – O mesmo podemos dizer da Celebração da Palavra de Deus. A Palavra de Deus celebrada torna presente a mesma Palavra. Através dela se faz memória dos mistérios de Cristo por ela evocados. Deus fala, a comunidade responde à Palavra e renova-se a Aliança.

3) **Profissão religiosa** – Na profissão religiosa comemora-se a vocação do ser humano à santidade, aos esponsais eternos com Deus a que todos os seres humanos são chamados. Na Profissão religiosa masculina realça-se a vocação universal à santidade. Na Profissão religiosa feminina enfoca-se mais a vocação do ser humano aos esponsais eternos com Deus.

4) **Exéquias** – Nas exéquias se comemora a sepultura do Senhor, o sepulcro vazio, na certeza da vida nova, da ressurreição. Assim, em cada celebração se comemora a morte e ressurreição redentoras de Cristo, e outros mistérios que iluminam a pascalidade da vida dos que creem no Senhor morto e ressuscitado.

5) **Celebrações de Bênçãos** – Nas Celebrações de Bênçãos comemora-se a grande Bênção do Pai ao mundo, seu Filho Cristo Jesus. Por isso, o novo Ritual de Bênçãos pede que as Bênçãos sejam realmente celebrações comunitárias, onde se proclame a Palavra de Deus, evocando o Deus de bondade que cobre de bens suas criaturas, e que se dê prioridade à ação de graças ao Deus de bondade, que abençoou o mundo com toda a Bênção espiritual em Cristo Jesus, e, somente a partir da ação de graças pelos bens recebidos de Deus, se invoquem as bênçãos de Deus, pedindo que renove sua bondade para com todos.

Em todos os mistérios do culto temos os aspectos da santificação dos homens e a glorificação de Deus.

16
A expressão significativa da Liturgia: os ritos litúrgicos

Depois de tratarmos do que se celebra e quem celebra, passamos agora a aprofundar o modo como se celebra, os elementos que podem constituir a expressão sensível e significativa das celebrações, os elementos de que se compõem os diversos ritos.

Trataremos da expressão significativa da Liturgia, ou seja, de sua dimensão simbólica ritual, que pode ser chamada a linguagem da Liturgia. Não se trata de expor a expressão significativa dos diversos mistérios do culto, ou dos diversos elementos que servem de sinais sensíveis e significativos na celebração dos mistérios, ou seja, a dimensão simbólica ritual de toda a Liturgia, particularmente dos Sacramentos. Isso pertence à Liturgia específica que será tratada num segundo volume sobre Liturgia na Coleção *Iniciação à Teologia*.

A ação litúrgica compreende sempre os três elementos constitutivos da Sagrada Liturgia: o fato celebrado, os mistérios de Cristo, sintetizados no Mistério pascal, a expressão significativa dos mistérios celebrados e o mistério vivido, fundamentalmente, a santificação do ser humano e a glorificação de Deus.

1. A natureza do rito

Trata-se agora de abordar os elementos que podem constituir essa expressão significativa dos mistérios celebrados ou, como diz a *Sacrosanctum Concilium*, os sinais sensíveis e significativos do múnus sacerdotal de Jesus Cristo:

"Com razão, pois, a Liturgia é tida como o exercício do múnus sacerdotal de Jesus Cristo, no qual mediante sinais sensíveis é significada e, de modo peculiar a cada sinal, realizada a santificação do homem; e é exercido o culto público integral pelo Corpo Místico de Cristo, Cabeça e membros" (SC 7).

Tudo o que é humano pode servir de sinal sensível e significativo do sagrado, da ação sacerdotal de Cristo Jesus. Sendo sinais sensíveis e significativos, eles são sinais simbólicos. Não meros sinais. O simples sinal aponta para uma realidade fora de si mesmo. Por exemplo, a fumaça aponta para a existência de fogo, o rastro aponta para algum animal que tenha passado. Nem todo sinal é símbolo, mas todo símbolo é sinal. O símbolo não aponta para fora, mas contém, oculta, revela e comunica uma realidade além do sinal em si mesmo.

Um simples sinal simbólico já pode constituir um rito, mas, de modo geral, o rito é formado de um conjunto de sinais simbólicos. Todo o rito, por sua vez, é simbólico.

O rito deve ser compreendido em diversos níveis ou extensões. Pode ser um sinal sensível e significativo ou uma simples ação, como o sinal da cruz. Um conjunto de sinais sensíveis e significativos constituem um rito no sentido mais amplo, como, por exemplo, o rito de abertura de uma celebração, o rito da celebração da Palavra de Deus, o rito sacramental, os ritos finais. Depois, toda uma celebração também é chamada rito, como o Rito do Batismo, da Eucaristia.

Os livros que contêm os diversos ritos, por sua vez, são chamados rituais. A descrição da celebração dos mistérios contidos nos rituais ainda não constituem Liturgia, pois a Liturgia acontece somente nas ações celebrativas.

Finalmente, a palavra rito é usada também para o conjunto de celebrações do culto de uma determinada Igreja. Temos, então, Igrejas de rito oriental e outras Igrejas de rito ocidental, onde sobressai o Rito Romano.

O rito é caracterizado por um determinado ritmo constante. Também a repetição é característica de um rito. Para que seja significativo o rito deve ser familiar, conhecido e repetido. As pessoas deixam-se conduzir pelo ritmo do rito. Por isso, o rito exige seu tempo que não pode ser transgredido ou atropelado.

O ser humano faz uso de símbolos ou ritos para comunicar-se pelo fato de ser mistério. A realidade do ser humano vai além do que pode ser captado pelos sentidos ou pela linguagem discursiva intelectual. A realidade do ser humano não cabe nas medidas materiais, captadas pelos sentidos. Por ser mistério, o homem é necessariamente simbólico em sua linguagem e, consequentemente, um ser ritual. Pelo rito ele pode entrar em comunhão com seu mistério, com o mistério do próximo, de toda a natureza criada, e com o mistério de sua realidade transcendental. Relaciona-se com o transcendental através de símbolos, através de ritos significativos de toda a realidade.

Na Liturgia, o rito terá um conteúdo humano-divino, abrangendo a totalidade do mistério. Na medida em que expressa essa realidade de comunhão divino-humana é que ele constitui um sinal litúrgico.

Esta realidade mais profunda, ou seja, a realidade da comunhão divino-humana que o sinal litúrgico contém, oculta, revela e comunica ao mesmo tempo pode ser a fé, a esperança, a caridade, a adoração, a oração de pedido, de intercessão, de pedido de perdão, de admiração pelas maravilhas de Deus.

Podem expressar a bênção, graças sacramentais e a própria presença real de Jesus Cristo em sua Igreja, como no caso especial dos sinais do pão e do vinho na Eucaristia. Em síntese, a santificação do ser humano e a glorificação de Deus.

O próprio estudo da Liturgia consiste sobretudo em descobrir o sentido dos sinais, sejam eles elementos, gestos, textos ou outros. Iniciar na experiência de Deus pela Liturgia é sobretudo introduzir as pessoas no conteúdo dos sinais, ajudá-las a perceber os mistérios contidos nos símbolos; é adquirir uma compreensão da dimensão simbólica dos sinais litúrgicos.

Quando falamos em *ritos na Liturgia* devemos pensar não apenas em palavras e gestos e ações. Todos os sinais tornam-se ritos na medida em que adquirirem um sentido mais profundo, na medida em que desvelarem e comunicarem o mistério.

Por isso, os ritos na Liturgia não valem pelo que são, pela sua função, pela sua utilidade, mas pelo que significam. Tomemos, como exemplo, a procissão das oferendas. Se elas forem levadas para o altar apenas para que o sacerdote as tenha, a fim de servirem de matéria para o sacrifício, a procissão ainda não tem sentido litúrgico. Ainda não constitui um rito significativo. Seria apenas uma ação utilitária, seria, quando muito, um puro cerimonial. Mas se, ao levá-las, a assembleia toda expressar com esta ação uma atitude interna de oferecimento, uma disposição de oferecer a própria vida, suas realizações na perspectiva do Corpo de Cristo dado e do Sangue de Cristo derramado, significadas pelo pão e o vinho, então, a procissão das oferendas se transforma em rito, em oração. Daí a necessidade de se introduzir as pessoas na linguagem ritual ou na ritualidade de toda a Liturgia.

2. As dimensões do sinal litúrgico

Na ação litúrgica os sinais abrangem e significam toda a realidade: o passado, o presente e o futuro.

Eles evocam ou **comemoram o passado**, ou seja, os mistérios de Cristo. Mas não os lembram pura e simplesmente. Recordando-os, a Liturgia os torna presentes, pois o próprio Cristo quis tornar presente sua ação sacerdotal, quando a Igreja reunida recorda o que Ele fez. Os sinais litúrgicos são, portanto, **indicativos da realidade presente**: tornam presente a ação de Cristo. Mas os sinais litúrgicos são também **prefigurativos do futuro**, da realidade plena futura que sob os véus dos sinais já tem seu início aqui e agora. É a dimensão escatológica da Liturgia.

Os sinais litúrgicos, os ritos, abarcam todo o tempo, o passado, o presente e o futuro. Em outras palavras, eles introduzem no tempo cairológico, o tempo pleno, o tempo vivido, como que abolindo o tempo cronológico. Mas o mistério é vivido no ritmo do tempo cronológico; o rito precisa do tempo, é realizado na ação que exige um determinado tempo. Por isso, na preparação do rito, é necessário calcular o tempo cronológico da execução do rito. Iniciado o rito, se ele for realmente vivido, a assembleia celebrante se desliga, esquecendo-se, por assim dizer, do tempo cronológico.

Vivendo estas três dimensões do sinal litúrgico, transparece claramente uma quarta. O sinal litúrgico assim vivido é um **sinal empenhativo, exigente e comprometedor**. Ele exige que se conforme a vida com aquilo que se celebra; ele exige uma atitude de conversão. Vemos que a Liturgia vivida nessa profundidade se torna muito exigente: deixa de ser um mero cerimonial, um rito mágico com valor e eficácia por si mesmo, um formalismo, para tornar-se um rito, que adquire a máxima seriedade de um jogo, de uma festa. Torna-se realmente vida, participação da vida divina.

3. A sacramentalidade de toda a Liturgia

Hoje está-se descobrindo a sacramentalidade de toda a Liturgia. Não somente dos sete sacramentos. A Liturgia cristã como expressão significativa da obra salvadora de Cristo é toda ela simbólica ou sacramental. A sacramentalidade realiza-se em cada celebração, mas também em cada ação simbólica, em cada rito, em cada gesto. Em cada ação litúrgica existe um efeito de comunicação divina e comunicação com o divino, sintetizada pelo duplo movimento da ação litúrgica: a santificação do ser humano e a glorificação de Deus, a vivência dos mistérios celebrados.

Por isso a Liturgia é toda ela orante, ou seja, uma comunicação com o divino, com Deus Pai, por Cristo, no Espírito Santo. A comunicação ou linguagem litúrgica abarca o ser humano todo, toda a realidade humana e cósmica. Na Liturgia o ser humano reza de corpo inteiro, com todas as suas faculdades, com todos os seus sentidos. Comunica-se com Deus não só através de palavras. Nesta compreensão, cada palavra, cada gesto, cada ação, cada movimento, cada rito expressará uma relação com Deus. Toda ação será expressão orante.

A oração litúrgica tem caráter trinitário. Constitui o momento atual da História da Salvação, obra da Santíssima Trindade. O aspecto **doxológico** se expressa em relação a Deus Pai. O louvor e a ação de graças são dirigidos ao Pai. O aspecto **anamnético** manifesta-se em relação ao Filho, enquanto se comemoram as maravilhas realizadas pelo Filho Jesus Cristo. O aspecto **epiclético** aparece na invocação do Pai, pedindo que envie o Espírito Santo para atualizar a obra do Filho no tempo da Igreja.

Nos capítulos que se seguem apresentaremos os diversos grupos ou tipos de símbolos na Liturgia.

17
As pessoas: a assembleia e os ministros

Não existe Liturgia sem haver quem celebre. Assim, o primeiro símbolo na Liturgia são as pessoas que realizam a ação memorial do mistério pascal de Cristo. Temos, assim, a assembleia e os diversos ministérios em favor dela.

1. A assembleia

A assembleia litúrgica é muito mais do que um simples aglomerado de pessoas. Assembleia é antes um povo convocado por Deus para responder à sua Palavra em atitude de fé.

A assembleia, no sentido religioso, é uma reunião de pessoas convocadas pela Palavra de Deus. Já aos pés do Monte Sinai, Deus convocou o povo em assembleia através de Moisés para fazer-lhe uma proposta de aliança.

"O Senhor o chamou do alto da montanha, dizendo: 'Assim deverá falar à casa de Jacó e dizer aos israelitas: Vistes o que fiz aos egípcios, e como vos levei sobre asas de águia e vos trouxe a mim. Agora, se realmente ouvirdes minha voz e guardardes a minha aliança, sereis minha propriedade exclusiva dentre todos os povos. De fato é minha toda a terra, mas vós sereis para mim um reino de sacerdotes e uma nação santa. São estas as palavras que deverás dizer aos israelitas. Moisés foi chamar os anciãos do povo e expôs tudo o que o Senhor lhe

tinha mandado. O povo inteiro respondeu unânime: 'Faremos tudo o que o Senhor falou'" (Ex 19,3-8).

No capítulo 24,3-8 do Êxodo vemos como o povo respondeu à Palavra de Deus através de um sacrifício.

Essa assembleia é como que o protótipo de toda assembleia litúrgica reunida por Cristo no Novo Testamento. Na Última Ceia Jesus convocou os seus discípulos, transmitiu-lhes o novo mandamento, celebrou com eles o memorial de sua morte e ressurreição redentoras e pediu que eles se reunissem para render graças em sua memória. Jesus Cristo envia os seus arautos para convocarem a assembleia cristã que ouvirá sua mensagem, viverá os sacramentos e se disporá a viver o novo mandamento. Aí se renova a aliança em Cristo, o Povo de Deus se alimenta para continuar a sua caminhada.

As assembleias locais apresentam-se como pequenas realizações da grande convocação do Povo de Deus no fim dos tempos. A assembleia litúrgica evoca as assembleias convocadas por Deus no Antigo Testamento, figuras da grande assembleia que Cristo veio reunir para que "todos sejam um" (cf. Jo 17,22; cf. Ef 1,10). A assembleia não só evoca a comunidade de amor desejada e conquistada por Cristo, mas a constitui, pois onde quer que dois ou três estiverem reunidos em nome de Cristo, aí Ele mesmo se encontra (cf. Mt 18,20). A Palavra de Deus aí proclamada constitui a Igreja, cria a Igreja. Além de evocar e constituí-la, a assembleia cristã prefigura a comunhão de todos os seres humanos salvos em Cristo na Jerusalém celeste.

Para se viver a dimensão cristã da assembleia litúrgica é preciso vê-la à luz da fé. Ninguém é capaz de constituir uma assembleia cristã a não ser o próprio Deus. A assembleia litúrgica acontece na fé. O Povo de Deus, a *qahal*, a *sinagoga*, a *ecclesia*, não é convocado por motivações humanas. Ela difere de qualquer outra reunião do povo. A voz do Senhor faz-se ouvir na fé pelo repouso do dia do Senhor, pelos sinos que tocam, pelas convicções pessoais, pela descoberta dos benefícios divinos que exigem uma resposta, pelo compromisso assumido no Batismo, pelo convite de um amigo etc.

A assembleia cristã não tem finalidade lucrativa ou de interesses terrenos, não tem utilidade material, mas dá um profundo sentido à vida do cristão. Possui um caráter sagrado. Une a comunidade humana a Deus e estabelece laços de amor com os irmãos e irmãs em Cristo. A assembleia cristã é um dom gratuito de Deus, pois é um dom na total doação de Cristo ao Pai em sua morte que reconciliou todos os seres humanos.

A assembleia cristã constitui um sinal, um sacramento do próprio Cristo e da Igreja. Evoca a Igreja, torna presente a Igreja e prefigura a Igreja em sua realização plena na parusia. Reunida em Cristo, ela já possui o caráter sacramental pela presença de Cristo. Constitui um rito litúrgico em si mesma.

Contudo, ela será consolidada pela Palavra de Deus e chega à expressão máxima na celebração do sacramento, sobretudo da Eucaristia. Eis o sentido da entrada solene do Evangeliário na abertura da celebração, pois não é a assembleia que recebe a Palavra, mas a Palavra, o Verbo, Jesus Cristo é quem recebe, constitui e preside a assembleia.

Para pertencer a uma assembleia cristã não é preciso ser santo. Basta ter recebido a fé da Igreja e não a ter renegado publicamente, e ter recebido o Batismo ou estar disposto a recebê-lo. A assembleia é, portanto, constituída de pessoas convertidas e em disposição de conversão permanente. A assembleia cristã é uma reunião de irmãos em Cristo, filhos do mesmo Pai que está nos céus. Não há, portanto, privilegiados, não há elite, não há discriminação. A mesma fé e a mesma disposição de servir aos irmãos torna todos iguais. Reúne pobres e ricos, todos eles em atitude de pobreza espiritual. Acolhe santos e pecadores, todos em atitude de conversão. Todos eles são santos pelo batismo e todos são pecadores porque ninguém é perfeito.

Além disso, a assembleia cristã não é uma reunião fechada sobre si mesma. Reza por todos os seres humanos, acolhe a todos.

A assembleia cristã diferencia-se também de qualquer outro encontro humano pelo modo de participar. Não é plateia onde se assiste, onde há espectadores e atores. Todos aqui participam ativamente pelas atitudes corporais, pelos gestos, pela oferenda dos dons, pela esmola, pelas respostas ao sacerdote presidente e sobretudo pela participação no canto, nos diálogos e nas orações. Todos realizam ainda tempos de silêncio sagrado e, na missa, participam do Sacrifício e da Comunhão sacramental. Todos, enfim, participam do Mistério celebrado.

A assembleia cristã expressa, em suma, a atitude de um povo em festa. Ela cria a festa, faz a festa. Festa porque participação da salvação, festa porque uma vivência pascal, festa porque participação da vida de Deus em Cristo Jesus.

2. Pessoas com funções diversas na assembleia

Se por um lado a assembleia litúrgica torna todos iguais em Cristo, por outro, sendo uma assembleia hierarquicamente ordenada, compreende funções diversas. O Concílio Vaticano II ensina: *"As ações litúrgicas não são ações privadas, mas celebrações da Igreja, que é o 'sacramento da unidade', isto é, o povo santo, unido e ordenado sob a direção dos Bispos. Por isso, estas celebrações pertencem a todo o Corpo da Igreja e o manifestam e afetam; mas atingem a cada um dos membros de modo diferente, conforme a diversidade de ordens, ofícios e da participação atual"* (SC 26). E acrescenta: *"Nas celebrações litúrgicas, cada qual, ministro ou fiel, ao desempenhar a sua função, faça tudo e só aquilo que pela natureza da coisa ou pelas normas litúrgicas lhe compete"* (SC 28).

Estas pessoas no exercício de funções diferentes nas celebrações litúrgicas tornam-se também sinais sensíveis e significativos do sacerdócio de Cristo.

1) **O sacerdote presidente** – Temos em primeiro lugar o celebrante ou o presidente da assembleia, normalmente o bispo ou o presbítero. Poderá ser ainda um diácono ou outro ministro extraordinário, dependendo do tipo de celebração.

O presidente e todos os demais ministros estão colocados a serviço do Povo de Deus reunido. Como representantes de Cristo estão a serviço do sacerdócio universal dos fiéis. Portanto, como diz a palavra, os ministérios não são honrarias, mas serviços.

O presidente da assembleia representa Cristo Cabeça do seu Corpo, a Igreja. Torna-se também o princípio da unidade e da verdade da assembleia. Em nome de Cristo estará a serviço da Igreja una, santa, católica e apostólica. Ajudará à assembleia a manifestar essas características, pois a Liturgia constitui a mais perfeita manifestação da Igreja. É ele o responsável pelo que se passa numa assembleia congregada em nome de Cristo, em nome da Trindade. Por isso, nada se fará sem o seu conhecimento e aprovação. Por outro lado, ele não agirá sozinho, mas em harmonia com os outros em seus ministérios e funções próprios.

2) **Outros ministérios e funções:**

O diácono – Temos em primeiro lugar o *diácono*. Ele está a serviço da Palavra de Deus na proclamação do Evangelho e a serviço do altar, onde acompanha e serve ao celebrante. Poderá exercer outras funções ministeriais na ausência de outros ministros. Por seu ministério evoca o Cristo que veio não para ser servido, mas para servir, e expressa a Igreja toda ela ministerial.

Os acólitos e os leitores – Temos os acólitos e os leitores instituídos e os designados ou delegados.

O *acólito* é instituído para o serviço do altar e auxiliar o sacerdote e o diácono, estando intimamente ligado à Eucaristia. Por isso, quando instituídos acólitos, são eles também ministros extraordinários da Comunhão Eucarística. Numa comunidade paroquial os acólitos poderiam ser engajados na organização e assistência à equipe litúrgica que serve ao altar, à coordenação do ministério dos ministros extraordinários da Comunhão Eucarística e à Pastoral da Consolação em favor dos enfermos.

Não havendo acólito instituído, podem ser delegados ministros leigos para o serviço do altar e ajuda ao sacerdote e ao diácono, que levem a cruz, as velas, o turíbulo, o pão, o vinho e a água, ou também sejam delegados como ministros extraordinários para a distribuição da Sagrada Comunhão (cf. IGMR, n. 100). Quando crianças, meninos e/ou meninas, são chamados coroinhas; quando jovens ou adultos, são chamados acólitos deputados ou designados.

O *leitor* é instituído para proferir as leituras da Sagrada Escritura, exceto o Evangelho. Pode igualmente propor as intenções para a oração universal e, faltando o salmista, proferir o salmo entre as leituras. Nas comunidades paroquiais, o leitor poderia estar mais intimamente relacionado com a catequese, com o ensino da religião, ou ainda com a preparação das crianças e dos fiéis em geral para uma participação mais consciente da assembleia litúrgica. Seria sua tarefa coordenar a catequese, os grupos de reflexão bíblica, a Pastoral Bíblica em geral e preparar leitores competentes para a proclamação da Palavra de Deus.

Na falta de leitor instituído, sejam delegados leigos, realmente capazes de exercerem esta função e cuidadosamente preparados, para proferir as leituras da Sagrada Escritura, para que os fiéis, ao ouvirem as leituras divinas, concebam no coração um suave e vivo afeto pelas Sagradas Escrituras (cf. IGMR, n. 101). Os leitores deverão estar sempre conscientes de que estão a serviço da Palavra de Deus, de que, através deles, Deus está se dirigindo a toda a assembleia.

Especial destaque merece o **salmista**, chamado a proclamar o salmo ou outro cântico bíblico. Também ele é ministro da Palavra de Deus feita resposta orante.

Entre os fiéis, exerce sua função litúrgica o grupo dos cantores ou coral. Cabe-lhe executar as partes que lhe são próprias, conforme os diversos gêneros de cantos, e promover a ativa participação dos fiéis no canto. O que se diz do grupo de cantores vale também, com as devidas ressalvas, para os outros músicos, sobretudo para o organista (cf. IGMR, n. 103). O mesmo princípio vale para o cantor ou regente de coro, que exerce a função de dirigir e sustentar o canto do povo (cf. IGMR, n. 104).

Exercem também uma função litúrgica: o sacristão, o comentarista, os que fazem as coletas na igreja, os que acolhem os fiéis às portas da igreja e os levam aos seus lugares e organizam as suas procissões (cf. IGMR, n. 105).

As funções litúrgicas, que não são próprias do sacerdote ou do diácono, podem ser confiadas também pelo pároco ou reitor da igreja a leigos idôneos com bênção litúrgica ou designação temporária. Quanto à função de servir ao sacerdote junto ao altar, observem-se as normas dadas pelo Bispo para sua diocese (cf. IGMR, n. 107).

Ninguém, pois, deverá apropriar-se de nenhum ministério na assembleia e em favor da assembleia reunida.

Reunir-se em assembleia já constitui um rito litúrgico memorial e constitutivo do Corpo místico de Cristo, com todas as suas exigências. Reunir-se em assembleia ou compor uma assembleia constitui, portanto, um ato de culto, nas virtudes teologais da fé, da esperança e da caridade, exigindo conversão a Deus e ao próximo no amor. Uma vez constituída, deve-se evitar qualquer ruído, qualquer surpresa, que a traga novamente à tona do mistério em que foi mergulhada. Um desses ruídos é certamente o de se chegar atrasado sem motivo justo. A assembleia se reúne a partir da preparação de cada membro da Igreja, dispondo-se a participar da celebração. Ela é constituída com a abertura em nome da Santíssima Trindade e da saudação litúrgica de bênção da mesma Trindade Santa. Reunir-se em assembleia celebrante constitui um ato celebrativo, um ato de religião, pois será a vivência da Igreja de Cristo, a vivência da união com Cristo, um antegozo da grande assembleia convocada por Deus em Cristo Jesus na Jerusalém celeste.

18
A Palavra de Deus: a Bíblia e a Liturgia

A palavra é certamente um dos meios mais importantes de comunicação entre os seres humanos. Na Sagrada Liturgia pode ser Palavra de Deus, contida na Sagrada Escritura ou palavra da Igreja em textos, que constituem o que se chama Eucologia.

1. A Palavra de Deus na Liturgia

Seria longo tratar da Bíblia na Liturgia. Restringimo-nos aqui a alguns aspectos do uso da Palavra de Deus pela Sagrada Liturgia.

A *Sacrosanctum Concilium* declara: *"Na celebração litúrgica é máxima a importância da Sagrada Escritura. Pois dela são lidas as lições e explicadas na homilia e cantam-se os salmos. É de sua inspiração e bafejo que surgiram as preces, orações e hinos litúrgicos. E é dela também que os atos e sinais tomam a sua significação"* (SC 24).

Conforme a *Sacrosanctum Concilium*, os textos bíblicos em si mesmos também constituem sinais memoriais dos mistérios celebrados: *"Nunca, depois disso, a Igreja deixou de reunir-se para celebrar o mistério pascal: lendo 'tudo quanto a Ele se referia em todas as Escrituras" (Lc 24,27), celebrando a Eucaristia, na qual 'se torna novamente presente a vitória e o triunfo de sua morte' e, ao mesmo tempo, dando graças 'a Deus pelo dom inefável' (2Cor 9,15) em Jesus Cristo, 'para louvor de sua glória' (Ef 12), pela força do Espírito Santo"* (SC 6).

2. Liturgia e hermenêutica bíblica

A Liturgia possui uma maneira toda sua de fazer uso da Bíblia. É preciso contudo situá-la dentro da exegese, pois não poderá opor-se à exegese comum.

1) **Exegese literal e exegese espiritual ou típica** – A Liturgia como ação cultual se interessa em haurir da Bíblia seu conteúdo mistérico. Toda interpretação das Sagradas Escrituras tem certamente seu fundamento na exegese literal. Não se pode negligenciar os métodos histórico e crítico; não se pode deixar de lado as possibilidades técnicas que as ciências modernas oferecem para a interpretação desta Palavra. Mas a exegese racional e científica precede apenas a exegese cristã dos Livros Sagrados e é como que seu fundamento.

A exegese espiritual consiste em reconhecer que o livro sagrado não é um documento histórico, mas a Palavra de Deus. Uma palavra que é dirigida a alguma pessoa e que exige hoje uma resposta pessoal. A exegese literal pode ser somente o fundamento, para o cristão, desta outra exegese em que se atualiza a Palavra. Toda exegese puramente filológica e histórica não se pode chamar de cristã e nem mesmo será uma exegese verdadeiramente literal. A exegese espiritual, contudo, não se acrescenta simplesmente a uma interpretação puramente literal do texto: ela é a verdadeira, a plena interpretação de uma Palavra que já para o hagiógrafo não era um simples documento humano, mas Palavra de Deus. A exegese espiritual prolonga no tempo a vida do livro. Os acontecimentos são proféticos: em cada acontecimento cada pessoa que escuta encontra-se a si mesma. É por isso que a Bíblia não deve ser um livro que se estuda apenas nas cátedras, mas que se lê na comunidade. Pois é a Palavra de Deus que convoca e realiza a comunidade, a *Qahal* do Antigo Testamento, a *Ecclesia* dos cristãos, e prenuncia a Jerusalém celeste.

A relação que existe entre a Bíblia e a Liturgia é a relação que liga o anúncio e sua realização. É na Liturgia que o Livro Sagrado continua a ser Palavra de Deus: ela não conta o que veio outrora, mas anuncia o que realiza agora. A Palavra de Deus não é a palavra de ontem, mas de hoje: aquilo que veio, vem agora. A Liturgia da Igreja interpreta a Palavra de Deus por aquilo que se cumpre nela mesma. A Bíblia constitui uma grande unidade viva, isto é, o fato de que Cristo na Palavra da Escritura está presente de maneira toda particular; como aquele que por sua palavra dá início à criação e à história; aquele que conduz e modifica a história por Ele iniciada; aquele que a salva da perdição por sua morte e ressurreição e assim a conduz a uma consumação. Na Liturgia o que une os diversos textos não é um pensamento lógico que a perpasse, mas um devir vivo na celebração do mistério, determinado pelas festas celebradas ou pelos ritos que nele se desenvolvem.

2) **A lei que rege a interpretação litúrgica da Bíblia** – Podemos perguntar-nos, então, qual seria o critério de interpretação ou a lei que rege a interpretação da Sagrada Escritura feita pela Liturgia.

A Liturgia re-presenta, torna presente, o mistério de Cristo. Ela se ocupa do mistério revelado e realizado na História da Salvação, o mistério de Cristo, o mistério da Igreja. Contudo, a Liturgia não inventa este mistério, mas o lê nas Sagradas Escrituras. É por isso que a expressão litúrgica do mistério de Cristo é toda escriturística, seja quando faz as leituras, quando reza com formulários tirados da Bíblia, ou ainda quando compõe textos litúrgicos inspirados na Bíblia ou institui festas e usa sinais. E podemos dizer ainda: quanto mais escriturísticos forem, tanto mais litúrgicos serão, pois melhor poderão re-presentar o mistério de Cristo.

Mas a Liturgia lê a Sagrada Escritura num sentido bem determinado, todo seu, sob uma luz própria, que constitui como que a sua norma de interpretação. É o que denominamos: *o critério da unidade dos dois testamentos e da história sagrada*. Conforme o conhecido teólogo liturgista Cipriano Vagaggini, pode-se formular da seguinte maneira a lei interpretativa da Sagrada Escritura na Liturgia: "A Liturgia lê a Sagrada Escritura à luz do princípio supremo da unidade do mistério de Cristo, e, portanto, dos dois testamentos e de toda a história sagrada, unidade orgânico-progressiva, sob o primado do Novo Testamento sobre o Antigo e das realidades escatológicas sobre a realidade da economia atual" (VAGAGGINI, 1965: 428).

Para melhor compreender esse princípio temos que pensar nas diversas etapas ou fases do mistério de Cristo. Toda a história, centrada em Cristo, desenvolve-se segundo um plano de Deus que conduz a um fim único e preciso: a edificação da Jerusalém celeste dos remidos em Cristo. Entre as diferentes fases desta história há um nexo íntimo: cada uma delas prepara e anuncia a seguinte e é como que uma primeira realização imperfeita, um primeiro esboço da anterior. Visto que todas as fases representam uma realização sempre mais perfeita do único mistério de Cristo, cada uma das realidades em que se concretiza sucessivamente este mistério além de ser e significar o que ela é em si mesma, tem, outrossim, um sentido funcional em relação a alguma outra coisa além de si mesma, e que é como que a meta futura à qual tende, para realizar sempre mais perfeitamente aquela ideia de Deus, da qual a mesma constitui uma concretização parcial.

O mistério de Cristo se realiza, pois, através da história sagrada como que por esboços sucessivos, em que os antecedentes preparam, anunciam e prefiguram os subsequentes.

Ora, é pelo Antigo e pelo Novo testamentos que chegamos ao conhecimento das fases sucessivas desta história. Segue-se que para compreender de maneira exaustiva o significado que possuem estas realidades aos olhos de Deus é preciso considerá-las em relação às etapas subsequentes da história sagrada, pois só nas fases subsequentes cada etapa encontra sua realização plena, o pleno significado. Assim, todo o Antigo Testamento e as realidades de que fala, além de serem o que são, preparam, anunciam e prefiguram como num primeiro esboço aquelas realidades que se realizarão mais tarde na vida histórica de Cristo e se realizam continuamente na vida real dos cristãos na Igreja, na economia presente entre a ascensão e a parusia. Por sua vez, as realidades da economia presente preparam, anunciam e prefiguram as realidades que se consumirão na última escatologia.

Isso significa, na prática, que poderá compreender o sentido pleno de que fala o Antigo Testamento só aquele que o coloca em relação com aquelas realidades de que fala o Novo Testamento, que se realizam agora na Igreja, na vida litúrgica ou extralitúrgica dos fiéis. Para captar todo o alcance das realidades que se realizam na Igreja é preciso considerá-las, primeiro, olhando para trás à luz das realidades do Novo e do Antigo testamentos e, em seguida, olhando para frente, à luz das realidades futuras da escatologia.

Assim, encontramos nos textos bíblicos as três ou quatro dimensões de todo sinal litúrgico, dimensões que abrangem toda a história, toda a realidade, tornando-a atual, colocando-a, por assim dizer, acima do tempo, no mistério. Os textos bíblicos e as fórmulas e os sinais inspirados na Bíblia comemoram o passado e, comemorando o passado, indicam realidades presentes e anunciam o futuro. São sinais comemorativos, indicativos e proféticos, suscitando uma atitude de resposta na fé, o que chamamos de dimensão empenhativa.

É este o princípio essencial que guia o cristão na leitura e na interpretação das Escrituras e de seus mistérios, princípio usado pelos Padres da Igreja e que Santo Agostinho formulou da seguinte maneira: "In Vetere Testamento Novum latet e in Novo Vetus patet" ("No Antigo Testamento se esconde o Novo e no Novo se manifesta o Antigo").

3) **As quatro profundidades do sentido único dos textos escriturísticos** – Assim chegamos à quádrupla profundidade, chamada também quádrupla compreensão ou até quádruplo sentido (bem entendido) da Sagrada Escritura, à luz da qual a Liturgia usa a Bíblia.

a) **A profundidade dos contemporâneos** – Os livros, os textos e as realidades devem em primeiro lugar ser entendidos à luz da compreensão daqueles aos quais os escritos foram destinados. Chamamo-lo de sentido, ou melhor, *profundidade de compreensão dos contemporâneos* de um texto bíblico.

b) **A profundidade crística** – A Liturgia aprofunda os textos bíblicos e amplia seu sentido e compreensão ao colocá-los em relação com as realidades que tiveram lugar na vida histórica de Jesus Cristo. Os textos do Antigo Testamento adquirem nova compreensão aos olhos daqueles que os consideram depois de uma série de acontecimentos posteriores. Assim, textos, coisas e fatos de uma época anterior podem ter aos olhos dos autores sacros posteriores uma significação, não arbitrária, que no entanto ultrapassa muito aquela que os contemporâneos podiam perceber. Todo o Antigo Testamento para os autores do Novo Testamento e para todos os fiéis que vivem depois daquele acontecimento decisivo que é a Encarnação do Verbo de Deus, a sua vida e morte redentora e a sua glorificação, toma um significado que de modo algum é arbitrário. Esta profundidade, à luz de Cristo, é chamada *profundidade crística*. Podemos falar aqui de sentido típico da Sagrada Escritura; não só de algum texto ou figura, mas de todo o Antigo Testamento em relação a Cristo ou a partir de Cristo.

Tal compreensão do Antigo Testamento tem seu fundamento no próprio Cristo. Pensemos em Jesus, lendo o Profeta Isaías na

Sinagoga de Nazaré. Ao terminar a leitura, exclamou: "Hoje se cumpriu este oráculo que vós acabais de ouvir" (Lc 4,21). Pensemos ainda no encontro de Cristo com os discípulos de Emaús: "Começando por Moisés, percorrendo todos os profetas, explicava-lhes o que dele se achava dito em todas as Escrituras" (Lc 24,27). E, dirigindo-se aos onze, lhes explica: "Isto é o que vos dizia quando ainda estava convosco: Era necessário que se cumprisse tudo o que de mim está escrito na lei de Moisés, nos profetas e nos Salmos" (Lc 24,44).

c) **A profundidade cristã ou eclesial** – Contudo, Cristo nunca está separado dos cristãos, nem as realidades cristãs daquelas realidades que aconteceram a partir de Cristo; de alguma forma elas se prolongam e se realizam nas realidades cristãs. Assim, os textos do Antigo Testamento referem-se não só às realidades crísticas de Cristo, mas também às realidades crísticas prolongadas e realizadas nos cristãos. Os textos do Novo Testamento que falam da pessoa de Cristo têm um prolongamento e realização nos cristãos. Assim, à luz das realidades cristãs, os textos das Sagradas Escrituras adquirem uma nova profundidade de compreensão de sentido: *a profundidade cristã ou eclesial.*

Tal maneira de compreender e interpretar as Escrituras já foi usada pelos apóstolos, pelas comunidades cristãs primitivas e continua sendo usada hoje pelas comunidades litúrgicas. Pedro e Paulo anunciam o cumprimento das profecias (At 2,16-36; 13,15.27). Paulo vai além. Usa a exegese tipológica: "Pois, tudo que está escrito foi escrito para nossa instrução a fim de que, pela paciência e consolação das Escrituras, permaneçamos firmes na esperança" (Rm 15,4). Nesta linha ele fala das imagens e acontecimentos do Antigo Testamento, dizendo que "estas coisas, porém, aconteceram para nos servir de exemplo; ...todas estas coisas lhes sucederam para servir de exemplo, e foram escritas para advertir a nós, para quem chegou a plenitude dos tempos" (1Cor 10,6.11).

Os ritos e realidades do Antigo Testamento não são mais do que sombra do que devia vir. A realidade é Cristo (cf. Cl 2,16-17). Toda a Carta aos Hebreus está imbuída desta exegese típica ou espiritual. São Pedro transpõe as imagens do Cordeiro pascal e da Aliança do Sinai, aplicando-as ao novo povo escolhido, a Igreja (cf. 1Pd 1,18-21; 2,9-11) e vê nas águas do dilúvio figuras das águas do Batismo (cf. 1Pd 1,19-21).

J. Daniélou insiste em que a Liturgia revive situações salvíficas transmitidas pela Sagrada Escritura. Em todos os níveis da História da Salvação Deus cria, Deus salva, Deus habita entre os homens, Deus faz aliança, Deus julga. Isto acontece tanto no Antigo Testamento como em Cristo e nos Sacramentos (DANIÉLOU, 1964: 32).

Os Sacramentos e a Liturgia em geral correspondem a uma fase da História da Salvação; não abolem as fases passadas, mas recapitulam todo o passado dessa história. Na celebração litúrgica está contido o que foi iniciado desde as origens da História da Salvação. A Liturgia engloba a história dos homens desde as origens até a sua consumação. O que importa no uso da Bíblia é descobrir estas situações humanas dentro das novas circunstâncias da vida dos cristãos.

d) **A profundidade escatológica** – A Palavra de Deus é sempre profética. Também as realidades escatológicas ainda não realizadas, mas sobre as quais estamos de alguma maneira informados pela revelação do Novo Testamento, constituem uma luz para compreender o quanto possível o sentido da Sagrada Escritura do Antigo e do Novo testamentos. Ela pode ser chamada *profundidade escatológica*.

À base está sempre o sentido dos contemporâneos ou o sentido literal; mas este sentido é completado pelas novas profundidades.

Esta é a maneira litúrgica de ler e interpretar a Bíblia. É na Liturgia da Igreja que a Sagrada Escritura encontra seu último sentido e cumprimento supremo. Em toda reunião litúrgica pode-se repetir o que Jesus disse na sinagoga de Nazaré: "Hoje se cumpriu a Escritura que acabais de ouvir" (Lc 4,21). E isto transparece o valor único da exegese espiritual praticada pela Liturgia. A Liturgia é a que explica a Palavra de Deus precisamente porque a cumpre. Aí se repete sempre de novo a cena de Emaús: a Liturgia nos abre os mistérios contidos na Escritura como fez um dia o Senhor com os dois discípulos, enquanto se dispunha a sentar-se com eles à mesa para partir o pão. Aí os fatos bíblicos não são simples reevocações, mas fatos que se fazem presentes como uma realidade que se cumpre.

Claro que devemos cuidar de não cair numa exegese alegórica, como o fizeram muitos Padres e autores medievais. Mas, uma exegese puramente científica não basta para penetrar no mistério. Estaríamos antes na linha de uma exegese típica espiritual com base na exegese literal.

A tal ponto a Liturgia está carregada e embebida das situações descritas pela Sagrada Escritura que de fato não pode haver liturgia sem a Sagrada Escritura e é aí que os fiéis se perguntarão: "Afinal o que é a Sagrada Escritura?" É no contexto do culto que nos é desvelado o sentido profundo das Escrituras.

Esta visão unitária e global da Sagrada Escritura na Liturgia tem profundas consequências sobre a teologia em geral, sobre a catequese e a homilia.

A homilia será uma contemplação do mistério que se atualiza na medida em que nele penetrarmos numa resposta de amor ao amor que gratuitamente se revela. A homilia terá que ser, como a própria Escritura, uma mensagem viva para uma comunidade viva, convidada a dar uma resposta de vida. O importante será enuclear os conteúdos salvíficos, ajudando a despertar uma resposta viva à mensagem proclamada.

Para captar o verdadeiro sentido da Bíblia é preciso vivê-la como um drama sagrado que a Liturgia vai renovando através do tempo, superando o próprio tempo. É na Liturgia que a Bíblia toma sentido pleno, pois aí a comunidade de fé, abstraindo do aspecto historicista, científico, faz da Bíblia um livro de vida, onde pela ação de Deus e a resposta do homem se realiza o mistério do encontro do humano e do divino, razão de ser de toda a revelação divina.

3. A maneira como a Liturgia faz uso da Bíblia

Sistematizando, podemos dizer que a Igreja na Liturgia faz uso da Sagrada Escritura de diversos modos:

1) **A Sagrada Escritura, fonte dos mistérios celebrados** – A Sagrada Escritura é a primeira fonte de que a Igreja haure os mistérios que celebra. Ela revela os fatos valorizados, os mistérios de Cristo prefigurados na Primeira Aliança, revelados e realizados em Cristo Jesus e vividos no tempo da Igreja nascente. Nela a Igreja busca os mistérios de Cristo celebrados nos sacramentos; nela busca os mistérios de Cristo celebrados no Ano Litúrgico e nas demais celebrações, como a Liturgia das Horas e as Celebrações de Bênçãos.

2) **A Sagrada Escritura usada como leitura** – A Sagrada Escritura é lida quando a Igreja se reúne para celebrar o mistério pascal de Cristo. Em cada celebração a Igreja anuncia o plano de Deus da salvação realizado na História da Salvação. Faz memória da Obra da Trindade Santa realizada por Cristo e em Cristo. Fazendo memória, ela torna-a presente no hoje da história. A Palavra de Deus se torna atual e eficaz. Pela leitura e proclamação a Palavra de Deus é celebrada.

Antes de atualizar a ação salvadora de Cristo pelo sacramento, a Igreja a contempla, a recorda pela palavra proclamada, que por sua vez também já possui sua eficácia, tem seu caráter sacramental.

Assim, a cada três anos, na liturgia dominical e solene, a Igreja anuncia o Evangelho da Salvação e o torna presente, proclamando os quatro Evangelhos, no Ano A, de Mateus, no Ano B, de Marcos e no Ano C, de Lucas, sendo que o Evangelho segundo João é proclamado cada ano.

Na Liturgia dos dias de semana, a Igreja proclama os quatro Evangelhos cada ano, começando com Marcos, passando por Mateus e terminando com Lucas. Aqui também o Evangelho segundo João é proclamado a partir da Quarta Semana da Quaresma até o término do Tempo da Páscoa.

Os grandes lances da História da Salvação da Primeira Aliança são revividos na Primeira leitura, como figura, profecia e primeira realização da obra salvadora de Cristo, sendo que no Tempo pascal não se leem os livros do Antigo Testamento. Ocupam o seu lugar os Atos dos Apóstolos, que narram a História da Salvação, já realizada no tempo da Igreja. As Cartas e o Apocalipse aparecem como memória da ação de Cristo na força do Espírito no tempo da Igreja, nos cristãos. No esquema da Celebração da Palavra dos dias de semana, a Leitura é tomada do Antigo Testamento, dos Atos dos Apóstolos, das Cartas e do Apocalipse.

Aqui nos referimos apenas à Ordem das Leituras da Missa (*Ordo Lectionum Missae*). Devemos realçar, porém, que qualquer celebração cristã, como a Liturgia das Horas e as Celebrações de Bênção, é inserida na abundância da proclamação da Palavra de Deus.

Realiza-se assim o desejo do Concílio Vaticano II, quando pede: *"Para que apareça claramente que na Liturgia as cerimônias e as palavras estão intimamente conexas:*

1) Nas celebrações litúrgicas restaure-se a leitura da Sagrada Escritura mais abundante, variada e apropriada.

2) Seja também anotado nas rubricas, conforme a cerimônia o permitir, o lugar mais apto para o sermão, como parte da ação litúrgica; e o ministério da pregação seja cumprido com muita fidelidade e exatidão. Deve a pregação, em primeiro lugar, haurir os seus temas da Sagrada Escritura e da Liturgia, sendo como que a proclamação das maravilhas divinas na história da salvação ou no mistério de Cristo, que está sempre presente em nós e opera, sobretudo nas celebrações litúrgicas.

4) Incentive-se a celebração sagrada da Palavra de Deus, nas vigílias das festas mais solenes, em algumas férias do Advento e da Quaresma, como também nos domingos e dias santos, sobretudo naqueles lugares onde falta o padre. Neste caso seja o diácono ou algum outro delegado pelo Bispo quem dirija a celebração" (SC 35).

O texto ou a palavra, em íntima conexão com os ritos no sentido de cerimônias, constituem sinais sensíveis do Deus que age, que cria, que salva por Cristo, na força do Espírito Santo. A ação litúrgica é constituída de palavra e ação.

3) **O uso da Palavra de Deus como oração** – A Igreja na Liturgia reza, fazendo uso da própria Palavra de Deus. Pensemos nos Salmos, nos Cânticos do Antigo e do Novo testamentos frequentemente usados. Na Celebração eucarística, por exemplo, são tiradas das Escrituras a Oração do Senhor, o *Kyrie eleison*, o Santo, o Cordeiro de Deus.

4) **Inspiração para os textos** – Os textos litúrgicos inspiram-se na Sagrada Escritura, particularmente as orações de ação de graças e as chamadas fórmulas sacramentais. O que dissemos das orações litúrgicas vale também dos hinos e dos cantos na Liturgia. Quanto mais eles se inspirarem nas Sagradas Escrituras mais elas evocam os mistérios celebrados.

5) **Inspiração para as cerimônias ou ritos** – Quando falamos em ritos ou cerimônias se quer distingui-los dos textos ou das palavras, lembrando sempre que na Liturgia também os textos ou as palavras constituem ritos. Também as cerimônias ou ritos no sentido aqui compreendido têm, normalmente, inspiração nas Sagradas Escrituras. As palavras dão sentido às ações, às cerimônias.

6) **Fonte da homilia** – Também a homilia está intimamente ligada à Sagrada Escritura: *"Recomenda-se vivamente como parte da própria Liturgia a homilia pela qual, no decurso do ano litúrgico, são expostos os mistérios da fé e as normas da vida cristã a partir do texto sagrado"* (SC 52).

19
A Palavra da Igreja na Liturgia: a eucologia

No início, cada Igreja foi celebrando o mistério de Cristo de sua maneira. Aos poucos foram surgindo textos de orações, formulários de preces. No decorrer dos primeiros séculos nos grandes centros cristãos foram-se elaborando livros para uso litúrgico. Surgiram assim os diversos ritos. Estas coleções de fórmulas, orações e hinos constituem a eucologia de cada rito. Restringindo-nos à Eucologia do Rito Romano, apresentamos os diversos tipos de textos, conforme seu gênero literário.

1. As orações de ação de graças ou orações eucarísticas

Trata-se aqui das grandes orações eucarísticas. As principais são: O **Exsultet**, a grande ação de graças pela luz na Vigília Pascal; a **Ação de graças sobre a água** na liturgia batismal; as **Preces de Ordenação**; a **Ação de graças de Dedicação de Igreja e de Altar**; a **Ação de graças da Bênção nupcial**, a **Ação de graças da consagração religiosa**, na Profissão perpétua; a **Ação de graças de Consagração das Virgens**; e, particularmente as grandes Ações de graças, chamadas **Orações eucarísticas** na Celebração da Ceia do Senhor.

As orações eucarísticas ou ações de graças seguem um gênero literário inconfundível. Surgem como reação ou resposta a um fato valorizado, percebido como uma bênção, um benefício, uma graça, donde brota a admiração. A admiração expressa-se por exclamações e aclamações. Vem, em seguida, a proclamação ou narração dos benefícios, vistos como maravilhas de Deus. Terminada a proclamação das maravilhas, segue-se o pedido para que Deus, que operou maravilhas, manifestando seu poder e bondade, renove suas maravilhas em favor da humanidade. Conclui-se com um louvor final.

É bendição, louvor, agradecimento, reconhecimento e confissão, seguidas de invocação de bênçãos. As ações de graças costumam estar no âmago da celebração como resposta à contemplação dos mistérios celebrados, contemplados na Celebração da Palavra de Deus, onde, na recordação da Igreja, Deus age, consagra, renova suas maravilhas.

A ação de graças tem caráter trinitário. Dirige-se sempre a Deus Pai, comemorando as maravilhas realizadas pelo Filho, no Espírito Santo. Louva o Pai, comemora o Filho e invoca o Espírito Santo, para que renove a obra do Filho no tempo da Igreja. Na ação memorial da Igreja atualiza-se a obra da salvação da Trindade.

2. Orações de tipo coleta

As principais orações de tipo coleta são a chamada propriamente **Coleta** (oração do dia), a **Oração sobre as oferendas** e a **Oração depois da Comunhão**. Também elas seguem um gênero literário. Constam de uma *invocação*, que expressa o louvor, constando de uma simples invocação, como Deus, Senhor, Pai, de uma invocação com determinados atributos de Deus, ou de uma invocação desdobrada por uma oração relativa, lembrando alguma ação concreta de Deus na História da Salvação. Segue-se o *pedido*, em geral muito breve, implorando que Deus conceda um determinado benefício. E termina, em geral, com um escopo ou objetivo do pedido.

Conforme antiga tradição da Igreja, a oração costuma ser dirigida a Deus Pai, por Cristo, no Espírito Santo e por uma conclusão trinitária mais longa na **Coleta** (oração do dia), ou uma conclusão mais breve, afirmando a mediação do Filho (Por Cristo, nosso Senhor), com a aclamação *Amém*, do povo.

Um pouco diversas das *orações coletas* são as orações conclusivas como aquela do final das Preces universais, onde não temos a invocação, de certa maneira presente na introdução às Preces.

3. Orações de bênção e exorcismo

As *orações de bênção* são fórmulas em que o sacerdote como mediador invoca a bênção de Deus sobre as pessoas. Ela pode ter várias formas: a simples invocação da bênção da Trindade Santa, orações que primeiramente comemoram o Deus de bondade e, em seguida, invoca a bênção. À invocação da bênção precede uma memória da atuação de Deus na História da Salvação. Nas celebrações de bênção se pede que antes da invocação de bênção as orações tenham caráter de ação de graças, de louvor e agradecimento pelos benefícios recebidos.

Na *oração de exorcismo* faz-se memória do Deus poderoso e cheio de bondade, o Senhor de todas as coisas, para então se invocar sua ação poderosa contra o poder das trevas, libertando as pessoas da obsessão do mal. Podemos dizer que se trata de uma oração forte, insistente.

4. Fórmulas sacramentais

Trata-se das fórmulas essenciais dos sacramentos conforme a fixação dos Rituais. Por vezes elas são isoladas, outras estão inseridas dentro de uma Prece maior de ação de graças, como é o caso da Eucaristia e das Ordenações.

5. Orações litânicas

A mais conhecida é a Ladainha de Todos os Santos. É, no entanto, uma forma de Preces. Em geral ela consta de uma doxologia à Santíssima Trindade, da aclamação dos santos, com resposta da assembleia, de preces universais e de breve doxologia final. Também nas orações em forma de ladainha encontram-se os dois movimentos da ação litúrgica: o louvor e a santificação.

Além dessa Ladainha clássica de Todos os Santos, temos as Ladainhas de Nossa Senhora, do Sagrado Coração de Jesus e outras, de Santos. Breves ladainhas podem ocorrer no Ato penitencial e nas Preces dos fiéis.

6. Responso ou responsório

Trecho composto de resposta e versículo, a rezar ou cantar entre solistas, ou entre solistas e coro, depois das leituras no Ofício das Leituras ou depois da Leitura breve nas Laudes, Vésperas e Completas. No fundo são a substituição de um salmo que se cantava para interromper agradavelmente a leitura. Nas Horas menores a resposta se restringe a uma breve aclamação composta de dois versículos. Na missa conservou-se o Salmo responsorial mais longo com aclamação do povo. São respostas à Palavra de Deus proclamada.

7. Antífona

Trata-se de breves textos bíblicos ou não, que emolduram o canto dos salmos nas celebrações. Na Liturgia das Horas a Antífona em geral é tomada do próprio Salmo realçando o mistério celebrado. O mesmo se diga das Antífonas de Entrada e de Comunhão na Celebração eucarística, que originariamente, e ainda hoje, compreendem um salmo ou parte dele.

8. Tropo e motete

O **tropo** é um breve texto acrescentado e inserido em outros textos melódicos litúrgicos cantados antes, durante ou no fim. Eram muito frequentes na Idade Média, particularmente no *Kyrie*. Foram abolidos no Missal de Pio V. Hoje se faz uma referência a ele no Ato penitencial da missa: *"Quando o Senhor é cantado como parte do ato penitencial, antepõe-se a cada aclamação um "tropo" (invocação)* (IGMR, n. 52). Temos, por exemplo, *Senhor, que viestes salvar os corações arrependidos, tende piedade de nós.*

O **motete** tem caráter um pouco diverso. É uma breve sentença, qualquer texto litúrgico não extenso posto em música.

9. Saudações e aclamações

A **saudação** mais conhecida é *O Senhor esteja convosco.* Existem outras, em geral de inspiração bíblica.

As **aclamações** também são frequentes nas celebrações. Às vezes são respostas a saudações. Estão presentes em diálogos introdutórios a certos ritos, como a Oração eucarística. Hoje temos as aclamações nas orações eucarísticas da missa e em outras grandes ações de graças. Uma das aclamações mais importantes é a aclamação do Evangelho, que consta do Aleluia, um versículo, em geral tomado do Evangelho a ser proclamado e a repetição do Aleluia, ou na quaresma, de outra aclamação. As aclamações expressam bem o caráter dialogal da celebração litúrgica.

10. Hino

São textos poéticos, em geral, com estrofes e rima. O hino tem começo, desenvolvimento e fim. Não comporta refrões. Em geral se dirigem ao Pai, fazem memória do Filho e terminam com uma doxologia trinitária. Costumam cantar um determinado mistério celebrado. Por isso, podem dirigir-se diretamente a Cristo, ao Espírito Santo, a Nossa Senhora, aos Anjos e aos Santos.

Existem alguns hinos em prosa, como o *Glória* e o *Te Deum*. São textos poéticos com cadências e latim, mas sem estrofes nem rima. Daí a difícil tradução para o canto em vernáculo.

11. Canto

Existem diversos gêneros de canto na Liturgia, como o canto antifonal, o cantochão ou canto gregoriano, o canto coral, canto responsorial e canto silábico. Em sentido amplo, **canto** significa qualquer texto musicado da Liturgia. Opõe-se à mera recitação de um texto. Após a reforma litúrgica do Vaticano II, reserva-se o termo **canto** para textos não bíblicos, ou inspirados na Bíblia, apropriados para substituir os cantos de Entrada, de Oferenda, de Comunhão e outros, propostos nos Livros litúrgicos, devendo seus textos ter aprovação da Conferência dos Bispos. Pretende-se, assim, distinguir os cantos dos **cânticos**, que são hinos de louvor tirados de livros em prosa das Sagradas Escrituras.

20
Elementos da natureza como símbolos na Liturgia

A linguagem usada pela Liturgia para evocar os mistérios de Cristo e atualizá-los aqui e agora na comunidade cristã não se restringe à palavra. É mais ampla do que a palavra. Nela entram todos os sentidos e ela passa por todos os elementos da natureza. A Liturgia lança mão dos elementos da natureza como símbolos ou sinais sensíveis e significativos dos mistérios celebrados. Certas realidades, que não ousaríamos expressar por palavras, nós as vivenciamos através de símbolos tirados da natureza. A linguagem litúrgica é de um arrojo inaudito.

O ser humano comunica-se com Deus por aquilo que é, de maneira encarnada, enquanto nele se encontram os elementos da natureza, como a terra, a água, o ar e o fogo. Quanto mais os símbolos estão ligados à vida, mais fortes e significativos eles são. Um símbolo nunca poderá ser inteiramente explicado em seu significado, exatamente porque está intimamente ligado à vida do homem. Podemos apenas explicitar, desdobrar, introduzir no limiar para que a pessoa possa entrar no interior do templo e experimentar o seu mistério.

1. Luz e trevas

Comecemos com o símbolo da luz e das trevas. Nunca podemos dizer plenamente o que significam a luz e as trevas. Quando alguém nasce, dizemos que veio à luz. A mãe dá à luz. Morre alguém, falamos em fechar os olhos. Luz é vida, trevas, morte.

Sem luz não existe vida. A luz do sol dá vida a todas as coisas; por ela tudo recebe forma, colorido e beleza. O sol ilumina e aquece. A vela nos faz ver as coisas e as pessoas, a lâmpada ilumina o caminho. Que preciosidade o podermos enxergar!

Pelo fato de a luz estar tão intimamente ligada à vida a ponto de podermos dizer que é vida, o símbolo da luz torna-se tão frequente em nosso linguajar para designar as realidades mais profundas que desejamos expressar de alguma forma.

Assim, Deus é luz inacessível que faz a muitos se alegrarem com a sua luz. Deus é apresentado na Bíblia como o fogo abrasador, como eterna chama (cf. Is 33,14). Manifesta-se no Sinai entre chamas de fogo (cf. Ex 19,18). Jesus, no Evangelho, é chamado sol nascente que nos veio visitar, para iluminar os que jazem nas trevas e na sombra da morte, a fim de dirigir os nossos passos no caminho da paz (cf. Lc 1,78-79). São João diz que no Verbo de Deus havia vida e a vida era a luz dos homens. A luz resplandece nas trevas. Esta luz era a verdadeira Luz que, vindo ao mundo, ilumina todo homem (cf. Jo 1,3-5.9). "Jesus lhes falou outra vez: "Eu sou a luz do mundo, quem me segue não andará nas trevas, mas terá a luz da vida"" (Jo 8,12). Ele nos chamou das trevas à sua luz maravilhosa (cf. 1Pd 2,9). Jesus diz que nós somos a luz do mundo, luz que brilha diante dos homens, para que vejam as nossas boas obras e glorifiquem o Pai que está nos céus (cf. Mt 5,14-16). Dizemos ainda que a fé é a luz que ilumina nossa vida, indicando-nos o caminho para Deus. Usamos a expressão: a luz da fé.

Luz e trevas, melhor, a libertação das trevas, a passagem das trevas para a luz constitui uma vivência humana capaz de exprimir a grande realidade do mistério pascal, a passagem da morte para a vida, a passagem do pecado para a graça, do egoísmo para a generosidade, da perdição para a salvação e a liberdade dos filhos de Deus.

Por essa riqueza de expressão ou de significado é que o símbolo da luz ocorre com tanta frequência na Liturgia. Aí ela perde a simples finalidade de fazer com que vejamos as coisas para significar as realidades espirituais mais profundas.

Eis, então, o fogo tirado da pedra virgem na Vigília pascal. Eis o círio pascal, significando o próprio Cristo que naquela noite ilumina a Igreja e os corações dos fiéis. Eis as velas acesas no círio pascal. Eis a vela acesa no Batismo, na Primeira Comunhão, na profissão religiosa, na hora da morte. Pensemos nas velas sobre ou junto ao altar nas ações litúrgicas, na lamparina que bruxuleia dia e noite diante do Santíssimo Sacramento. A vela do recém-nascido expressa a vida nova com Deus, Jesus Cristo em sua vida, a fé.

O cristão, por sua vez, torna-se luz do mundo. As velas do altar. O altar é Cristo, é comunhão de vida com Deus. É Deus presente em nós consumindo-nos pelo amor. Desejamos permanecer sempre diante de Deus, a exemplo de Cristo, em sua atitude sacrifical, eis o sentido da lamparina diante do Santíssimo.

Como diz Romano Guardini, a vela não tem alma, mas nós deveremos dar-lhe vida, pois a vela somos nós mesmos, é a presença de Deus que se comunica a nós.

2. A água

Um símbolo muito significativo e forte é a água. Ocorre no Batismo e na Eucaristia. Se começarmos a refletir sobre o sentido da água, veremos que ela está em íntima relação com a vida do ser humano. Sabemos que ele vive os primeiros nove meses de sua existência mergulhado em água. O próprio corpo humano é constituído em grande parte de água.

A água serve para purificar, para embelezar, para tomar banho, para refrescar, para reanimar. A água serve para tomar, matar a sede. Sem água não haveria nenhuma espécie de vida sobre a terra. Daí se segue que ela é uma substância essencial para a vida do ser humano. Podemos dizer, então, que água é vida. Eis que estamos no simbolismo da água.

A partir desta compreensão da água podemos entender melhor o sentido do Batismo e principalmente da oração da bênção da água batismal. Nesta bênção a Igreja comemora a ação de Deus na História da Salvação através da água. Das águas do início do mundo surge a vida. Das águas do Batismo surge a nova vida. As águas do dilúvio foram vida para os justos e morte para os maus. A água pode ser vida e morte. Assim, no Batismo morremos para o pecado e somos salvos na barca da Igreja como Noé. Nas águas do Mar Vermelho surgiu o Povo de Deus. Elas foram vida para os israelitas e morte para os egípcios. Também das águas do Batismo nasce um povo novo para Deus, a Igreja. No Batismo morremos para o pecado e o mal e renascemos para uma nova vida. Eis por que São Paulo compara a piscina batismal com o sepulcro. No Batismo morremos com Cristo para o pecado e ressuscitamos com Ele para a nova vida. A pia batismal na tradição da Igreja é comparada ainda ao seio materno e a Igreja à mãe que dá à luz.

Seria interessante refletir ainda sobre a água que jorrou do rochedo do deserto, as águas do Rio Jordão, o poço da samaritana, a piscina de Siloé, a água que mana do lado aberto de Cristo; os rios de água viva que jorram para a vida eterna da qual fala o Senhor.

A partir do sentido da água como símbolo de vida compreendemos melhor o gesto do sacerdote na hora da preparação das oferendas ao colocar algumas gotas de água no vinho. O Povo de Deus, salvo das águas do Batismo pela fé no Sangue redentor, une-se a Cristo na oferta de si mesmo ao Pai.

A água é usada também em ritos de **abluções** – Banhar-se, lavar os pés, lavar as mãos, aspergir, são ações rituais simbólicas que fundamentalmente significam purificação espiritual, condição para o ser humano se aproximar da divindade. O rito de ablução encontra-se em numerosos povos. Pela ablução cultual quer-se, por um lado, tirar o impuro, o pecado, e, por outro, trazer a salvação, possibilitar nova vida. Jesus Cristo opõe-se às abluções meramente exteriores dos judeus (cf. Mc 7,1-21), mas submeteu-se ao rito do Batismo de penitência.

Contudo, no culto cristão os ritos de ablução não são excluídos. Temos o **banho regenerador do Batismo**, como rito de iniciação. Na Igreja primitiva as pessoas eram normalmente batizadas por imersão, para significar o serem sepultados com Cristo na morte e ressurgirem com Ele dos mortos para a glória do Pai (cf. Rm 6,2-3). Pedro explica que o Batismo não é mera ablução. No tempo de Noé na arca poucos se salvaram pela água. "O que lhe corresponde agora é o batismo que vos salva, não tirando a sujeira da carne, mas pedindo a Deus uma boa consciência pela ressurreição de Jesus Cristo" (1Pd 3,21). Com o costume de batizar as crianças é que se introduziu, no decorrer dos séculos, o Batismo por infusão. O Batismo através do banho por mergulho significa melhor todo o sentido do Batismo cristão.

Depois temos a **ablução das mãos** na missa e em outras ocasiões, sobretudo após ritos de unção. Através de Tertuliano no início do terceiro século sabemos que os cristãos lavavam as mãos antes de qualquer oração. O rito era usado também ao entrarem nas igrejas, gesto que mais tarde foi substituído pela aspersão com água-benta, símbolo de purificação espiritual e lembrança do Batismo. Eis o sentido das pias de água-benta nas entradas das igrejas. A ablução das mãos do sacerdote após a preparação das oferendas quer significar que somente com mãos puras e coração limpo nos podemos aproximar da realização do Sacrifício eucarístico, proclamando dignamente a Oração eucarística. Para este sacrifício devemos apresentar-nos purificados de todo pecado.

Lembramos ainda o símbolo da água no **uso da água-benta**. Ela lembra, a quem a usa com fé, a purificação e a nova vida recebida no Batismo. A aspersão com água abençoada no início da missa dominical lembra à assembleia que cada domingo constitui uma Festa da Páscoa em comemoração à Páscoa de Cristo e do cristão pelo Batismo. E para se viver em profundidade o mistério da Eucaristia será necessário voltar sempre de novo à atitude de conversão vivida no Batismo. Por isso, o rito do "Asperges", conforme o Missal, pode substituir o ato penitencial no início da missa, rito que será valorizado sobretudo no Tempo pascal.

O **lava-pés** é o memorial do grande mandamento realizado na Quinta-feira Santa. Constitui, sem dúvida, um rito de grande plasticidade. Como Jesus Cristo veio não para ser servido, mas para servir, assim também todos os cristãos têm a missão de servir ao próximo pela vivência do mandamento do Amor.

3. O óleo

O **óleo** é usado com frequência na Liturgia: duas vezes no Batismo, na Confirmação, na Unção dos Enfermos, na Ordenação episcopal, na Ordenação presbiteral, bem como na consagração de igrejas e altares.

Para melhor descobrirmos o alcance e o significado do gesto da unção na Liturgia, precisamos recorrer ao significado do óleo no uso dos povos e na História da Salvação. Esta compreensão é de máxima importância para melhor compreendermos sobretudo os Sacramentos da Confirmação e da Unção dos Enfermos nos quais o óleo é considerado a matéria do sacramento.

Infelizmente a sociedade moderna perdeu muito da compreensão do significado do óleo. O azeite é bastante usado na preparação dos alimentos. É verdade também que se faz uso de loções, de fricções e de massagens. A medicina popular usa ainda o azeite para curar feridas, aliviar a dor, mas de modo geral o óleo deixou de ser usado como unção. Daí a dificuldade de perceber o alcance do uso do óleo numa dimensão religiosa na Liturgia.

Os povos antigos viam no óleo da oliveira uma substância de um poder particular. Por isso, usavam-no como medicina. Na Babilônia o médico era chamado "o versado no óleo".

Nas grandes culturas antigas as pessoas consagradas, entre as quais os governantes, eram investidas em seu ministério através da unção com óleo.

Na história do povo de Israel vemos algo semelhante. Os lugares da especial presença de Deus são ungidos. Samuel unge a cabeça de Saul, dizendo: "Samuel tomou o frasquinho de azeite e o derramou sobre a cabeça de Saul e o beijou com estas palavras: 'Com isto o Senhor te ungiu como chefe de seu povo Israel'" (1Sm 10,1). A unção com óleo significa bênção, consagração, reconhecimento da parte de Deus e especial distinção diante dos homens. Os sacerdotes também precisavam desta unção. Assim Aarão e seus filhos. Quem fosse ungido como profeta era iluminado pelo Espírito de Deus. O óleo torna-se símbolo do Espírito de Deus.

Ora, o Messias é o ungido de Deus por excelência. Ele é totalmente pervadido do Espírito de Deus e está totalmente voltado para Deus. Quando inicia sua atividade messiânica, o Evangelista Lucas coloca na boca de Jesus as palavras de Isaías: "O Espírito do Senhor está sobre mim, porque Ele me ungiu" (Lc 4,18). Cristo reúne em si as funções de rei, sacerdote e profeta, pois o próprio Deus ungiu a Jesus de Nazaré com o Espírito Santo e com força (cf. At 10,38).

Cristo, o ungido, unge por sua vez os cristãos, tornando-os participantes de sua salvação, de sua santidade e do seu serviço messiânico. Por isso, quando a Igreja usa o óleo na celebração dos sacramentos, ele se torna símbolo da graça e do dispensador da graça, o Espírito Santo, como já dizia São Cirilo em suas cate#queses mistagógicas: "Se por um lado o corpo é ungido com o unguento sensível, por outro, a alma é santificada pelo santo e vivificador Espírito" (SÃO CIRILO DE JERUSALÉM, 1977). Como o óleo impregna o corpo ungido, a presença do Espírito Santo pervade a pessoa com sua graça, sua força, que é vida e sal#vação, tornando-a o seu templo.

Assim, no Batismo somos ungidos para, na força do Espírito Santo, podermos renunciar ao mal e aderir ao bem, professando a fé em Cristo Jesus. Após o Batismo, a unção no alto da cabeça quer significar que nós pelo Batismo nos tornamos, com Cristo, reis e rainhas, sacerdotes e sacerdotisas, profetas e profetisas, pela força do Espírito Santo.

Na confirmação ou Crisma nos é dado o Espírito Santo, o Dom de Deus, para vivermos até à plenitude a vocação e missão batismais de reis, sacerdotes e profetas.

As mãos do sacerdote-presbítero são ungidas para significar que por elas age o Espírito Santo: são mãos que abençoam, consagram, perdoam e servem no serviço da salvação. Na ordenação de um Bis#po unge-se sua cabeça, com as palavras: "Deus, que te fez participar da plenitude do sacerdócio de Cristo, derrame sobre ti o bálsamo da unção, enriquecendo-te com a bênção da fecundidade espiritual".

Os enfermos recebem a força do Espírito Santo significada pela unção como remédio, alívio, conforto e força para viverem sua vocação batismal durante a enfermidade e apesar da enfermidade.

A unção de objetos significa que por eles ou neles há uma presença especial de Deus e de sua graça. Por eles Deus abençoa; eles têm por finalidade conduzir para Deus.

Como vemos, o óleo tem profundo significado na Liturgia, adquirindo seu significado na espiritualidade cristã, quando inserido na História da Salvação.

4. O pão e o vinho

Um dos símbolos mais eloquentes são o pão e o vinho, que no plano da graça querem expressar o que significam no plano natural.

Como o óleo, o pão e o vinho são frutos da terra e do trabalho do homem. Existe no homem o íntimo desejo de comunhão de vida com Deus. Gostaria de estar unido a Ele como a comida e a bebida se tornam um com seu corpo. O homem tem fome e sede de Deus. Não deseja apenas conhecê-lo e amá-lo, mas apoderar-se dele, possuí-lo, consumi-lo, comê-lo e bebê-lo, saciar-se plenamente nele.

Para exprimir que Deus veio ao encontro deste desejo do homem, Cristo, o Pão da vida, escolheu o símbolo do pão e do vinho, da comida e da bebida. Pão significa união, alimento, vida. Como o alimento se torna um com o homem, Deus quer unir-se ao homem.

Vinho é bebida. Mas não bebida que apenas mata a sede. É bebida que alegra, inebria, faz transbordar de felicidade. Assim Deus constitui a felicidade do homem, a saciedade do homem.

Cristo se tornou para nós pão e vinho. Podemos comê-lo, isto é, podemos tornar-nos um com Ele na saciedade inebriante da vida feliz. Este pão torna-se para nós garantia de imortalidade.

No pão e no vinho existe também muito de humano. O pão para ser pão passa por um longo processo. Igualmente o vinho. Por isso podemos dizer que o pão e o vinho, quando usados no sacramento da Eucaristia, adquirem um tríplice sentido. Eles representam nossa vida e todas as coisas criadas por Deus. Toda a criação constitui objeto de ação de graças de Deus. E o homem a oferece a Deus como rei da criação. Em segundo lugar, o pão e o vinho significam o trabalho, a capacidade de criar do ser humano, sendo também nisto semelhante a Deus. Em terceiro lugar – e isto é algo de inaudito e nós o aceitamos porque Cristo no-lo revelou – o pão e o vinho significam nossa comunhão de vida com Deus, onde Cristo se torna comida e bebida no Banquete eucarístico. Deus vem ao encontro do homem no seu desejo de comunhão de vida com Ele.

Pão e vinho, símbolos de comida e de bebida, exprimem pois a nossa vida, como também a nossa ação, a indústria do homem, seu domínio sobre a natureza que ele trabalha e transforma. Significam, outrossim, o próprio Cristo no mistério de sua Morte e Ressurreição.

Com Ele nós nos damos inteiramente, com todas as nossas qualidades e capacidades, todo o nosso trabalho e nossas realizações, toda a nossa vida relacionada com o Corpo de Cristo dado e o Sangue de Cristo derramado, vivida na maior intensidade possível a serviço do próximo.

5. A cinza e o incenso

Lembramos ainda a **cinza** e o **incenso** como elementos da natureza, usados na Liturgia. Ambos estão ligados ao fogo, símbolo do próprio Deus. O fogo desperta o bom odor do incenso. A incensação exprime a presença de Deus na nuvem, a oração que sobe aos céus e a reverência à presença de Deus na assembleia reunida, na cruz, no altar, no sacerdote presidente e na Palavra.

O fogo, por outro lado, é capaz de transformar os elementos da natureza em cinzas. Deus é o Senhor da natureza, capaz também de fazer brotar a vida das cinzas, da morte, contanto que o ser humano reconheça sua condição de mortal.

21
Objetos como símbolos na Liturgia

Objetos são compreendidos aqui como elementos da natureza, manufaturados pela ação do ser humano. Também eles são frequentemente usados como símbolos na Liturgia: a cruz, o cálice, a patena, âmbulas, cibórios, ostensório, galhetas, bacia, aspersório ou hissope, caldeirinha de asperges, turíbulo, castiçais, anel, alianças, báculo, mitra e livros, entre outros.

Restringimo-nos, nesta abordagem, ao **Livro** como símbolo litúrgico e aos **Livros litúrgicos** em geral.

1. O livro

A partir da Bíblia, o livro tem um significado simbólico muito intenso. Vejamos alguns aspectos.

O livro aparece como o livro dos Mandamentos e da Lei, como expressão da própria Sabedoria, do próprio Deus (cf. Br 4,1; Ne 8,1.8). Ele contém os desígnios de Deus: "Então eu disse: 'Eis que venho. No rolo do livro está escrito a meu respeito que eu cumpra a tua vontade'" (Sl 39,8), frase colocada pela Carta aos Hebreus na boca de Cristo no momento da encarnação (cf. Hb 10,7). Bem-aventurados os que cumprem o que está escrito no livro (cf. Ap 22,7.10). Quem seguir o que está escrito no livro, que contém as profecias, terá parte da árvore da vida e da Cidade Santa, que se encontram descritas neste livro (cf. Ap 22,19).

É chamado livro da vida (cf. Sl 68,29; Fl 4,3; Ap 21,27). Os mortos serão julgados de acordo com sua conduta, conforme está escrito nos livros. "Nesse tempo, teu povo será salvo, todos os que se acharem registrados no Livro" (Dn 12,1). Quem não cumpre o que está escrito no livro, será apagado do livro de Deus: Moisés pede a Deus que o risque do seu livro, se Deus não perdoar os pecados do povo (cf. Ex 32,32). "O Senhor disse a Moisés: 'Riscarei do meu livro a quem pecou contra mim'" (Ex 32,33). O salmista reconhece que todos os seus dias estavam anotados no livro de Deus (cf. Sl 138,16). Podemos ver que o livro se identifica com o próprio Deus.

Também Jesus Cristo, o Verbo de Deus encarnado, está intimamente ligado ao livro, até se identifica com ele. Mateus inicia o seu Evangelho com "o livro da origem de Jesus Cristo, filho de Davi, filho de Abraão" (Mt 1,1), refletindo o que o autor do Gênesis faz ao apresentar a genealogia de Adão (cf. Gn 5,1).

No início de sua ação messiânica entregam a Jesus o livro do Profeta Isaías, e Jesus fecha o livro, devolvendo-o depois ao ministro (cf. Lc 4,17.20). Em Jesus Cristo cumpre-se o que está contido no livro (cf. Lc 4,21). O próprio Cristo, porém, é identificado com o livro escrito por dentro e por fora e selado de sete selos (cf. Ap 5,1), Ele, o Cordeiro, de pé, como que imolado (cf. Ap 5,6). Os quatro seres vivos e os vinte e quatro anciãos prostraram-se diante do Cordeiro e cantaram um cântico novo, que dizia: "Digno és de tomar o livro e lhe abrir os selos, porque foste imolado e com teu sangue compraste para Deus homens de toda tribo, língua, povo e nação. Deles fizeste para nosso Deus um reino de sacerdotes e eles reinarão sobre a terra" (Ap 5,9-10). Jesus é o livro aberto do plano de salvação do Pai, revelado e realizado por Cristo e em Cristo Jesus.

Quem participa da obra salvadora do Cordeiro imolado e vitorioso há de devorar o livro aberto (cf. Ap 10,8-10): "Dirigi-me para o anjo, pedindo que me desse o livrinho. Ele me respondeu:

'Toma e come. Amargará teu ventre, mas em tua boca será doce como mel'. Peguei o livrinho da mão do anjo e me pus a comê--lo. Em minha boca era doce como o mel, mas, depois de comer, senti amargas minhas entranhas. Disseram-me, então: 'É preciso que profetizes de novo a muitos povos, nações, línguas e reis'" (Ap 10,9-11). A profecia, o anúncio da salvação em Cristo passa pelo mistério do sofrimento e da morte. Para profetizar é preciso assimilar a mensagem de quem envia. Isso já vem prefigurado em Ezequiel: "Ele me disse: 'Filho do homem, come o que tens diante de ti! Come este rolo e vai falar à casa de Israel'. Eu abri a boca e ele me fez comer o rolo, dizendo: 'Filho do homem, alimenta teu ventre e sacia as entranhas com este rolo que te dou'. Eu o comi, e era doce como mel em minha boca. Ele me disse: 'Filho do homem, vai! Dirige-te à casa de Israel e fala-lhes com minhas palavras'" (Ez 3,1-3).

As palavras do livro são palavras de Deus, o próprio Verbo, a Palavra do Pai, Jesus Cristo. Daí a reverência prestada ao Livro da Palavra na Liturgia, a mesma prestada ao altar que é Cristo (cf. IGMR, n. 273).

Falando dos objetos litúrgicos a *Instrução Geral sobre o Missal Romano* recomenda: "Deve-se cuidar de modo especial que os livros litúrgicos, particularmente o Evangeliário e o Lecionário, destinados à proclamação da Palavra de Deus, gozando, por isso, de veneração peculiar, sejam na ação litúrgica realmente sinais e símbolos das realidades celestes, e, por conseguinte, verdadeiramente dignos, artísticos e belos" (IGMR, n. 349).

2. Os livros litúrgicos

O livro litúrgico por excelência é a Bíblia. Nos inícios da Liturgia cristã as leituras eram feitas diretamente das Sagradas Escrituras. No tempo áureo da formulação e organização da Liturgia, nos séculos V e VI, foram surgindo os diversos livros para uso na Sagrada Liturgia. Pensamos aqui sobretudo na Igreja de Roma.

Os principais livros litúrgicos eram:

1) Os **Libelos** – Continham orações e preces para uso de quem presidia as celebrações.

2) O **Sacramentário** – Aos poucos, do século VI ao VIII, estes libelos foram reunidos em livros mais completos para uso do sacerdote presidente na Liturgia.

3) Os **Lecionários** – O nome de Lecionários indica livros, onde estão as "perícopes" bíblicas, destinados à leitura nas celebrações litúrgicas. Originariamente a indicação das leituras era feita na própria Bíblia. Assim, a formação do lecionário passa por duas etapas. Temos os *Capitularia*: As indicações, originariamente escritas ao lado do texto bíblico, são recolhidas em listas, nas quais cada trecho de leitura está indicado com a palavra inicial e a final. Aos *Capitularia* seguem-se as coleções dos textos que formam os *Lecionários*. Os Lecionários dividem-se em: *Evangeliário*, com as perícopes dos evangelhos; *Lecionário da Missa*, que reúne as perícopes não evangélicas e evangélicas; *Lecionário do Ofício*, que traz as leituras do Ofício Divino; o *Comes* ou *Liber comitis*, só contendo as leituras do Epistolário ou com as do evangeliário.

4) O **Antifonário da missa** – Contém os textos destinados aos cantos durante a missa musicados ou não.

5) Os **Ordines** – São livros que orientam a própria celebração, em seu desenrolar ordenado, conforme os diversos ritos litúrgicos. O *Ordo I*, por exemplo, descreve a missa papal do século VII. Eles são preciosos para se compreender a evolução histórica dos ritos.

6) O **Pontifical** – O Pontifical recolhe as fórmulas e ritos habitualmente reservados ao bispo como a confirmação, ordenações, consagração de igrejas, das virgens, bênçãos dos abades e outras. Surgiram a partir do século IX.

7) O **Missal** – A primeira forma do Missal foi a dos sacramentários, que continham somente as partes reservadas ao celebrante. A partir do século X, começaram a aparecer sacramentários em que já se inseriam também as leituras e os cantos. Tornou-se o único livro necessário para a missa, tomando os nomes de *Liber missalis, Missale, Missale plenarium*. Um tal livro servia melhor às Celebrações eucarísticas particulares, e à centralização da celebração eucarística no sacerdote, que começou a celebrar sozinho para o povo.

8) **Os livros da Liturgia das Horas** – Nos primeiros séculos da formação da Liturgia das Horas havia o *Saltério*, o *Homiliário*, livro com as homilias dos Padres da Igreja e o *Hinário*.

Após Trento e reformados pelo Concílio Vaticano II, temos hoje os seguintes livros litúrgicos:

9) O **Pontifical**, que contém os textos e ritos de celebrações presididas pelo Bispo.

10) O **Cerimonial dos Bispos**, que não é propriamente um livro litúrgico, mas descreve todos os ritos das celebrações presididas pelo Bispo.

11) O **Missal** – Abandonou-se o esquema do Missal pleno que continha tudo, para facultar uma celebração comunitária com a participação dos diversos ministros, como leitores e cantores.

12) O **Evangeliário** e os **Lecionários** com os Salmos responsoriais.

13) Os **rituais**, contendo os ritos dos Sacramentos normalmente presididos pelos presbíteros e de outras celebrações como o **Ritual de Exéquias** e o **Ritual de Bênçãos**.

14) O **Livro das Horas** da Liturgia das Horas em quatro volumes ou editados em formas abreviadas.

15) Os diversos **Livros de Canto** da Liturgia, como o **Gradual romano** e o *Graduale simplex*. Nas diversas regiões vão surgindo os **Hinários Litúrgicos**, coleções de textos a serem cantados sobretudo na missa e na Liturgia em geral.

22
A corporeidade na Liturgia

Trata-se aqui de aprofundar a linguagem corporal na Sagrada Liturgia. O ser humano comunica-se pelo próprio corpo através de gestos, ações, posturas do corpo, movimentos e o próprio silêncio. Também a assembleia celebrante, como um todo, ou através dos ministros, principalmente do sacerdote presidente, comunica-se com Deus através da expressão corporal. Na Liturgia essas expressões constituem gestos, ações, posturas e movimentos de toda a assembleia.

1. Gestos

Trata-se de movimentos do corpo, em especial da cabeça e dos braços, para exprimir ideias ou sentimentos ou para realçar o sentido da palavra.

Na Liturgia nos deparamos com gestos diversos, que constituem ações comemorativas de ações divinas e de ações humanas em contato com o divino.

Gestos com as mãos: Em línguas semíticas a palavra para designar a mão significa também poder. Para fazer obras externas, a mão é o órgão mais importante do ser humano. Ele pode usá-la para fazer o mal ou para fazer o bem, para abençoar, para dar. Daí a expressão: ter mão aberta, sinônimo de generosidade. Com este sentido de ação generosa, o símbolo aparece frequentemente nas

Sagradas Escrituras: "Tu lhes dás e eles o recolhem, abres tua mão e se saciam de bens" (Sl 103,28). Estar nas mãos de alguém significa estar sob o seu poder e disposição (cf. Gn 16,16). Significa também a proteção de Deus. Na hora da morte Jesus exclama: "Pai, em tuas mãos entrego o meu espírito" (Lc 23,46). Os Padres da Igreja interpretam a mão de Deus como o Verbo encarnado, que "por sua própria mão tudo fez existir".

O **sinal da cruz**, a **persignação**; **juntar as mãos**, como posição orante individual; **erguer as mãos**, como expressão de oração comunitária; ação de graças, de comunicação com Deus e de oferta, **dar as mãos**, como na celebração do matrimônio; o rito de dar as mãos na hora do Pai-nosso não é previsto no Rito Romano. Pode até ser significativo em casos bem determinados, sem que se torne um uso permanente. Temos o rito de **dar a mão**, no rito da paz; **tomar nas mãos.**

Um símbolo muito forte é a **imposição das mãos**. Impor as mãos significa abençoar, transmitir a força e a proteção de Deus. É, com a unção, um gesto muito usado para comunicar a força do Espírito Santo, como nas ordenações.

Palmas? – O rito não existe na Liturgia Romana. Poderá, ocasionalmente, ser significativo, sem se tornar um rito ordinário, mudando o rito. No Brasil, uma salva de palmas foi admitida, como rito facultativo, por ocasião da eleição de um candidato à Ordenação.

2. Genuflexão e inclinação

1) A **genuflexão** se faz dobrando o joelho direito até o chão. Significa adoração. Na missa o sacerdote celebrante faz três genuflexões, a saber: depois da apresentação da hóstia, após a apresentação do cálice e antes da Comunhão. Se, porém, houver no presbitério tabernáculo com o Santíssimo Sacramento, o sacerdote, o diácono e os outros ministros fazem genuflexão quando chegam

ao altar e quando dele se retiram, não, porém, durante a própria celebração da missa. Também fazem genuflexão todos os que passam diante do Santíssimo Sacramento, a não ser que caminhem processionalmente. Os ministros que levam a cruz processional e as velas, em vez de genuflexão, fazem inclinação da cabeça (cf. IGMR, n. 274).

Já não existe a chamada genuflexão dupla, ou seja, com os dois joelhos, nem diante do Santíssimo exposto.

2) **Inclinação** – Pela inclinação se manifesta a reverência e a honra que se atribuem às próprias pessoas ou aos seus símbolos. Há duas espécies de inclinação, ou seja, a de cabeça e a do corpo.

Faz-se **inclinação de cabeça** quando se nomeiam juntas as três Pessoas Divinas, ao nome de Jesus, da Virgem Maria e do Santo em cuja honra se celebra. Temos ainda a elevação dos olhos.

Inclinação do corpo ou inclinação profunda se faz: ao altar; às orações *Ó Deus todo-poderoso, purificai-me* e *De coração contrito*; no símbolo, às palavras *E se encarnou*; no Cânon Romano, às palavras *Nós vos suplicamos*. O diácono faz a mesma inclinação quando pede a bênção antes de proclamar o Evangelho. Antes e depois da turificação faz-se inclinação profunda à pessoa ou à coisa que é incensada, com exceção do altar e das oferendas para o sacrifício da missa. Quem leva o Evangeliário no rito de Entrada da Missa não faz nenhuma reverência, pois ele está trazendo o Senhor que convoca o seu Povo.

3. Prostração

É um dos símbolos mais fortes na Liturgia. Sinal de humildade, de pequenez, diante da missão que é confiada à pessoa que se prostra. O vocacionado e enviado a testemunhar o Senhor coloca toda a sua força no Senhor e nas preces da comunidade. Ocorre na profissão religiosa, nas Ordenações e, de modo facultativo, no início da Celebração da Palavra na Sexta-feira da Paixão do Senhor.

4. Ações

Como ações devemos lembrar ainda os atos de **comer** e de **beber**; o **beijar** e **abraçar**.

5. Posturas do corpo

Elas também são significativas. Constituem uma linguagem comunitária, um modo de rezar, de fazer memória, de entrar em comunhão com Deus. "A posição comum do corpo, que todos os participantes devem observar, é sinal da unidade dos membros da comunidade cristã, reunidos para a Sagrada Liturgia, pois exprime e estimula os pensamentos e os sentimentos dos participantes. O que se diz sobre as posições do corpo na missa, com as devidas ressalvas, vale também para outras celebrações.

1) **De pé** – Expressa atenção, prontidão, o ser humano a caminho, atitude de mensageiro, de testemunha, de profissão de fé, de ação de graças e de sacerdote oferente.

Quanto às posições do corpo na missa, se diz: "Os fiéis permaneçam de pé, do início do canto da entrada, ou enquanto o sacerdote se aproxima do altar, até a oração do dia inclusive: ao canto do *Aleluia* antes do Evangelho; durante a proclamação do Evangelho; durante a profissão de fé e a oração universal; e do convite *Orai, irmãos* antes da oração sobre as oferendas até o fim da missa" (IGMR, n. 43).

2) **Sentado** – É sinal de repouso, de acolhida, de meditação, de interiorização. "Sentem-se durante as leituras antes do Evangelho e durante o salmo responsorial; durante a homilia e durante a preparação das oferendas; e, se for conveniente, enquanto se observa o silêncio sagrado após Comunhão" (IGMR, n. 43).

3) **De joelhos** – Expressa atitude de humildade e de humilde oração e de adoração. É uma postura pouco usada na Liturgia. Na missa, praticamente se restringe à hora da "consagração": "Ajoelhem-se, porém, durante a consagração, a não ser que por motivo de saúde ou falta de espaço ou de grande número de presentes ou outras causas razoáveis não o permitam. Contudo, aqueles que não se ajoelham na consagração, façam inclinação profunda enquanto o sacerdote faz genuflexão após a consagração" (IGMR, n. 43).

A unidade da assembleia, que forma um só corpo, manifesta-se muito bem quando todos os fiéis realizam em comum os mesmos gestos e assumem as mesmas atitudes externas, evitando todo individualismo ou divisão. Todos os membros da assembleia têm um único Pai nos céus, e por este motivo são todos irmãos entre si.

6. Movimentos

Toda criatura encontra-se em constante movimento, traçando um caminho no espaço e no tempo. Todo agir do ser humano faz parte do caminho de sua vida. Sendo o movimento expressão do ser humano, pode servir de sinal comemorativo na Liturgia.

No Antigo Testamento o caminho significa o plano divino sobre o mundo, ancorado na vontade insondável de Deus. Depois, significa o caminho da vida. A vida inteira do homem é caminho conhecido por Deus. O caminho significa ainda a condução da vida, o comportamento do homem com referência aos mandamentos de Deus.

Todo ser humano é um *homo viator*, um ser a caminho. O próprio Deus pôs-se a caminho, sendo Ele mesmo o Caminho, no mistério da encarnação do Verbo de Deus. Sai do Pai e vem ao mundo e, por sua vez, deixa o mundo e volta para o Pai (cf. Jo 13,3). Jesus Cristo pôs-se a caminho rumo ao Pai, proclamando-se o próprio Caminho.

Esta realidade da vida como caminho, trilhando o Caminho rumo à pátria definitiva, expressa-se na Liturgia através das procissões e peregrinações.

Procissões – Existem as procissões dentro do espaço de celebração, a igreja e procissões com entrada na igreja ou no santuário.

Dentro do espaço da celebração – Consideremos a Celebração eucarística. Entre os gestos incluem-se também as ações e as procissões realizadas pelo sacerdote com o diácono e os ministros ao se aproximarem do altar; pelo diácono, antes da proclamação do Evangelho ou ao levar o Livro dos evangelhos ao ambão; dos fiéis, ao levarem os dons e enquanto se aproximam da Comunhão (cf. IGMR, n. 44).

Procissão de entrada – O Povo de Deus a caminho da Terra Prometida reúne-se, numa pausa do caminho, para celebrar sua própria caminhada e alimentar-se com o Pão do Céu.

Procissão do Evangeliário – Deus convoca o seu povo através do Verbo já no início da Celebração. Agora, Jesus Cristo se levanta na assembleia para dirigir sua Palavra: Bendito o que vem em nome do Senhor. A assembleia o saúda, o aclama para ouvir com atenção sua palavra, o Pão que alimenta o povo a caminho.

Procissão das oferendas – Neste momento, saciado pelo dom da Palavra, a assembleia reunida, representada por alguns fiéis, apresenta a Cristo, o Altar, sua vida como dom de Deus. A assembleia une-se a Cristo para realizar a passagem para o Pai na Ação de Graças, comemorativa da Páscoa, a Passagem de Cristo em sua volta ao Pai. O caminhar para o altar é o caminho de toda a assembleia.

Procissão da Comunhão – O Povo de Deus, a caminho pelo deserto da vida presente, alimenta-se do Pão da Vida para prosseguir no caminho de Deus.

Procissões com entrada na igreja ou santuário – Temos ao menos três procissões desse tipo. **Na Vigília pascal**, precedida pelo Círio pascal com a iluminação da Igreja; a **Procissão de Ramos**, comemorando a entrada triunfal de Jesus em Jerusalém e a **Procissão das velas** na solenidade da Apresentação do Senhor.

Nestas festas aparece bem o Povo de Deus, a Igreja, que se reúne guiada por Cristo, o Caminho, e Luz a iluminar o caminho.

Procissões independentes de entrada na igreja – Lembramos primeiramente a Procissão com o **Santíssimo Sacramento do Corpo e Sangue de Cristo**. Na piedade popular temos uma série de procissões, que não constituem procissões de entrada na igreja: Lembremos as procissões com imagens dos Santos nas festas dos Padroeiros e as procissões na expressão popular da Semana Santa: Procissão do Encontro, Procissão da Prisão de Jesus, a Procissão do Senhor Morto, a Procissão do Cristo Ressuscitado e, em alguns lugares, a Procissão do Triunfo de Nossa Senhora.

7. Movimentos corporais e dança

Em muitas religiões a dança é, depois do sacrifício, a mais importante ação cultual. Ela pode ser expressão imediata do que move internamente o homem, como, por exemplo, a manifestação de alegria. A dança cultual ocorre com frequência no Antigo Testamento. Para distinguir-se de certas orgias pagãs, o cristianismo antigo considerava que se devia rejeitar este tipo de movimento corporal.

Os ritos ocidentais em geral e o Rito Romano, em especial, são muito sóbrios em movimentos corporais e praticamente desconhecem a dança na Liturgia.

No movimento de inculturação da Liturgia começa-se a dar importância novamente aos movimentos corporais e à dança. O problema está em distinguir a dança ou o ritmo religioso da dança profana. A questão é saber se os movimentos corporais e a dança favorecem realmente a celebração dos mistérios, se eles constituem verdadeira oração.

A Conferência dos Bispos do Brasil admite expressões corporais na Liturgia: "O ofertório pode ser momento propício para valorizar gestos da assembleia. Onde expressões corporais forem bem aceitas poderão ser admitidas na procissão das ofertas" (AVLB, n. 297). Quanto à dança, se diz o seguinte: "A introdução da dança litúrgica na procissão de entrada, onde for conveniente e a juízo e consentimento do Bispo Diocesano, poderá ser de grande proveito para criar o clima de celebração festiva da fé" (n. 241). A expressão corporal ou a dança pertence a toda a assembleia, deve ser expressão orante de toda a assembleia, devendo-se evitar o *show* ou espetáculo. Por isso, os que realizam a coreografia ou executam a dança litúrgica não serão aplaudidos.

8. Peregrinações

As peregrinações constituem um fenômeno presente em todos os povos. Seria aqui o lugar de aprofundar o fenômeno das peregrinações e dos santuários, hoje considerados como expressões da religiosidade/piedade popular. O espaço desta Introdução não o permite. Por isso, apenas alguns acenos.

As peregrinações expressam o Povo de Deus em marcha a caminho da pátria celeste, simbolizada pelo santuário. É muito cara na religiosidade/piedade popular, mas é própria da Igreja mesma. Os santuários constituem manifestações dos mistérios de Cristo, particularmente sua expressão escatológica da plenitude de comunhão da humanidade em Deus. A peregrinação comemora a dimensão peregrinante de toda a Igreja fazendo memória do Cristo que peregrinou por este mundo. A Igreja caminha com Cristo e em Cristo. Certos mistérios de Cristo e da Igreja podem ser comemorados e vividos mais facilmente através de peregrinações a santuários, como a Igreja peregrina e a universalidade da Igreja.

Importa distinguir claramente o que é próprio da expressão religiosa nas Igrejas particulares e nas paróquias, na vida ordinária do cristão e o que é próprio dos santuários. Além disso, cada santuário tem sua mensagem ligada a um mistério de Cristo, ou à Virgem Maria e aos Santos, nos quais a Igreja também celebra o mistério de Cristo.

Importa despertar a consciência dos fiéis sobre o caráter eclesial comunitário das peregrinações. Para isso o Ritual de Bênçãos oferece celebrações de partida de peregrinação para santuário, celebração de bênção e reenvio do santuário e celebração de acolhida e reenvio dos que retornam à vida cristã do dia a dia.

9. O silêncio

Os grandes acontecimentos da História da Salvação deram-se no silêncio da noite. Silenciar expressa uma atitude corporal. É deixar todo o seu ser entrar em comunhão com o mistério. O silêncio é o esvaziamento do íntimo do ser, fazendo espaço para acolher o mistério, a Palavra Jesus Cristo e dar tempo para que a Palavra tome forma no seio da pessoa e para ser dada à luz por boas obras. Na Liturgia falamos demais; deveríamos, ao contrário, ouvir mais, contemplar mais com os olhos; silenciar mais e falar menos.

Tratando da participação ativa, observa a *Sacrosanctum Concilium*: "A seu tempo, seja também guardado o sagrado silêncio" (SC 30). Quanto à Celebração eucarística dispõe-se o seguinte: "Oportunamente, como parte da celebração deve-se observar o silêncio sagrado. A sua natureza depende do momento em que ocorre em cada celebração. Assim, no ato penitencial e após o convite à oração, cada fiel se recolhe; após uma leitura ou a homilia, meditam brevemente o que ouviram; após a comunhão, enfim, louvam e rezam a Deus no íntimo do coração. Convém que já antes da própria celebração se conserve o silêncio na igreja, na sacristia, na secretaria e mesmo nos lugares mais próximos, para que todos se disponham devota e devidamente para realizarem os sagrados mistérios" (IGMR, n. 4). Prevê-se também um breve silêncio antes do início da Liturgia da Palavra. "Integram a liturgia da palavra também breves momentos de silêncio, de acordo com a assembleia reunida, pelos quais, sob a ação do Espírito Santo, se acolhe no coração a Palavra de Deus e se prepara a resposta pela oração. Convém que tais momentos de silêncio sejam observados, por exemplo, antes de se iniciar a própria liturgia da palavra, após a primeira e a segunda leituras, como também após o término da homilia" (IGMR, n. 56). Sendo o canto das oferendas facultativo, convém mesmo que a procissão das oferendas seja vivida em silêncio.

23
Vestes sagradas

As vestes são usadas na Liturgia enquanto capazes de serem um meio de comunicação com o sagrado, com o divino. Por isso, fala-se de vestes sagradas, em sentido mais amplo do que as vestes litúrgicas ou paramentos.

Aqui nos interessa compreender a função das vestes litúrgicas enquanto capazes de comunicar com o sagrado, enquanto sinais sensíveis dos mistérios celebrados. Depois de analisar o sentido do uso das vestes em geral, veremos a razão de ser das vestes litúrgicas.

1. As vestes em geral

O ser humano faz uso da vestimenta, sem dúvida, para defender-se do frio e do calor. Mas o sentido da veste vai muito além desse uso utilitário.

A veste ou vestimenta é como que extensão do corpo humano. Completa a figura do homem e reflete algo de sua realidade interior. A veste é uma espécie de outro eu. A troca da veste pode significar a mudança do eu interno. A veste especial dos sacerdotes orientais antigos frisava a distinção entre o mundo sacral e o profano.

Pelo traje o homem procura comunicar-se no seu relacionamento social. Pelo fato de o corpo constituir como que o sacramento do mistério do homem, ele o recobre. Quer significar com isso que o homem não é apenas aquilo que se pode perceber pelos sentidos. Existe nele uma interioridade, que vai muito além de sua corporeidade.

Interessante notar que o homem gosta de cobrir, velar, aquilo que valoriza de modo especial. Assim também o corpo humano. Cria-se, então, aquele jogo do velar-se e desvelar-se na medida em que a pessoa deseja comunicar-se. Onde se trata do mistério da vida de uma pessoa e se está a serviço do amor e da vida, o nu não é perturbador nem chocante. Isso acontece, por exemplo, no jogo do amor do casal humano, no dar à luz a um novo ser, no cuidado ao enfermo, no socorro ao que está em perigo de vida e no próprio nu artístico.

No decorrer dos tempos foram surgindo as diferentes vestes para indicar estados de alma, profissões e funções diferentes. A veste de festa e de luto, a veste de passeio, a veste distintiva de um profissional, a veste de esporte, a veste social, a veste da intimidade familiar e conjugal, as vestes masculinas e femininas.

2. A dimensão religiosa da veste

Em vista da capacidade de a vestimenta tornar-se uma linguagem, uma comunicação, ela pode demonstrar também uma realidade religiosa.

No estado original da perfeição, o homem não precisa de nenhuma veste, pois estava revestido da luz divina. Para significar que o homem rompeu com o divino que o envolvia, o autor do Gênesis usa a imagem da veste. Adão e Eva sentiram-se nus porque não mais revestidos, envolvidos do mistério de Deus (cf. Gn 3,7). Tanto no Antigo como no Novo Testamento a veste pode significar a concessão de um ofício (cf. Nm 20,28). Significa também a tomada de posse pelo Senhor Deus (cf. 1Rs 19s.). Vestes sujas são símbolos de maneira pecaminosa de viver (Zc 3,3). A veste mais pura é a do próprio Deus, "envolto em luz como em manto" (cf. Sl 103,2). O Senhor pode vestir-se também de justiça como uma couraça, pôr vestimentas de vingança como túnica e envolver-se de zelo como de um manto (cf. Is 59,17). As vestes podem significar propriedades como a justiça e o direito, a misericórdia divina (cf. Jó 29,14; Br 5,1s.). São também figuras do reino messiânico as vestes da salvação e da vitória (cf. Is 61,10). Jesus fala da veste nupcial como condição para entrar no céu (cf. Mt 22,11s.). Por ocasião da transfiguração de Jesus, suas vestes "tornaram-se alvas como a luz (cf. Mt 17,2). Quem andou na justiça na terra e não manchou suas vestes um dia andará com vestes brancas; os eleitos estarão diante do trono do Cordeiro, vestidos de vestes brancas, alvejadas no sangue do Cordeiro (cf. Ap 3,3-5; 7,9.13). Paulo ensina que o que é corruptível será revestido de incorruptibilidade, e o que é mortal de imortalidade (1Cor 15,53). Todos são chamados a revestir-se de Cristo (cf. Rm 13,14). Pelo batismo todos são revestidos das vestes de Cristo (cf. Gl 3,27). Todos podem "revestir o homem novo, que, segundo Deus, foi criado em verdadeira justiça e santidade" (Ef 4,24). Daí a veste branca do batismo.

3. As vestes litúrgicas

Como as demais vestes, também as litúrgicas expressam várias funções. Significam sobretudo estados de alma e o ministério exercido. As vestes litúrgicas, das mais simples às mais ricas, criam um clima de alegria, de elevação, de festa, ajudando dessa forma a assembleia a manifestar-se como um povo em festa pela salvação em Cristo.

Ao falarmos de vestes litúrgicas não devemos pensar apenas nas vestes sacerdotais ou nos paramentos. Deveríamos pensar na veste especial do batismo, da Iniciação à vida eucarística, nas vestes de casamento e nas vestes usadas por qualquer cristão ao participar do culto. Por uma veste melhor os fiéis procuram criar e expressar o ambiente de festa. São um convite para viver uma nova forma de vida, a revestir-se de Cristo. Claro que a veste usada não constitui algo de essencial. O pobre sem recursos não deixará de participar da Eucaristia por não possuir um traje especial. Mas, certamente procurará trazê-lo bem asseado e arrumado como ao receber uma visita importante em sua casa.

Haverá um traje para sair a passeio, outro para praia e o esporte e outro ainda para os momentos do culto, o qual não será motivo de atenções que distraiam, mas que possa realmente elevar sua mente e a dos demais participantes da assembleia. Incluamos aqui as toalhas e os véus. A toalha do altar que será de cor branca, a cor sacerdotal, pois o altar é Cristo. O véu dos cibórios que contêm as sagradas reservas guardadas no tabernáculo. O metal é pouco aconchegante. O véu é sinal de cuidado pelo Corpo do Senhor e de sua presença.

Para o sacerdote e todos os que tiverem funções especiais, a vestimenta pretende ainda exprimir ou realçar as diversas funções. As vestes especiais do sacerdote não constituem elemento essencial na Liturgia. A questão colocada nestes termos mostra a falta de compreensão do sentido dos sinais litúrgicos. Devemos perguntar se as vestes sacerdotais ajudam ao sacerdote e a toda a assembleia a viver melhor o mistério celebrado. Não estamos diante do essencial, do necessário, mas daquilo que convém, daquilo que tem sentido. Isso vale também para o véu do cálice, que pode ter sempre a cor branca, e para o véu do cibório em que o Santíssimo é conservado no tabernáculo.

4. Os paramentos

A *Instrução Geral sobre o Missal Romano* diz o seguinte sobre as vestes sagradas: "Na Igreja, que é o Corpo de Cristo, nem todos os membros desempenham a mesma função. Esta diversidade de funções na celebração da Eucaristia manifesta-se exteriormente pela diversidade das vestes sagradas, que por isso devem ser um sinal da função de cada ministro. Importa que as próprias vestes sagradas contribuam também para a beleza da ação sagrada. As vestes usadas pelos sacerdotes, os diáconos, bem como pelos ministros leigos, são oportunamente abençoadas antes que sejam destinadas ao uso litúrgico, conforme o rito descrito no Ritual Romano. A alva é a veste sagrada comum a todos os ministros ordenados e instituídos de qualquer grau; ela será cingida à cintura pelo cíngulo, a não ser que o seu feitio o dispense. Antes de vestir a alva, põe-se o amito, caso ela não encubra completamente as vestes comuns que circundam o pescoço. A alva não poderá ser substituída pela sobrepeliz, nem sobre a veste talar, quando se deve usar casula ou dalmática, ou quando, de acordo com as normas, se usa apenas a estola sem a casula ou dalmática. A não ser que se disponha de outro modo, a veste própria do sacerdote celebrante, tanto na missa como em outras ações sagradas em conexão direta com ela, é a casula ou planeta sobre a alva e a estola. A veste própria do diácono é a dalmática sobre a alva e a estola; contudo, por necessidade ou em celebrações menos solenes, a dalmática pode ser dispensada. Os acólitos, os leitores e os outros ministros leigos podem trajar alva ou outra veste legitimamente aprovadas pela Conferência dos Bispos em cada região. A estola é colocada pelo sacerdote em torno do pescoço, pendendo diante do peito; o diácono usa a estola a tiracolo sobre o ombro esquerdo, prendendo-a do lado direito. A capa ou pluvial é usada pelo sacerdote nas procissões e outras ações sagradas, conforme as rubricas de cada rito.

Quanto à forma das vestes sagradas, as Conferências dos Bispos podem definir e propor à Sé Apostólica as adaptações que correspondam às necessidades e costumes da região. Na confecção das vestes sagradas podem-se usar, além dos tecidos tradicionais, os materiais próprios de cada região e mesmo algumas fibras artificiais que se coadunem com a dignidade da ação sagrada e da pessoa, a juízo da Conferência dos Bispos.

Convém que a beleza e nobreza de cada vestimenta decorram não tanto da multiplicidade de ornatos, mas do material usado e da forma. Os ornatos apresentem figuras ou imagens ou então símbolos que indiquem o uso sagrado, excluindo-se os que não se prestam bem a esse uso.

As diferentes cores das vestes sagradas visam manifestar o caráter dos mistérios celebrados, e também a consciência de uma vida cristã que progride com o desenrolar do ano litúrgico.

Com relação às cores das vestes sagradas, seja observado o uso tradicional, a saber:

a) O branco é usado nos Ofícios e Missas do Tempo pascal e do Natal do Senhor; além disso, nas celebrações do Senhor, exceto as de sua Paixão, da Bem-aventurada Virgem Maria, dos Santos Anjos, dos Santos não Mártires, nas solenidades de Todos os Santos (1º de novembro), de São João Batista (24 de junho), nas festas de São João Evangelista (27 de dezembro), da Cátedra de São Pedro (22 de fevereiro) e da Conversão de São Paulo (25 de janeiro).

b) O vermelho é usado no domingo da Paixão e na Sexta-feira da Semana Santa, no domingo de Pentecostes, nas celebrações da Paixão do Senhor, nas festas natalícias dos Apóstolos e Evangelistas e nas celebrações dos Santos Mártires.

c) O verde se usa nos Ofícios e Missas do Tempo comum.

d) O roxo é usado no tempo do Advento e da Quaresma. Pode também ser usado nos Ofícios e Missas dos Fiéis defuntos.

e) O preto pode ser usado, onde for costume, nas Missas dos Fiéis defuntos.

f) O rosa pode ser usado, onde for costume, nos domingos *Gaudete* (III do Advento) e *Laetare* (IV da Quaresma).

g) Em dias mais solenes podem ser usadas vestes sagradas festivas ou mais nobres, mesmo que não sejam da cor do dia.

No que se refere às cores litúrgicas, as Conferências dos Bispos podem determinar e propor à Sé Apostólica adaptações que correspondam às necessidades e ao caráter de cada povo.

As missas rituais são celebradas com a cor própria, a branca ou a festiva; as missas por diversas necessidades, com a cor própria do dia ou do Tempo, ou com a cor roxa, se tiverem cunho penitencial...; as missas votivas, com a cor que convém à Missa a ser celebrada, ou também com a cor própria do dia ou do tempo" (IGMR, n. 335-346).

A CNBB aprovou a substituição do conjunto alva e casula por túnica ampla, de cor neutra, com estola da cor do tempo ou da festa.

Também as demais alfaias destinadas ao culto litúrgico ou a qualquer uso na igreja sejam dignas e condizentes com o fim a que se destinam (cf. IGMR, n. 348).

Mantendo seu sentido fundamental de comunicar com os mistérios celebrados, as vestes poderão assumir as formas mais diversas. O feitio dos nossos paramentos constitui uma das formas possíveis na procura de novas e mais apropriadas formas ao nosso tempo. Uma coisa é certa. As formas variam através dos séculos, mas as vestes como tais serão sempre um elemento valioso na expressão religiosa do ser humano. Por isso, também na Liturgia cristã.

24
A arte da cor na Liturgia

É típico da Liturgia cristã fazer uso de uma linguagem totalizante, onde a arte tem lugar importante. Não a arte pela arte, a estética pela estética. Cairíamos no esteticismo litúrgico. Mas, uma expressão litúrgica que não tivesse expressão estética e artística cairia logo no banal, tornar-se-ia vulgar. Naturalmente, qualquer comunidade, quando deseja expressar sua comunicação com Deus, busca a expressão mais bela que possui. Daí o uso da arte em geral.

Assim, a arte da cor está a serviço da comunicação litúrgica visual. Pelos olhos as pessoas percebem as formas, as cores, os objetos, os espaços, as figuras, enfim a beleza das coisas. Sendo uma linguagem simbólica, é capaz de fazer perceber o sagrado, o divino. Por isso, a Igreja pode celebrar, pode rezar e comunicar-se com o sagrado através da arte da cor.

Já o ambiente em que Cristo celebrou a Páscoa com seus discípulos era uma "grande sala mobiliada, no andar de cima. 'Foram, pois, e acharam como lhes dissera, e prepararam a Páscoa'" (cf. Lc 22,12-13). Marcos lembra que era uma sala mobiliada e "pronta" (cf. Mc 14,15).

O Concílio Vaticano II tem palavras orientadoras a respeito da importância e da finalidade da arte na Liturgia: *"Entre as mais nobres atividades do espírito humano contam-se com todo o direito as belas-artes, principalmente a arte religiosa e a sua melhor expressão, a arte sacra. Por sua própria natureza estão relacionadas à infinita beleza de Deus a ser expressa de certa forma pelas obras humanas. Tanto mais podem dedicar-se a Deus, a seu louvor e à exaltação de sua glória, quanto mais distantes estiverem de todo o propósito que não seja o de contribuir poderosamente na sincera conversão dos corações humanos a Deus.*

Por isso a Santa Mãe Igreja sempre foi amiga das belas-artes. Procurou continuamente o seu nobre ministério e instruiu os artífices, principalmente para que os objetos pertencentes ao culto divino fossem dignos, decentes e belos, sinais e símbolos das coisas do alto" (SC 122).

"A Igreja nunca considerou seu nenhum estilo de arte, mas conforme a índole dos povos e as condições e necessidades dos vários ritos admitiu as particularidades de cada época, criando no curso dos séculos um tesouro artístico digno de ser cuidadosamente conservado. Também a arte moderna e a de todos os povos e regiões goze de livre - -exercício na Igreja, contanto que, com a devida reverência e honra, sirva aos sagrados templos e às cerimônias sacras; de tal sorte que ela possa unir sua voz ao admirável concerto de glória que os grandes homens cantaram à fé católica nos séculos passados" (SC 123).

A liberdade artística, contudo, deve ser controlada por sua finalidade: *"Cuidem os Ordinários que, provendo e incentivando a arte verdadeiramente sacra, visem antes a nobre beleza que mera suntuosidade. O que se há de entender também das vestes sacras e dos ornamentos.*

Tomem providências os Bispos que as obras de arte, que repugnam à fé e aos costumes, à piedade cristã e ofendem o verdadeiro senso religioso quer pela deturpação das formas, quer pela insuficiência, mediocridade e simulação da arte, sejam cuidadosamente retiradas das casas de Deus e dos demais lugares sagrados" (SC 14-125).

1. A pintura e a escultura

Estamos diante de uma linguagem visual. São as artes plásticas que têm grande importância na expressão litúrgica.

Desde os tempos mais antigos, os cristãos ornavam os lugares do culto com pinturas. Primeiramente os afrescos nas catacumbas e outros lugares das assembleias, com os símbolos cristãos. Depois, os altos e baixos-relevos. As inscrições nos sepulcros e assim por diante. Veio depois a época áurea dos mosaicos no período das basílicas.

Nos primeiros séculos usavam-se sobretudo os símbolos para expressar os mistérios cristãos. Os cristãos não figuravam a pessoa de Jesus Cristo. Quando se começou a figurá-lo, foi apresentado como um jovem imberbe, para mostrar que Jesus Cristo é sempre jovem, que Ele é a eterna vida.

Aos poucos, com a arte do estilo românico, foram entrando também as estátuas, sobretudo as imagens de Cristo, de Maria e dos Santos.

Não podemos esquecer a arte dos vitrais, verdadeiras contemplações dos mistérios da salvação celebrados na Liturgia.

A visualização dos mistérios de Cristo através da arte plástica acompanha os diversos períodos da história. A arte sacra passa das manifestações simples das catacumbas e da imitação da arte clássica grega para o bizantino, o românico, o gótico, o renascentista, o barroco, os estilos neo e o moderno, tomando características segundo as regiões e as culturas.

Quanto ao conteúdo, a arte plástica na Liturgia ajuda a criar o ambiente. É por vezes parte da própria arquitetura sacra, como, por exemplo, as imagens no gótico e no barroco.

Os mosaicos, os vitrais e as pinturas procuram visualizar para o povo simples, muitas vezes iletrado, a história da salvação. Constitui-se numa verdadeira catequese, numa iniciação aos mistérios cristãos, num incentivo à fidelidade cristã. A mesma finalidade possui, em certos momentos, a escultura. Pensamos nos majestosos portais das catedrais góticas, nos conjuntos dos altares barrocos.

A arte plástica está presente no arranjo do espaço sagrado das igrejas, dos batistérios, das sacristias e dos cemitérios. Está presente nos altares, nos ambões e nos confessionários. Está presente também nos lares cristãos.

Deverá ser sempre de nobre dignidade. Quanto melhor ela evocar os mistérios de Cristo a iluminar a história dos homens, mais adequada será à sua finalidade de glorificar a Deus e santificar os homens.

2. A arquitetura no espaço celebrativo

1) **A superação do templo** – Templo e igreja não significam a mesma coisa. Na Antiguidade o templo não era tanto o lugar de culto das pessoas, mas o lugar da especial habitação de Deus. Tanto para os pagãos como para os judeus, em relação ao Santo dos Santos, o templo era um lugar pequeno, bem limitado, sem iluminação. Sendo habitação divina, não havia necessidade de luz, pois a divindade era a própria luz.

A palavra templo vem do verbo grego τέμνω (**temno**), que significa cindir, cortar separando. Era o espaço separado do mundo profano para a habitação da divindade. Assim, *templar* significa morar no templo e *contemplar* quer dizer comorar no templo, morar com Deus, estar no espaço do divino.

O templo de Jerusalém, objeto de frequente meditação dos salmos, constituía o lugar da especialíssima habitação de Deus no meio de seu povo; de sua presença protetora da cidade, da manifestação de sua glória. Era o lugar do encontro especial entre Deus e o homem, entre Deus e o seu povo, o coração da nação, o lugar por excelência da oração, das aspirações mais santas de todo piedoso judeu que, como o salmista, desejava permanecer nos átrios do Senhor. Aos poucos o templo de Jerusalém torna-se também o centro cultual do povo judeu.

Jesus Cristo veio trazer nova visão das coisas. Ele afirma que existe algo maior do que o Templo (cf. Mt 12,6). O verdadeiro templo não é feito de pedras materiais, mas compõe-se do Corpo de Cristo. Neste sentido Jesus diz aos judeus: "Destruí este Templo e em três dias o levantarei" (Jo 2,19).

Em Jesus realiza-se a presença mais intensa de Deus neste mundo. Desde a encarnação e a ressurreição de Cristo, de *per si* já não existem templos materiais, lugares da habitação da divindade neste mundo. O próprio Filho de Deus feito homem é a morada de Deus entre os homens (cf. Jo 1,14). Em Cristo cada cristão torna-se morada de Deus. Assim escreve o Apóstolo Paulo aos Coríntios: "Não sabeis que sois templo de Deus e o Espírito de Deus habita em vós?" (1Cor 3,16). E o conjunto dos cristãos e de todos os seres humanos de boa vontade vão formando pouco a pouco um templo santo no Senhor, sobre o fundamento dos apóstolos e profetas, sendo Jesus Cristo a pedra angular (cf. Ef 2,20). Na Nova Jerusalém não haverá templo, pois seu templo é o Senhor, Deus todo-poderoso e o Cordeiro (cf. Ap 21,22). Os templos materiais em si mesmos não têm mais valor. O que importa é edificar o templo espiritual formado de pedras vivas. Este templo vivo, habitação de Deus, é então simbolizado pelas igrejas-casas, os lugares do culto cristão.

2) **Da casa da Igreja à igreja-casa dos cristãos** – O Apóstolo Paulo vê a Igreja como uma construção ou edifício formado de pedras vivas, tendo como fundamento o próprio Cristo: "Assim já não sois estrangeiros e hóspedes, mas concidadãos dos santos e membros da família de Deus, edificados sobre o fundamento dos apóstolos e profetas, tendo por pedra principal o próprio Cristo Jesus. É nele que todo o edifício, harmoniosamente disposto,

se une e cresce até formar um templo santo no Senhor; nele vós também sois integrados na construção para vos tornardes morada de Deus no Espírito" (Ef 2,19-21). Também Pedro apresenta a Igreja como casa espiritual: "Achegai-vos a Ele, pedra viva, que os homens rejeitaram, mas escolhida e preciosa aos olhos de Deus. E, como pedras vivas, também vós vos tornastes casa espiritual e sacerdócio santo, para oferecerdes sacrifícios espirituais aceitos por Deus através de Jesus Cristo" (1Pd 2,4-5).

A *ecclesia*, povo convocado por Deus em assembleia, reúne-se inicialmente pelas casas. É a **casa da Igreja**, comunidade dos fiéis, que constituem o edifício formado de pedras vivas e preciosas, transformadas em "casa espiritual", em "templo santo no Senhor", em "morada de Deus no Espírito". Por isso, se fala em *domus Ecclesiae*, a casa da Igreja. Nestas casas da Igreja celebrava-se a Liturgia doméstica.

Com a era de Constantino, quando a religião cristã se torna a religião oficial do império e o culto divino aparece como expressão do culto de toda uma sociedade, prepararam-se novos espaços para o culto. Edifícios amplos como as casas ou palácios imperiais (basílicas), ou espaços de reuniões civis como os fóruns. Ao mesmo tempo foram-se construindo novos edifícios para as assembleias dos cristãos, inspirados nesses edifícios. São as basílicas cristãs. Assim, aos poucos o lugar, a casa, onde os cristãos se reuniam para o culto, começou a ser chamada igreja, como casa, espaço de culto dos cristãos. A Igreja viva já não é mais percebida como a casa, o templo de Deus, mas como edifício onde a Igreja de Cristo se reúne.

3) **Nossas igrejas** – As igrejas foram tomando diversas formas durante a história, de acordo com a compreensão teológica da Igreja de Cristo. Inicialmente, era o espaço da assembleia presidida pelo sacerdote, sem que houvesse um espaço separado para a

presidência. Aos poucos, o espaço da presidência foi se destacando do espaço da assembleia toda ela participante da celebração. Por longos séculos se concebia a igreja como uma construção longitudinal, constando de um *presbitério*, cujo centro era o altar, separado da nave por um arco de triunfo, uma série de degraus e o banco da Comunhão, e uma *nave*, lugar reservado para o povo. Desde os tempos das basílicas constantinianas até o século XIX, este esquema arquitetônico sofreu poucas mudanças. A Igreja de Cristo era comparada a uma nave conduzida pelo clero. O lugar do clero, o presbitério, foi se ampliando em detrimento da nave, lugar do povo. O povo foi se tornando assistente da Liturgia feita pelo sacerdote para o povo, em favor do povo e não com o povo. No segundo milênio as igrejas edifícios eram mais monumentos de fé da cristandade do que espaços do culto da Igreja, Povo de Deus.

Com a recuperação da compreensão da Igreja como assembleia participante ativa da celebração, o espaço da igreja foi adquirindo novas formas, sobretudo a partir do Movimento Litúrgico. Assim, com a tomada de consciência da *Igreja* como Corpo Místico de Cristo e como Povo de Deus reunido em assembleia e a participação ativa dos fiéis na Liturgia, modificou-se profundamente o esquema arquitetônico da *igreja-casa* para o encontro da *Igreja-assembleia*.

O Concílio Vaticano II acentua a exigência da funcionalidade do espaço celebrativo nos seguintes termos: *"Ao se construírem igrejas, cuide-se diligentemente que sejam funcionais, tanto para a celebração das ações litúrgicas como para obter a participação ativa dos fiéis"* (SC 124).

Daí as novas exigências na construção de uma igreja. O capítulo V da Instrução Geral sobre o Missal Romano trata longamente da "Disposição e ornamentação das Igrejas para a Celebração da Eucaristia".

Eis alguns pontos realçados: "Para celebrar a Eucaristia o Povo de Deus se reúne geralmente na igreja, ou, na falta ou insuficiência desta, em outro lugar conveniente, digno de tão grande mistério. As igrejas e os demais lugares devem prestar-se à execução das ações sagradas e à ativa participação dos fiéis. Além disso, os edifícios sagrados e os objetos destinados ao culto sejam realmente dignos e belos, sinais e símbolos das coisas divinas" (n. 288). "Convém que a disposição geral do edifício sagrado seja tal que ofereça uma imagem da assembleia reunida, permita uma conveniente disposição de todas as coisas e favoreça a cada um exercer corretamente a sua função. Os fiéis e o grupo dos cantores ocuparão lugares que lhes favoreçam uma participação ativa" (n. 294). "Tudo isso, além de exprimir a ordenação hierárquica e a diversidade das funções, deve constituir uma unidade íntima e coerente pela qual se manifeste com evidência a unidade de todo o Povo de Deus. A natureza e beleza do local e de todas as alfaias alimentem a piedade dos fiéis e manifestem a santidade dos mistérios celebrados" (n. 294).

Trata, em seguida, da disposição do presbitério para a Assembleia sagrada: do altar e sua ornamentação, do ambão, da cadeira para o sacerdote celebrante e de outras cadeiras para os ministros. O item sobre a Disposição da Igreja dispõe sobre o lugar dos fiéis, o lugar do grupo de cantores e dos instrumentos musicais, do lugar de conservação da Santíssima Eucaristia.

Tomando em conta esses pontos, parece que o lugar da assembleia deve receber uma primeira atenção. Hoje não se concebe mais uma igreja de estrutura longitudinal; certamente terá mais uma forma elíptica, com amplo espaço para o presbitério. Tomando em conta os elementos citados, a assembleia terá os seguintes centros de atenção: a própria assembleia que se encontra e forma uma unidade, a unidade do Corpo de Cristo, onde a assembleia possa sentir-se ela mesma; o lugar da presidência, uma cadeira que se destaque das demais, sem ser trono ou cátedra; o lugar da proclamação da Palavra de Deus, o ambão ou mesa da Palavra e o altar para a Liturgia eucarística como centro do espaço celebrativo. Esta ordem apresentada não é de prioridade, mas cronológica da convergência de toda a assembleia.

Importa prestar atenção ainda ao lugar do batistério e à capela da reconciliação. Ainda não existe algo definitivo sobre o lugar do batistério. A tendência é colocá-lo junto ao presbitério, em nível mais baixo, onde antes estava o altar lateral, talvez do lado da mesa da Palavra, deixando-se o outro lado para o grupo de cantores. Conforme antiga tradição, o lugar do batistério seria na entrada da igreja. Hoje, porém, o batismo é celebrado dentro de uma Liturgia da Palavra e mesmo inserido na Celebração eucarística da comunidade, pois é a comunidade eclesial que celebra o Batismo dos novos filhos gerados na fé, pela água e o Espírito Santo.

Quanto ao lugar da Reconciliação individual dos penitentes, parece que o ideal seria um pequeno espaço, uma capela lateral, junto à entrada da igreja, não longe da secretaria de atendimento paroquial. Mesmo que haja uma sacristia de serviço ao lado ou atrás do altar, é muito conveniente que a sacristia de preparação imediata da Celebração esteja na entrada da igreja, de onde se forma a procissão de entrada.

Se por um lado o espaço celebrativo, chamado igreja, deve atender aos postulados da funcionalidade dos ritos e serviços, por outro, terá que primar pela sacralidade do espaço, como santuário, aonde os fiéis acorrem para estar com seu Deus, para rezar, para meditar e mesmo para desabafar suas mágoas diante do Senhor, diante de Maria, diante dos santos. Tanto para a Liturgia como para a devoção individual, a igreja deverá ter as características de templo ou santuário, lugar especial da presença de Deus. Tudo deve falar do transcendente, de Deus, do mistério da salvação. A pessoa que entra numa igreja deseja sentir-se envolvida pelo sagrado, pelo divino, pelo mistério.

4) **A necessidade de uma equipe no planejamento de uma nova igreja** – Para a construção de nova igreja, seja paroquial, seja uma capela de periferia, pede-se hoje a colaboração de uma equipe. a) O *pároco*: Assessorado pelo Conselho da Comunidade, ele conhece as possibilidades econômicas, e apresentará as necessidades de uma comunidade, dentro de um planejamento paroquial; b) O *paisagista*: Ele apresentará as exigências para situar o novo edifício dentro do contexto do meio ambiente; c) O *liturgista*: Apresenta as exigências de uma celebração litúrgica, as funções, os movimentos que se desenrolam dentro do espaço celebrativo; d) O *arquiteto*: Com os elementos supracitados, ele conceberá a obra. Na medida em que os dados dos seus assessores forem completos, ele poderá ser perfeito em sua criação. O arquiteto deve poder trabalhar com plena liberdade e merecer grande respeito; e) O *engenheiro*: Executará fielmente o projeto do arquiteto. Elementos que devem merecer atenção em todo o conjunto do trabalho são a acústica, a ventilação, a iluminação e o projeto hidráulico já no projeto arquitetônico.

3. Formação artística

Para que o espaço celebrativo se distinga por uma nobre beleza e os objetos pertencentes ao culto divino sejam dignos, decentes e belos, sinais e símbolos das coisas do alto, a Igreja insiste na formação artística do clero e dos artistas. Quanto aos artistas: "Os Bispos, por si ou por sacerdotes idôneos dotados de competência e amor à arte, interessem-se pelos artistas, para imbuí-los do espírito da arte sacra e da Sagrada Liturgia. Além disso, recomenda-se que, naquelas regiões onde parecer conveniente, se instituam Escolas ou Academias de Arte Sacra para a formação dos artistas. Os artistas todos, que, levados por seu gênio, querem servir na Santa Igreja à glória de Deus, sempre se lembrem de que se trata de certa imitação sagrada de Deus Criador, e que suas obras se destinam ao culto católico, à edificação dos fiéis, bem como à piedade e à instrução religiosa deles" (SC 127).

Quanto à instrução do clero na arte sacra: "Os clérigos, enquanto estudam Filosofia e Teologia, sejam também instruídos na história da Arte Sacra e de sua evolução, bem como acerca dos sãos princípios por que se devem reger as obras de arte, de tal forma que apreciem e conservem os veneráveis monumentos da Igreja e possam orientar os artistas na produção de suas obras" (SC 129).

25
A arte do som: a música e o canto litúrgicos

Estamos diante da comunicação litúrgica pela arte do som, a música em geral e o canto na Sagrada Liturgia.

1. A função da música em geral

A natureza está repleta de ruídos, de sons e de ritmos. As aves e outros animais comunicam-se através de sons com seus ritmos e melodias. O ser humano faz uso das palavras para comunicar-se. A palavra já produz um som e as sílabas das palavras produzem um ritmo. As frases, por sua vez, constituem um som mais longo também com seu ritmo. É a linguagem do som, a comunicação através da música, a arte da música e do canto.

O ser humano faz uso da arte do som, da música e do canto, para expressar os seus sentimentos mais profundos. Santo Agostinho já dizia: *Cantar é próprio de quem ama* (SANTO AGOSTINHO. "Sermo" 336,1. In: *PL* 38, 1472). A pessoa canta para expressar seus estados de alma: a alegria, a tristeza, a saudade, a nostalgia. Existem músicas fúnebres, cantos de festa, cantos de alegria, cantos de ninar, cantos de paz e de sossego, cantos de vitória, cantos que revivem a história, as utopias criadas na fantasia das aspirações do coração humano.

A música caracteriza-se pelo som, pela melodia e pelo ritmo. Trata-se de um som melódico e ritmado. A eles o canto acrescenta a palavra, ou, pelo contrário, o canto é formado pela palavra ou frase transformada em som melódico e ritmo. Pelo canto quer-se dar ênfase, intensidade ao sentido da palavra. A própria poesia é chamada de canto.

Um dos sentimentos mais profundos do ser humano é o sentimento religioso. É o desejo de comunhão com o ser transcendente, com a divindade, ou seja, com Deus. O ser humano percebe Deus como sua origem e o seu destino. É envolvido pela nostalgia e a fantasia da divindade.

Todos os povos, em todos os tempos, expressam estes seus sentimentos através da música e do canto. Temos, então, a música religiosa, fazendo uso dos mais diversos instrumentos: de sopro, de cordas e de percussão, como a flauta, a harpa, o atabaque. Usando a palavra para relacionar-se com a divindade, surge o canto religioso, o canto como linguagem religiosa, como comunicação com o divino. O ser humano usa a música e o canto para expressar sua religiosidade, isto é, sua relação com Deus, tanto individual como comunitariamente. São as comemorações ou festas religiosas.

2. O canto litúrgico

O canto será litúrgico quando tiver as características de todo sinal litúrgico. Será um sinal simbólico, sensível e significativo dos Mistérios celebrados na Liturgia. Comemorativo do passado, ou seja, da ação sacerdotal de Cristo; indicativo do presente, ou seja, expressa santificação do ser humano e glorificação de Deus, comunhão com o mistério celebrado; e profético do futuro, do cântico novo da Esposa e do Cordeiro.

Expressa os fatos celebrados, ou seja, os Mistérios de Cristo. Por isso, o canto terá as mesmas características que tem a ação litúrgica. Será memorial, orante, contemplativo, trinitário, crístico, pascal, eclesial, eucarístico, narrativo, proclamativo, histórico--salvífico e profético. Destas características do canto litúrgico conclui-se que nele não há lugar para mero sentimentalismo religioso ou *show* artístico ou de exibição. Não será mera catequese, embora catequético, nem doutrinação nem ideologia. Será celebração do Mistério Pascal de Cristo, será oração, comunicação com Deus, comunicação com o Pai, por Cristo, no Espírito Santo.

3. A música litúrgica conforme o Magistério da Igreja

Nos primeiros séculos a música em geral e o canto foram objeto de certa reserva por parte da Igreja em geral, por sua ligação com culto pagão. Esta reserva se manifestava sobretudo em relação aos instrumentos musicais. Aos poucos, porém, o canto foi sendo admitido nas celebrações, sobretudo o canto gregoriano, não, porém, acompanhado de instrumentos. Por longos séculos o único instrumento admitido na Liturgia era o órgão de tubos.

Já no início do século XX, Pio X toma posição diante da música na Liturgia. Daí em diante são numerosas as manifestações do Magistério da Igreja sobre a música e o canto.

1) **A música na Liturgia em geral** – O Concílio Vaticano II dedicou todo o Capítulo V da *Sacrosanctum Concilium* à Música Sacra.

"A tradição musical da Igreja inteira constitui um tesouro de inestimável valor. Ocupa, entre as demais expressões da arte, um lugar proeminente, principalmente porque o canto sacro, que se acomoda às palavras, faz parte necessária ou integrante da liturgia solene.

Na verdade cumulam de louvores o canto sacro, tanto a Sagrada Escritura quanto os Santos Padres e os Romanos Pontífices, que recentemente, a começar por São Pio X, definiram mais claramente a função ministerial da música sacra no culto do Senhor.

Por esse motivo a música sacra será tanto mais santa quanto mais intimamente estiver ligada à ação litúrgica, quer exprimindo mais suavemente a oração, quer favorecendo a unanimidade, quer, enfim, dando maior solenidade aos ritos sagrados. A Igreja aprova e admite no culto divino todas as formas de verdadeira arte, contanto que estejam dotadas das devidas qualidades" (SC 112). E acrescenta que "a finalidade da música sacra é a glória de Deus e a santificação dos fiéis" (cf. SC 112).

Além disso, *"a ação litúrgica recebe uma forma mais elevada quando os Ofícios divinos são celebrados com canto e neles intervêm ministros sacros e o povo participa ativamente"* (cf. SC 113).

Os corais sejam incentivados, mas de tal forma que, "em todas as funções sacras realizadas com canto, toda a comunidade dos fiéis possa oferecer a participação que lhes é própria" (cf. SC 114).

"A Igreja reconhece o canto gregoriano como próprio da liturgia romana: portanto, em igualdade de condições, ocupa o primeiro lugar nas ações litúrgicas.

Os outros gêneros de música sacra, especialmente a polifonia, não são absolutamente excluídos da celebração dos ofícios divinos, contanto que se harmonizem com o espírito da ação litúrgica" (SC 116).

"O canto popular religioso seja inteligentemente incentivado, de modo que os fiéis possam cantar nos pios e sagrados exercícios e nas próprias ações litúrgicas, de acordo com as normas e prescrições das rubricas" (SC 118).

Quanto aos instrumentos dá-se importância especial ao órgão de tubos, "como instrumento tradicional de música, cujo som pode acrescentar às cerimônias admirável esplendor e elevar com veemência as mentes a Deus e às coisas divinas" (cf. SC 120). *"Outros instrumentos podem ser admitidos ao culto divino, a juízo e com o consentimento da autoridade territorial competente, contanto que sejam adequados ao uso sacro, ou possam a ele se adaptar, condigam com a dignidade do templo e favoreçam realmente a edificação dos fiéis"* (SC 120).

Temos, portanto, um leque amplo de possibilidades, contanto que a arte musical contribua para a glória de Deus e a santificação dos fiéis.

Por ocasião da comemoração centenária do *Motu proprio Tra le sollecitudini*, de Pio X, que tinha como objeto a renovação da música sacra nas funções do culto, o Papa João Paulo II escreveu uma carta sobre a música sacra, datada de 22 de novembro de 2003. Depois de lembrar o que foi feito no campo da música sacra por seus predecessores, diz o papa: *"Em diferentes ocasiões, também eu me referi à preciosa função e à grande importância da música e do canto para uma participação mais ativa e intensa nas celebrações litúrgicas, e sublinhei a necessidade de 'purificar o culto de dispersões de estilos, das formas descuidadas de expressão, de músicas e textos descurados e pouco conformes com a grandeza do ato que se celebra', para assegurar dignidade e singeleza das formas à música litúrgica"* (n. 3). Em seguida, passa a repropor alguns princípios fundamentais para este importante setor da vida da Igreja, com a intenção de fazer com que a música sacra corresponda cada vez mais à sua função específica (cf. n. 3).

Transcrevemos um parágrafo, onde, além da santidade e da verdadeira arte, se fala sobre as características da música sacra ou litúrgica: *"Todavia, esta qualidade* [a verdadeira arte] *por si só não é suficiente. A música litúrgica deve, de fato, responder aos seus requisitos específicos: a plena adesão aos textos que apresenta, a consonância com o tempo e o momento litúrgico para o qual é destinada, a adequada correspondência aos gestos que o rito propõe. Os vários momentos litúrgicos exigem, de fato, uma expressão musical própria, sempre apta a fazer emergir a natureza própria de um determinado rito, ora proclamando as maravilhas de Deus, ora manifestando sentimentos de louvor, de súplica ou ainda de melancolia pela experiência da dor humana, uma experiência, porém, que a fé abre à perspectiva da esperança cristã"* (n. 5).

Concluindo, diz João Paulo II: *"É necessário uma renovada e mais profunda consideração dos princípios que devem estar na base da formação e da difusão de um repertório de qualidade. Somente assim se poderá permitir que a expressão musical sirva de modo apropriado a sua finalidade última, que 'é a glória de Deus e a santificação dos fiéis'"* (n. 12).

Para se conseguir esse objetivo insiste o Concílio: *"Tenha-se em grande consideração nos seminários, nos noviciados dos religiosos e nas casas de estudos de ambos os sexos e nos demais institutos e escolas católicas a formação e a prática musical. Para adquirir tal formação, os membros indicados para ensinar música sacra sejam cuidadosamente preparados. Recomenda-se, sobretudo, a ereção, segundo as circunstâncias, de Institutos Superiores de Música Sacra. Os compositores, os cantores, principalmente os meninos cantores, recebam genuína formação litúrgica"* (SC 115).

"Imbuídos do espírito cristão, compenetrem-se os compositores de que estão chamados para cultivar a música sacra e para aumentar-lhe o tesouro. Componham, porém, melodias que apresentem as características da verdadeira música sacra, e que possam ser cantadas não só pelos grandes coros, mas que também estejam ao alcance dos modestos e favoreçam a participação ativa de toda a comunidade dos fiéis. Os textos destinados aos cantos sacros sejam conformes à doutrina católica, e sejam tirados principalmente da Sagrada Escritura e das fontes litúrgicas" (SC 121).

2) **A música e o canto da missa** – O que se disse até aqui vale para qualquer celebração litúrgica. Desta forma devem ser consideradas as várias expressões da celebração dos mistérios: os sacramentos cantados; o canto do Ano Litúrgico, da Celebração

da Palavra de Deus, da Liturgia das Horas, das Celebrações de Bênçãos, da própria morte cristã.

Importa dizer algo sobre a missa cantada ou o canto da missa. Hoje não existem mais as outrora chamadas Missa solene, missa cantada e missa recitada. A missa hoje pode ser com mais canto, com algum canto ou sem canto. A orientação geral encontramo-la na *Instrução Geral sobre o Missal Romano: "Dê-se grande valor ao uso do canto na celebração da missa, tendo em vista a índole dos povos e as possibilidades de cada assembleia litúrgica. Ainda que não seja necessário cantar sempre todos os textos de* per si *destinados ao canto, por exemplo nas missas dos dias de semana, deve-se zelar para que não falte o canto dos ministros e do povo nas celebrações dos domingos e festas de preceito. Na escolha das partes que de fato são cantadas deve-se dar preferência às mais importantes e sobretudo àquelas que o sacerdote, o diácono, o leitor cantam com respostas do povo; ou então àquelas que o sacerdote e o povo devem proferir simultaneamente"* (IGMR, n. 40).

A partir desses critérios de importância, podemos distinguir três graus ou níveis de missa cantada, bem-definidos na Instrução *Musicam sacram*, da Congregação dos Ritos, de 1967.

O caráter próprio de cada tipo de canto gera os graus de missa com canto ou mais exatamente de missa cantada. À luz dessa Instrução os graus ou níveis de missa cantada podem ser assim definidos.

1º nível ou grau de Missa cantada: **O diálogo cantado entre o Presidente ou outros ministros e a assembleia** – Temos, então, a saudação, a oração do dia (coleta), o diálogo do Evangelho e a aclamação após as leituras e o Evangelho, as preces, a oração sobre as oferendas, a Consagração, mais a parte da Oração eucarística que se segue, chamada *anamnese*, as aclamações dentro da Oração eucarística, particularmente a aclamação após a Consagração e a doxologia final, o Pai-nosso com seu embolismo, o rito da paz, a oração depois da comunhão, a bênção e a despedida. São elementos dialogados com canto, do Ordinário da Missa. A Instrução *Musicam sacram* considera o Santo como uma aclamação. Faria parte, então, do primeiro nível. Pode ser considerado também como pertencente às partes ditas em comum, componente do segundo grau. Podemos incluir também no primeiro nível o canto dialogado da apresentação das oferendas ao altar pelo sacerdote.

2º nível ou grau de missa cantada: **É o primeiro** (o diálogo do Ordinário da Missa) mais o canto das **partes ditas em comum.** São elas: o *Senhor,* quando dentro do Ato penitencial ou separadamente, o *Glória,* o *Creio* (o *Santo*), o *Cordeiro de Deus.*

3º nível ou grau de Missa cantada: **É o primeiro** (o Ordinário dialogado), **o segundo** (as partes ditas em comum) e o **Próprio** das missas diversas. Temos, então, o *Canto da entrada,* o *Salmo responsorial,* a *Aclamação ao Evangelho,* o *Canto das oferendas* (facultativo), o *Canto da Comunhão,* o *Hino de louvor e agradecimento* ou *Canto depois da Comunhão,* o *Canto devocional,* bem como o *canto das próprias leituras e do Evangelho.*

Não é que esta organização da missa cantada seja rígida. Podem-se tomar elementos de cada um dos níveis. O que não está de acordo com o canto da missa é cantar apenas os elementos próprios do 3º nível ou grau e, o que é pior, em vez de se cantarem os cantos da missa, cantar qualquer canto na missa. A assembleia toda é chamada a cantar a missa.

4. Função do grupo de cantores ou do cantor

Os livros litúrgicos não falam de **Ministério de música.** Dizem sim que a música e o canto têm caráter ministerial na Liturgia. Não se trata propriamente de um ministério, mas de uma função, um serviço. A Instrução Geral sobre o Missal Romano diz o seguinte:

"Entre os fiéis, exerce sua função litúrgica o grupo dos cantores ou coral. Cabe-lhe executar as partes que lhe são próprias, conforme os diversos gêneros de cantos, e promover a ativa participação dos fiéis no canto. O que se diz do grupo de cantores vale também, com as devidas ressalvas, para os outros músicos, sobretudo o organista (n. 103).

E continua: *"Convém que haja um cantor ou regente de coro para dirigir e sustentar o canto do povo. Mesmo não havendo um grupo de cantores, compete ao cantor dirigir os diversos cantos, com a devida participação do povo"* (n. 104).

Trata-se, portanto, de uma função, de um serviço à assembleia celebrante. O grupo de cantores faz parte da assembleia celebrante. Não é um grupo que vem fora e faz o seu *showzinho* paralelo, pois a Liturgia não é espetáculo. A assembleia litúrgica, toda ela celebrante, não pode ser transformada em plateia, que assiste a um espetáculo. Isso vale tanto para os corais como para os solistas. Por isso, não cabem aplausos para o coral, para o solista bem como para grupos coreográficos.

É importante notar que o texto do canto deve ser respeitado, não podendo ser abafado pelo som nem pelo ritmo nem pelos instrumentos. Por isso, se diz na IGMR: *"A natureza das partes "presidenciais" exige que sejam proferidas em voz alta e distinta e por todos atentamente escutadas. Por isso, enquanto o sacerdote as profere, não haja outras orações nem cantos, e calem-se o órgão e qualquer outro instrumento"* (n. 32). O que vale para as partes próprias do Sacerdote presidente, vale também para os ministros quando dirigem a palavra à assembleia.

26
Tempo e Liturgia

Trata-se aqui de uma reflexão sobre o fenômeno do tempo em geral, sobre o tempo da Liturgia e a Liturgia no tempo.

1. O tempo

Nada acontece senão no tempo. Toda realidade criada está sujeita ao tempo. Os filósofos e cientistas dizem que o tempo é movimento. Sem o tempo nada se faz, nada acontece. Temos o tempo cronológico, medido pelo cronômetro, o tempo do relógio. Já na experiência humana, temos o tempo psicológico em que o tempo cronológico é experimentado de maneira mais longa ou breve.

O tempo constitui uma experiência humana muito forte. O ser humano nasce no tempo, engatinha, põe-se de pé e dá o primeiro passinho. É uma festa em família. Torna-se um *homo viator* (um homem caminhante). Não quer mais parar. Deseja caminhar sempre. No entanto, o tempo é inexorável, o maior tirano que tudo devora. O ser humano desabrocha para nova vida na adolescência, torna-se adulto, normalmente procria e, não demora, começam a surgir os sinais do tempo que tudo devora. Aparecem os cabelos brancos, as rugas, a calvície, os óculos, a bengala. Acontecem os jubileus. Chega a menopausa, a osteoporose, a corcunda, o queixo e o nariz vão se aproximando um do outro. Os passos vão se tornando pequenos e arrastados e, por fim, o homem, sempre a caminho, tomba sobre a terra de onde foi tirado. Vista apenas assim, a vida humana não passa de uma cruel fatalidade.

Neste caminhar no tempo, o ser humano faz experiências fortes de passagem, de páscoa.

Temos primeiramente a experiência do tempo da vida dos indivíduos e das gerações. A primeira grande experiência é a passagem por esta vida, individual ou coletiva, da humanidade. É a experiência do tempo da vida do indivíduo e das gerações. A vida do ser humano é percebida no tempo.

Depois, temos o tempo solar como experiência forte do tempo. O ano, com suas estações: o inverno, a primavera, o verão e o outono. O tempo solar é percebido através da passagem das estações.

Fazemos também a experiência do tempo lunar que por suas fases faz perceber o tempo dos meses e das semanas.

O ritmo do tempo é percebido na experiência diária do tempo, pela alternância da noite e do dia, das trevas e da luz, da tarde e da manhã.

Finalmente, podemos aludir também ao tempo ocasional ou circunstancial percebido por fatos ou acontecimentos da história do mundo, da sociedade ou do indivíduo.

As experiências do tempo podem expressar fenômenos humanos de passagem, constituir experiências pascais de passagem de uma situação para outra melhor.

2. Jesus Cristo, o Senhor do tempo

Se considerássemos a vida humana apenas no plano natural, estaríamos diante de uma grande fatalidade. Não há maior tirano, que tudo domina e devora, do que o tempo. Visto apenas neste plano, o homem é fadado à voragem do tempo.

No nível da fé, porém, podemos situar a vida do homem numa perspectiva imensamente superior e maravilhosa. Sobretudo quando a consideramos à luz da fé em Jesus Cristo, que se nos apresenta como caminho, verdade e vida, como senhor do tempo. Na dinâmica da fé, São Paulo coloca toda a sua vida e dos que creem na força da ressurreição, na vida de Cristo, que faz desabrochar para a vida eterna. São frequentes em Paulo expressões como estas: "Para mim viver é Cristo" (Fl 1,21). "Já não sou eu que vivo, mas é Cristo quem vive em mim" (Gl 2,20). "Cristo em vós, esperança da glória" (Cl 1,27). "Vivei em Cristo Jesus" (Cl 2,6). "Jesus Cristo ontem e hoje é o mesmo também pelos séculos" (Hb 13,8). Nele, por Ele e para Ele foram criadas todas as coisas (cf. Cl 1,16). Em Cristo fomos escolhidos para sermos em amor santos e imaculados aos olhos de Deus (cf. Ef 1,4), predestinados à adoção de filhos por Jesus Cristo, conforme o beneplácito de sua vontade, para louvor da glória de sua graça com que nos agraciou em seu Bem-amado (cf. Ef 1,5).

Sabemos pela fé que houve alguém que viveu no tempo, superou o tempo, que vive para sempre. Alguém que superou a morte e vive para sempre. A partir da ressurreição de Cristo, a morte já não tem domínio sobre o homem. Em Cristo, mergulhado nele pela fé e o batismo, alimentado pela Eucaristia, o ser humano superou também o tempo e a morte em Cristo. A esta sublime realidade da vida plena em Cristo Jesus chamamos mistério pascal (cf. SC 5). Embora tenha que passar pela experiência da morte, em Cristo que a venceu, enfrentá-la-á sabendo-se vencedor. Ele é livre, porque pode acolher a morte em sua vida, na certeza de que a vida nele iniciada em Cristo vai além da morte e penetra na eternidade.

3. O tempo da Liturgia

A ação salvadora de Jesus Cristo foi uma ação no tempo, realizou-se na história. Foi a ação salvadora e de glorificação do Pai em sua obediência ao Pai em solidariedade com toda a humanidade manifestada no mistério de sua Encarnação, Vida, Paixão, Morte, Ressurreição e Ascensão aos céus. Mas a ação salvadora de Cristo abrangeu todo o tempo, atingiu toda a história. Foi realizada uma vez para sempre.

A Liturgia celebrada constitui o momento atual desta História da Salvação. A partir das dimensões memorial, indicativa atual e profética do sinal litúrgico, também a ação litúrgica abarca todo o tempo. Como que abole o tempo. Na celebração do mistério de Cristo, a Igreja como que abole o tempo cronológico para viver a totalidade do tempo. A realidade eterna, o mistério de Deus, encarna-se no tempo. A Igreja celebrante é envolvida pelo mistério eterno. Tudo como que para no tempo, como se diz na Liturgia do Natal: "Enquanto um profundo silêncio envolvia o universo e a noite ia no meio do seu curso, desceu do céu, ó Deus, do seu trono real, a vossa Palavra onipotente". E diz a tradição que naquele momento tudo parou. A eternidade penetrou no tempo.

Por isso, quando realmente se vive o mistério, quando a assembleia se deixa envolver pelo mistério, ela não percebe o tempo cronológico. Ela estaciona na eternidade, no Verbo de Deus feito homem, Senhor do tempo. Contudo, aqueles que preparam uma celebração precisam prestar atenção ao tempo de duração da mesma. Uma vez iniciada a celebração, esquece-se o relógio.

Em Cristo, o tempo das gerações, da vida, dos anos, dos meses, das semanas e dos dias, transforma-se em tempo de graça, em tempo cairológico, em oportunidade de produzir frutos que permanecem para a eternidade. Será oportunidade de crescimento do bem, nas várias etapas da vida, dos anos, das semanas e dos dias.

4. A Liturgia no tempo

A celebração litúrgica, no entanto, é realizada no tempo por pessoas condicionadas pelo tempo. Nada se realiza a não ser no tempo.

Pelo fato de as experiências do tempo poderem expressar fenômenos humanos de passagem, elas podem servir de linguagem para as experiências pascais de Cristo por parte da Igreja. Serão sinais sensíveis e significativos dos mistérios de Cristo.

1) **O tempo das gerações** – Na experiência do **tempo das gerações**, a Igreja celebra os jubileus, a ação de graças pelas maravilhas da graça operadas no decurso de um determinado período de anos. O jubileu clássico é o herdado do povo de Israel. Após esgotada uma plenitude de tempo, sete vezes sete anos, o povo para a fim de celebrar esse tempo de graças, na reconciliação, na alegria e na paz. Outras expressões são a comemoração dos cinco vezes cinco anos. Na era cristã, celebra-se a passagem dos centenários, dos milênios. Acontecem as datas significativas da vida cristã, como o nascimento, o casamento, o ministério ordenado, a profissão religiosa, a morte.

2) **O tempo da vida** – No **decurso da vida** a Igreja comemora o mistério pascal de Cristo através dos sacramentos. Nos sacramentos a Igreja celebra as diversas experiências de páscoa dos cristãos na Páscoa de Cristo.

3) **O tempo solar** – Trata-se de um tempo mais masculino. A experiência do **tempo solar** é vivido através do Ano Litúrgico. Ensina o Concílio Vaticano II: "A Santa Mãe Igreja julga seu dever celebrar em certos dias no decurso do ano, com piedosa recordação, a obra salvífica de seu divino Esposo. Em cada semana, no dia que ela chamou Domingo, comemora a Ressurreição do Senhor, celebrando-a uma vez também, na solenidade máxima da Páscoa, juntamente com sua sagrada Paixão. No decorrer do ano, revela todo o mistério de Cristo, desde a Encarnação e Natividade até a Ascensão, o dia de Pentecostes e a expectação da feliz esperança e vinda do Senhor. Relembrando destarte os Mistérios da Redenção, franqueia aos fiéis as riquezas do poder santificador e dos

méritos de seu Senhor, de tal sorte que, de alguma forma, os torna presentes em todo o tempo, para que os fiéis entrem em contato com eles e sejam repletos da graça da salvação" (SC 102).

4) **O tempo lunar** – É um tempo mais feminino. A mulher experimenta muito intensamente o tempo, inclusive no próprio corpo. São experiências de passagem que podem ser vividas em comunhão com o mistério pascal de Cristo, num verdadeiro morrer e reviver, passando pela experiência do sangue e da frustração da vida: a menarca, a menstruação, a gestação de nove meses, o dar à luz, a menopausa. Toda a realidade humana pode adquirir em Cristo sentido religioso. Devido ao recato em torno desses fenômenos da natureza, a Igreja possui apenas a celebração de bênção antes do parto e a celebração de bênção após o parto. A mulher, no entanto, não deveria considerar essas experiências como um incômodo, mas transformá-las em espiritualidade, em experiências pascais. Da Liturgia não é excluído nada do que é verdadeiramente humano. Nas experiências das passagens do tempo lunar, as semanas, a Igreja celebra a Páscoa do Senhor e dos cristãos no primeiro dia da semana, o dia do Senhor, o domingo: "Devido à tradição apostólica que tem sua origem do dia mesmo da Ressurreição de Cristo, a Igreja celebra cada oitavo dia o Mistério Pascal. Esse dia chama-se justamente dia do Senhor ou domingo. Neste dia, pois, os cristãos devem reunir-se para, ouvindo a Palavra de Deus e participando da Eucaristia, lembrarem-se da Paixão, Ressurreição e Glória do Senhor Jesus e darem graças a Deus que os 'regenerou para a viva esperança, pela Ressurreição de Jesus Cristo de entre os mortos' (1Pd 1,3). Por isso, o domingo é um dia de festa primordial que deve ser lembrado e inculcado à piedade dos fiéis, de modo que seja também um dia de alegria e de descanso do trabalho. As outras celebrações não se lhe anteponham, a não ser que realmente sejam de máxima importância, pois que o domingo é o fundamento e o núcleo do ano litúrgico" (SC 106).

5) **O tempo diário** – A experiência pascal do tempo diário é celebrada sobretudo pela Liturgia das Horas. Cada dia se faz uma grande experiência de passagem das trevas para a luz, da escuridão para a claridade, da noite para o dia, do parar ao retomar o caminho, do deitar-se ao levantar-se, do adormecer ao acordar, do repouso ao trabalho.

Nesta experiência diária de passagem, a Igreja celebra o mistério pascal da Paixão, Morte, Sepultura e Ressurreição do Senhor. Celebra, no decurso de um dia, a partir da luz, os mistérios de Cristo, através das Horas, expressos sobretudo pelo Louvor matutino (Laudes) em que celebra a ressurreição do Senhor e a vida nova dos cristãos em Cristo, e do Louvor vespertino (Vésperas) em que celebra os mistérios da tarde (sua morte redentora na cruz, o novo mandamento, a Eucaristia, o sacerdócio e o dom da Igreja). Em outras Horas, chamadas menores, recorda os passos da Paixão do Senhor e os mistérios da vocação e missão dos inícios da Igreja.

A Liturgia das Horas se desdobra na celebração da páscoa semanal do Dia do Senhor e, finalmente, leva a viver o tempo solar, celebrando os mistérios de Cristo no Ano Litúrgico.

6) **O tempo ocasional ou circunstancial** – O cristão percebe o tempo também ocasional ou circunstancialmente através de fatos ou acontecimentos em que se sente agraciado por Deus com bênçãos especiais. O tempo ocasional ou circunstancial é celebrado pelas Celebrações de Bênção, em forma de celebração da Palavra de Deus. Agraciado, ele sente a necessidade de agradecer, de bendizer, de dar graças.

7) **A Eucaristia** – A Eucaristia é sempre a celebração de todo o mistério da fé. Se, por um lado, é celebrada no tempo, engloba sempre todo o tempo. Não está vinculada ao tempo. Celebra sempre todo o tempo nas pausas do caminho do tempo da vida. Por isso, todas as experiências pascais podem ser comemoradas pela Celebração da Eucaristia: o tempo das gerações, os tempos da vida, dos anos, das semanas, dos dias e os tempos ocasionais ou circunstanciais.

27
Comunicação litúrgica e a arte da comunicação na Liturgia

Podemos dizer que este, entre outros, como a participação, a função do Magistério e a relação da Liturgia com a catequese, a Espiritualidade e a Pastoral, é um dos temas decorrentes da compreensão teológica de Liturgia.

Trata-se aqui de distinguir entre a comunicação litúrgica e a arte da comunicação na Liturgia, donde decorre a questão da participação. A comunicação litúrgica é comunicação do mistério e com o mistério, é comunicação divina.

1. O que é comunicação

Comunicação é tornar comum, realizar, estabelecer comunhão ao menos entre duas pessoas; é participação, convívio.

Comunicação, *communicatio* (comunicação, participação) e comunhão, *communio* (comunhão, participação mútua, associação, conformidade), em latim, são escritas com dois emes. Isso porque comunicação e comunhão não vêm de comum-união, mas comum-múnus, múnus comum, ou seja, função comum. Não se trata de mera justaposição ou união, mas de uma partilha, de uma participação numa mesma função. Trata-se de uma intercomunhão, de uma interparticipação.

2. Quem comunica

Quem se comunica é antes de tudo o Deus Trino e Uno. O mistério da Santíssima Trindade constitui comunicação interpessoal das três Pessoas Divinas.

A Liturgia, por sua vez, é um *Opus Trinitatis*, uma *Ação da Trindade*, uma ação para fora de si mesma. Ela comunica sua vida, sua graça, seu amor, seu culto, seu mistério. O mistério de Deus transborda para fora de si mesmo.

Depois, é Jesus Cristo quem comunica e, nele, toda a humanidade pode comunicar-se, entrar em comunhão com Deus, participar da vida do próprio Deus. Devemos ver Jesus comunicando-se com a humanidade, comunicando a vida, a salvação. A comunicação primeira se deu no mistério da Encarnação.

A Igreja, por sua vez, comunica-se com Deus por Cristo e em Cristo. Jesus Cristo é o agente principal em toda ação litúrgica, pois a ação memorial da Igreja torna presente, atualiza a ação histórico-salvífica de Cristo.

3. O que se comunica

A comunicação litúrgica é comunicação com o divino, ou comunicação divina. Contudo, não se trata de uma simples comunicação com o transcendente, mas de uma comunicação com o divino através da Palavra encarnada. Uma comunicação com Deus Pai, por Cristo, no Espírito Santo. Trata-se de uma comunicação com Deus através do memorial da comunicação que Deus realizou com a humanidade através do mistério da Encarnação.

Por isso, a comunicação litúrgica, a espiritualidade e a mística litúrgicas possuem as qualidades essenciais da própria Liturgia:

É orante: – Compreendendo-se oração como uma experiência de comunicação com o divino, com Deus. Estabelece-se uma relação comunicante entre Deus e o ser humano.

É trinitária: – Comunicação do Pai, por Cristo, no Espírito Santo; e comunicação com o Pai, por Cristo, no Espírito Santo.

Antes de o ser humano se comunicar com Deus, com o Criador, Deus, o Criador, comunica-se com a criatura. E esta comunicação realizou-se de maneira plena uma vez para sempre no mistério da Encarnação, Paixão, Morte e Ressurreição de Cristo, isto é, pelo mistério pascal. Depois disso, esta comunicação salutar sacramental realiza-se de modo sacramental através do mistério do culto, ou através da Liturgia.

É crística ou cristã: – Realiza-se através da morte e ressurreição de Cristo, pois só por Ele é comunicado à humanidade o perfeito culto a Deus: a santificação do homem e a glorificação de Deus.

É eclesial: – A comunicação com o Pai, por Cristo e em Cristo, no Espírito Santo, realiza-se na ação da Igreja, reunida na fé, para comemorar o mistério pascal.

É memorial: – Lança-se na economia da salvação manifestada na História da Salvação. O fato pascal é um só e é histórico. Ele se torna presente na celebração memorial da Igreja.

É eucarística: – Dá-se na ação de graças feita pela Igreja, proclamando os benefícios de Deus realizados na história, comemorando a Páscoa de Cristo e da Igreja e, podemos dizer também, comemorando os benefícios de Deus, as páscoas dos cristãos recapitulados na Páscoa de Cristo.

É narrativa: – Na celebração a Igreja, pelo fato de fazer memória da economia da salvação realizada na história, narra as maravilhas de Deus, narra a história sagrada, Deus comunicando-se com a humanidade através do Mistério da Encarnação de seu Filho.

É histórico-salvífica: – Não se trata de simples oração ou comunicação com a divindade. Isto os pagãos também fazem. Trata-se de uma comunicação com Deus, fazendo memória da comunicação da humanidade com o mistério da Encarnação de Deus em Cristo Jesus. Deus partilha sua vida com a humanidade e o ser humano pode participar novamente da vida de Deus.

É profética: – Cada celebração litúrgica constitui uma ação simbólica profética. Prefigura a realidade futura. A Liturgia tem uma dimensão escatológica. Pela recitação do mito, o mito torna-se presente. Para nós, que não temos apenas o mito, mas o evento histórico da Páscoa, pela recitação do mistério, o próprio mistério torna-se presente, torna-se topia. A comunicação litúrgica contempla os mistérios, proclama os mistérios e realiza os mistérios ou torna presente os mistérios, numa palavra, o mistério pascal de Cristo.

4. Como se realiza a comunicação litúrgica

A comunicação litúrgica realiza-se através da ação, da participação (*partem capere* = tomar parte) da ação de Cristo na ação da Igreja. A comunicação se realiza em forma de memorial da ação de Cristo ou do mistério pascal de Cristo, numa expressão contemplativa, orante proclamativa, memorial da ação salvadora e cultual de Cristo, narrativa da História da Salvação, ritual-simbólica, sacerdotal, mediadora narrativa, histórico-salvífica, profética. Assim, a comunicação litúrgica não é, prioritariamente, de informação ou transmissão de conteúdos doutrinários; não é primeiro anúncio do Evangelho nem aula de Teologia. Não é catequese, embora catequética, nem ação evangelizadora, embora tenha força de evangelização. Não é, em primeiro lugar, nocional, discursiva, mas contemplativa. Tem a ver com o emocional, mas não se restringe a este nível. Trata-se de uma comunicação vital, que atinge o ser humano todo, em todos os seus sentidos e faculdades, nas virtudes da fé, da esperança e da caridade.

5. O ministério da comunicação litúrgica

O que vamos dizer sobre a comunicação litúrgica da presidência vale igualmente para todos os que exercem alguma função ou ministério na Liturgia.

Diz a *Sacrosanctum Concilium* que "para levar a efeito obra tão importante Cristo está presente em sua Igreja, sobretudo nas ações litúrgicas. Presente está no sacrifício da missa, tanto na pessoa do ministro, pois aquele que agora oferece pelo ministério dos sacerdotes é o mesmo que outrora se ofereceu na Cruz, quanto sobretudo sob as espécies eucarísticas. Presente está pela sua força nos sacramentos, de tal forma que quando alguém batiza é Cristo mesmo que batiza (SC 7).

O presidente age na Liturgia através de ações simbólicas ou sacramentais. Realiza ações simbólicas *in persona Christi*. São ações de Cristo, porque comemorativas das ações de Cristo.

Entre as características teológicas da presidência em geral podemos mencionar a sacramentalidade e a diaconia. O presidente é sinal da presença e da atuação de Cristo em favor da assembleia. Ele serve, a exemplo de Cristo. O presidente está a serviço da unidade da assembleia litúrgica, da sua santidade, da sua catolicidade e da sua apostolicidade. Prestando este serviço à assembleia litúrgica, que é o sujeito da celebração, o presidente não está acima e, sim, dentro dela, tornando sacramentalmente presente Jesus Cristo, o verdadeiro servo de Deus e sacerdote da Nova Aliança.

Ele se comunica com Deus e com a assembleia e, em si mesmo, comunica a assembleia com Deus, por Cristo e em Cristo, e comunica Deus com a assembleia. Ele não celebra para o povo, mas com o povo. Ele também é celebrante com a assembleia reunida.

Daí a necessidade de realizar bem os ritos, de modo que realmente signifiquem as ações salvíficas ou os mistérios de Cristo.

O presidente é chamado a vivenciar na fé a ação simbólica ritual. Na celebração todas as suas ações constituem ações simbólicas: palavras, gestos, ações, acolhendo em si e expressando toda a assembleia celebrante. Suas ações, sendo simbólicas, devem ter caráter orante, ser expressão de sua comunhão com Deus Pai, por

Cristo, no Espírito Santo. Isso deve acontecer na ação sacramental, ou seja, na celebração dos Sacramentos e na celebração dos sacramentais.

Deverá acontecer também em cada momento da celebração, ou seja, vivenciando o mistério da cada rito: Entrada como entrada, com todo o seu significado; a Celebração da Palavra; a Homilia, a resposta à Palavra de Deus; a Liturgia eucarística; no caso da missa, a preparação da Mesa, a Oração eucarística, a participação na Mesa; os ritos finais de bênção e envio.

Ele está exercendo o sacerdócio ministerial a serviço do sacerdócio geral dos fiéis. Nele e por ele realiza-se o caráter dialogal de toda a Liturgia. No diálogo entre o presidente e a assembleia, povo sacerdotal, estabelece-se a relação-comunicação entre Deus e a humanidade por Cristo e em Cristo.

O presidente tem a difícil e sublime função de fazer com que toda a assembleia acolha e expresse ritualmente todas as dimensões da vida da Igreja e da humanidade, expressões pascais dos cristãos e cristãs: a comunitária e participativa, a missionária, a catequética, a celebrativa, a ecumênica e do diálogo religioso e a sociotransformadora.

Para tanto, quem preside deve ter uma cabeça atualizada sobre Deus, Jesus Cristo, a Igreja, a sociedade atual, enfim, do universo.

6. A arte da comunicação

A técnica de comunicação não é essencial, mas será muito útil como facilitação na comunhão com o mistério.

Na Liturgia fala o ser humano todo. A ação de Deus quer atingir o ser humano todo: o intelecto, a vontade, o afeto, emoções e sentimentos.

Tudo isso deve acontecer particularmente na presidência da Liturgia. Em todas as ações do presidente deve transparecer um agir simbólico: no ouvir, no ver, no falar; no olfato, no gosto, no tato; nos gestos; nas atitudes do corpo; na ação; no movimento; no silêncio dinâmico e comunicativo. Portanto, não se trata, em primeiro lugar, do intelecto, mas do desejo, das emoções, que despertam a vontade, a ação. Também na Liturgia devemos aprender a lidar com os desejos, os sentimentos, as emoções, mas não apelar somente para os sentimentos, as emoções. A comunicação litúrgica passa pela fé, ato da razão e da vontade. A Igreja fala de *sacrificium rationale* ou *oblatio rationabilis*.

Não se vai a uma assembleia litúrgica para aprender mais, para conhecer mais, para receber informações, mas para vivenciar o mistério, o divino, a dimensão religiosa do ser humano, por Cristo e em Cristo. Por isso, a parte do conhecimento deveria preceder a celebração, pois celebra-se o que já se sabe, o que já se conhece, o que já se crê. Levar ao conhecimento é função do anúncio, da evangelização querigmática, da catequese como iniciação na vida de fé em Jesus Cristo. Infelizmente encontramo-nos diante de uma defasagem entre catequese como iniciação cristã, Liturgia e Vida cristã. Muitas vezes, constituem ainda compartimentos estanques. Estamos diante de um povo *muito religioso*, muitas vezes, no nível da religião natural, com abundante uso de ícones católicos em sua religiosidade. Estamos diante de um povo *pouco cristão*, pouco iniciado na fé cristã, onde o mistério pascal não modifica seus comportamentos de vida, e diante de um povo *menos ainda eclesial* ou comunitário.

Daí a tentação de se instrumentalizar a Liturgia e, particularmente, a Celebração eucarística para fazer tudo, menos o que é próprio da Liturgia: *celebração memorial dos mistérios de Cristo*. Surge o afã de transformar a celebração num *show*, num espetáculo, e transformar o presidente num mero comunicador social, num *showman*.

Celebrar bem, isto é, realizar os ritos com fé, como quem acredita no que está fazendo com a assembleia e em nome da assembleia, deixando o rito ser rito, constitui a maior garantia de uma participação frutuosa da Sagrada Liturgia, de comunhão com o mistério, de todos os participantes.

Quem preside vivencia e anima a vocação profética, sacerdotal e real de toda a Igreja celebrante. O presidente ordenado o faz sacramentalmente em nome de Cristo, Cabeça de seu Corpo, a Igreja, no poder do Espírito, que lhe é dado pela imposição das mãos. O presidente leigo o faz também, em comunhão com seu Bispo, no poder do Espírito que lhe foi dado no Batismo e na Crisma.

28
Participação da liturgia

A partir da linguagem simbólica, da compreensão do conceito de mistério e da comunicação litúrgica, podemos abordar agora o tema da participação da Liturgia, participação consciente, ativa, plena e eficaz.

Participar quer dizer "tomar parte", ser *participante*. Participação da Liturgia significa tomar parte da Liturgia como um todo, daquilo que ela realmente é, não apenas de sua expressão significativa ou dos ritos.

A Liturgia é o cume para o qual tende a ação da Igreja e, ao mesmo tempo, é a fonte donde emana toda a sua força. Da Liturgia, mas da Eucaristia principalmente, como de uma fonte, se deriva a graça para nós e com a maior eficácia é obtida aquela santificação dos homens em Cristo e a glorificação de Deus, para a qual, como a seu fim, tendem todas as demais obras da Igreja (cf. SC 10). Para que se obtenha esta plena eficácia é mister que os fiéis se acerquem da Sagrada Liturgia com disposições de reta intenção, sintonizem a sua alma com as palavras e cooperem com a graça do alto, a fim de que não a recebam em vão. Por isso, é dever dos sagrados pastores vigiar que, na ação litúrgica, não só se observem as leis para a válida e lícita celebração, mas que os fiéis participem dela com conhecimento de causa, ativa e frutuosamente (cf. SC 11).

O Concílio Vaticano II insiste muito na participação dos fiéis da Sagrada Liturgia. A assembleia toda, como povo profético, sacerdotal e real, tem direito e dever de participar da Sagrada Liturgia. É notável o artigo 14 da *Sacrosanctum Concilium*: *"Deseja ardentemente a Mãe Igreja que todos os fiéis sejam levados àquela plena, cônscia e ativa participação das celebrações litúrgicas, que a própria natureza da Liturgia exige e à qual, por força do batismo, o povo cristão, 'geração escolhida, sacerdócio real, gente santa, povo de conquista' (1Pd 2,9; cf. 2,4-5), tem direito e obrigação. Cumpre que essa participação plena e ativa de todo o povo seja diligentemente considerada na reforma e no incremento da Sagrada Liturgia. Pois é a primeira e necessária fonte, da qual os fiéis haurem o espírito verdadeiramente cristão. E por isso, mediante instrução devida, deve com empenho ser buscada pelos pastores de almas e toda a ação pastoral. Não havendo, porém, esperança alguma de que tal possa ocorrer, se os próprios pastores de almas não estiverem antes profundamente imbuídos do espírito e da força da Liturgia e dela se tornarem mestres, faz-se por isso muitíssimo necessário que antes de tudo se cuide da formação litúrgica do clero"* (SC 14).

1. Participação eficaz ou frutuosa

Hoje, passados mais de 40 anos da *Sacrosanctum Concilium*, reina ainda grande confusão sobre a participação da Liturgia. A assembleia litúrgica toda ela celebrante ou participante da Liturgia frequentemente está se transformando numa plateia de *show* ou de espetáculo, que nada tem a ver com participação da Sagrada Liturgia

A reforma de toda a expressão da Liturgia, tornando-a mais compreensível, passando-a para o vernáculo, abrindo o tesouro da Palavra de Deus a todos, foi feita para que o Povo de Deus pudesse participar de maneira **frutuosa** ou **eficaz** da Sagrada Liturgia. O objetivo de toda a reforma é a participação eficaz, frutuosa, a fim de que o povo cristão, compreendendo facilmente os ritos, na medida do possível, possa participar plena e ativamente da celebração comunitária, conseguindo assim com mais segurança graças abundantes (cf. SC 21). Para que possa ser eficaz, isto é, real, o serviço de salvação e de glorificação de Deus, a participação deve ser consciente, ativa e plena.

2. Participação consciente

Para que a participação possa ser **consciente** é preciso a formação litúrgica, sobretudo através da catequese e da Pastoral Litúrgica. Os cristãos precisam saber o que celebram. Enquanto não se conhece e não se valoriza a pessoa e a obra de Jesus Cristo, é impossível celebrar cristãmente. Só se celebra um fato valorizado. Este fato a ser valorizado na celebração são a pessoa e a obra salvadora de Jesus Cristo.

3. Participação ativa

A segunda condição para que a celebração cristã seja eficaz, produza frutos de conversão e de boas obras é a participação **ativa**. Neste ponto, particularmente no Brasil, incorreu-se num grave engano nos primeiros anos que se seguiram ao Concílio Vaticano II. Reduziu-se a participação **ativa** à participação falada, à participação oral. Existe falação demasiada na Liturgia.

Ora, a gente participa ativamente pelo ouvido, na escuta da Palavra de Deus, acompanhando, em silêncio, as orações presidenciais, ouvindo um canto a mais vozes. A participação ativa se dá também pela linguagem da vista, acompanhando os gestos, as procissões, deixando-se envolver pela arte da cor, pelo espaço celebrativo, transformando-os em oração, em comunicação com o sagrado, com Deus, por Cristo, no Espírito Santo. A participação ativa realiza-se também pelo paladar, pelo gosto: comer, beber. Realiza-se por ações como beijar, tocar, deixar-se tocar, impor as mãos. Depois, pelo olfato: os perfumes, o incenso. Realiza-se pelos movimentos, a expressão corporal, a dança religiosa. Pela experiência do espaço e do tempo e mesmo pelo silêncio sagrado. A participação ativa expressa-se também pelos diversos serviços e funções exercidos na celebração. Pelas posturas do corpo, como estar assentado, de pé, de joelhos e prostrado. Expressa-se ainda pelo diálogo entre o Presidente ou algum ministro e a assembleia. Claro que a palavra, recitada, proclamada ou cantada, constitui uma expressão muito importante na participação ativa.

Todas essas expressões significativas são memoriais e querem ser comunicação com o sagrado, com o divino, com o Mistério. São todas formas de oração.

4. Participação plena

Finalmente, a participação será plena. Isto significa "de corpo e alma", com todo o ser e agir, com tudo que somos e temos. Assim, a participação frutuosa se dará nas virtudes da fé, da esperança e da caridade, em atitude de conversão, na disposição de acolher as exigências do Mistério Pascal de Cristo que está sendo celebrado. Exige um coração livre e puro, capaz de acolher a graça divina, o dom de Deus comunicado.

Participação plena é, por exemplo, participar da missa do início ao fim. É, juntos, formar assembleia celebrante; é não chegar atrasado para não machucar o Corpo de Cristo, tirando-o do seu mergulho no mistério já nos ritos iniciais da celebração. Participação plena significa participar da Ceia do Senhor; é comungar do Corpo e Sangue do Senhor na própria celebração. Participação plena é acolher o dom de Deus; é acolher para viver a graça dos sacramentos; é entrar em comunhão solidária com Cristo e com os irmãos e irmãs.

Participação consciente, ativa e plena não está na mera participação dos ritos, mas consiste em entrar em comunhão com o mistério celebrado, em deixar-se envolver e possuir pelo mistério, através da linguagem simbólica de toda a Liturgia, através dos diversos ritos. Caso contrário, cairíamos no ritualismo.

Serão necessárias muita catequese e permanente formação para se chegar a uma participação consciente, ativa, plena e eficaz da Sagrada Liturgia.

Só assim a Liturgia será vida plena, vida divina, vida em Deus e vida de Deus em nós por Cristo e em Cristo, na força do Espírito Santo.

29
A Liturgia através da história - I: Da Igreja primitiva até o século XVI (Concílio de Trento)

Questões como a adaptação, a criatividade, a inculturação e a função do Magistério na Liturgia só podem ser bem situadas a partir do conhecimento da evolução dos ritos através da história, a partir do princípio antigo segundo o qual *legem credendi statuat lex orandi*, ou simplesmente *lex orandi, lex credendi*, ou seja, "a norma da oração estabeleça a norma da fé". A Igreja crê conforme a sua oração.

Por isso, vamos apresentar uma visão diacrônica da Liturgia desde a ordem de Cristo "Fazei isto em memória de mim" até os nossos dias.

1. A comunidade nascente

Pela encarnação do Verbo de Deus, Deus veio ao encontro das aspirações de vida, de felicidade e de imortalidade dos homens. Deus se fez homem, sofreu, morreu e ressuscitou. Reconciliou os homens com o Pai e lhe prestou um culto agradável, o verdadeiro culto em espírito e verdade.

Antes, porém, de realizar a passagem deste mundo ao Pai, instituiu o Memorial de sua Paixão-Morte e Ressurreição; antes de afastar-se, deu aos que nele cressem a possibilidade de, através de ritos, imitando na fé e no amor o que Ele fez pelos homens, participarem de sua Paixão-Morte e Ressurreição na esperança da glória. É o Mistério pascal de que emana o mistério do culto. Por vontade de Cristo, "Ide, batizai"; "perdoai"; "Fazei isto em memória de mim", a participação do ser humano do Mistério pascal faz-se pelo mistério do culto, ou seja, por ritos que são ao mesmo tempo significativos e representantivos do próprio mistério de Cristo.

A Igreja compreende a ordem de Cristo. Começa a batizar em nome da Trindade e em nome de Cristo. Começa a reunir-se pelas casas em novas assembleias. Fazer memória da nova Páscoa, partindo o pão pelas casas no primeiro dia da semana. Ainda não existem fórmulas preestabelecidas. A comunidade apostólica já dispunha de algumas formas litúrgicas próprias. Podemos destacar a importância das reuniões de oração, do Batismo, da Eucaristia.

A Igreja apostólica nasce no sulco do judaísmo. Cristo e os seus discípulos participaram do culto judaico, mas foram se distanciando de forma progressiva. A Igreja herda do povo de Israel o modo de celebrar, de fazer memória. Celebra-se a nova Páscoa, a páscoa de Cristo e dos cristãos, mas com novo conteúdo, a nova Páscoa, Jesus Cristo. Numa relação contínua e descontínua com o Antigo Testamento, toma sempre mais consciência a respeito da novidade da experiência cristã. Esta consciência torna-se clara após a destruição do templo no ano 70 de nossa era.

Os cristãos têm clara consciência de que o novo culto em espírito e verdade se fundamenta em quatro fatores: a mensagem e a atividade de Jesus, o mistério de sua morte e ressurreição, a consciência da presença do Senhor entre os seus e a ação do Espírito Santo.

Não existe qualquer divisão entre reunião para o serviço sagrado e o serviço dos cristãos no mundo. Temos clara consciência da superação por parte de Jesus entre o sagrado e o profano.

2. A passagem para o mundo helenista e a consolidação da Liturgia

Aqui podemos distinguir dois períodos: a época da Igreja oculta e perseguida e a época constantiniana.

1) **A época pré-nicena ou pré-constantiniana (séculos II-III)** – Aos poucos a Igreja penetra no mundo pagão, transformando-o. A vida cristã é de pequenos círculos. Os que se convertem já não são principalmente judeus, mas gentios.

Há um acento especial nos sacramentos da Iniciação cristã. Surge a necessidade do catecumenato para que os sacramentos possam realmente ser respostas de fé e expressão da conversão interior. A Eucaristia é celebrada pelas casas nas *domus Ecclesiae*, nas casas da Igreja, em expressão fraterna de Ceia do Senhor, como testemunho do mistério pascal de Cristo e alimento para o testemunho cristão nas perseguições e no martírio.

Às voltas com os que são infiéis à aliança batismal dentro da própria comunidade, surge a praxe penitencial com os ritos de reconciliação. A Igreja tem consciência de ser uma comunidade orante. Vai surgindo o ritmo da oração comunitária diária.

O elemento essencial deste tipo de Igreja doméstica é que os cristãos se reúnem (cf. 1Cor 11,20) para orar, para partir o pão, para comer da Ceia do Senhor. O centro vivificante é a própria assembleia dos fiéis reunida em nome do Senhor, através da qual os muitos que participam de um só pão formam um só Corpo, o Corpo de Cristo (cf. 1Cor 10,16ss.). Esta é a Igreja que mais tarde dá também o nome à igreja edifício. Em matéria de Liturgia é a época da improvisação e da criatividade, profundamente fundamentadas na tradição pascal.

A arte mostra como os cristãos estavam imbuídos do Espírito do Cristo ressuscitado. Ainda não existem formulários fixos. Dá-se margem à criatividade espontânea de quem preside, contanto que seja na ortodoxia.

2) **A época constantiniana** – Estamos diante do pleno desenvolvimento das expressões litúrgicas. A liberdade da Igreja, a transformação da religião cristã em religião oficial do Estado foram alguns fatores que influíram numa profunda transformação do culto cristão. Se a liberdade da Igreja trouxe influências negativas na evolução da Liturgia cristã, contribuiu também com elementos positivos.

Constroem-se igrejas, chamadas basílicas. A casa da Igreja no contexto da Cristandade cria novo estilo de culto. A Eucaristia já não é mais tanto o encontro fraterno, mas muito mais a festa de um povo salvo, onde se realça o aspecto hierárquico da Liturgia: Bispo, presbíteros, diáconos, acólitos e o povo na nave. Estabelece-se uma primeira separação entre o clero e o povo. A basílica é a casa do Rei Cristo, e casa dos ofícios públicos. A sala régia acolhia os fiéis para aí se porem em oração, para ouvirem a Palavra de Deus, para realizarem a procissão para o altar e aí realizarem a oblação das oferendas para a Sagrada Comunhão. Todo o espaço era festivo, severo, pleno de majestade celestial e separado do bulício do mundo.

Este é o tempo em que vão surgindo os diversos tipos de liturgia, ou de ritos, segundo as diferenças locais, nacionais e culturais. Vários fatores influenciaram nesta primeira evolução: a influência dos centros urbanos do Império Romano como Roma, Cartago, Milão, Antioquia e Alexandria e, logo depois, Constantinopla. A importância das línguas como o siríaco, o grego e o latim. Motivos políticos e geográficos: a grande unidade do Egito e sua dependência de Alexandria. A Antioquia na Síria, a influência sempre maior de Constantinopla. A partir desses fatores vão se formando os ritos litúrgicos orientais e ocidentais, constituindo as várias famílias litúrgicas.

No século IV começa a elaborar-se o ciclo do Ano Litúrgico. A Eucaristia é o centro de tudo, porquanto a Igreja, por ela, com grande alegria rende graças e anuncia a morte e a ressurreição do Senhor, torna presente o sacrifício de Cristo e comunga com a realidade comemorada. A primeira festividade que daí provém é o domingo no ciclo semanal. Surgem também os principais tempos do Ano Litúrgico, desdobrando o mistério de Cristo, nas celebrações dos seus mistérios através do ano.

Neste período surgem ainda as insígnias e as vestes episcopais e sacerdotais. Toda a Liturgia adquire um certo aspecto pomposo, próprio do cerimonial da Corte.

3) **A obra do gênio romano** – No século V assistimos no Ocidente a um "movimento litúrgico" generalizado. Tudo tende para novas expressões das orações. Passa-se para o latim, a língua do povo. Multiplicam-se as preces eucarísticas, os prefácios, os *Communicantes* e *Mementos* dentro da Oração eucarística. Temos os grandes papas da elaboração dos textos litúrgicos como Leão Magno e Gelásio e pouco mais tarde Gregório Magno. Surgem por toda parte no Ocidente como no Oriente as escolas eucológicas e com isso os primeiros Sacramentários. Variam os estilos das várias escolas eucológicas, como a Gália, Milão, Benevento, Roma, Espanha. Neste período resplandece sempre mais a proclamação pública das obras maravilhosas realizadas por Cristo.

3. Do século VI até Gregório VII (1078)

Se nos primeiros séculos tivemos uma adaptação da Liturgia ao mundo e à cultura greco-romana, dá-se agora um fenômeno semelhante entre a Liturgia romana e as culturas dos povos germânicos. Realiza-se uma profunda transformação da Liturgia romana adaptada às novas exigências dos povos nórdicos, recém-convertidos à fé.

1) **A época clássica da Liturgia Romana nos séculos VI e VII** – Esta é a época em que se formaram os livros litúrgicos propriamente ditos, sobretudo os pontificais e os rituais.

Em relação à missa, foi nesta época que se fixou a forma da missa papal em forma mais solene e a missa presbiteral, de tipo mais simples. Unem-se a grande simplicidade e a monumentalidade com solene expressão dos valores espirituais numa forma clássica externa. Distinguem-se muito bem o ingresso para o altar, a liturgia da oração e da palavra, as oblações solenes pelas quais todos os fiéis participam do sacrifício da missa, o caráter essencial da Oração eucarística que começou a ser chamada de cânon, e a Comunhão. A índole de toda a celebração é totalmente comunitária, quase não havendo orações particulares. Todo o povo pode participar: ouve as leituras em sua língua, apresenta as oferendas, recebe a Comunhão sob as duas espécies, embora não se possa negar que aos poucos o povo foi sendo suplantado pela "schola cantorum", o coral.

Por esta época organizou-se também a Liturgia das Horas, tanto no âmbito da Igreja local, com Laudes e Vésperas e Vigílias esporádicas, como na forma monástica, onde se acrescentaram outras Horas.

Já encontramos certa decadência em alguns pontos da Liturgia. Os ritos da iniciação cristã, sobretudo do catecumenato, foram simplificados. A sociedade era cristã; eram batizadas crianças. O ritual tornou-se inadequado.

As Ordenações de Bispos, Presbíteros e Diáconos, bem como de ministros, eram feitas em ritos muito simples, mas segundo formas antiquadas. A penitência pública neste período começa a entrar em decadência. Na arte, até aqui, é colocado o realce na glorificação do Cristo Senhor.

2) **A passagem para o mundo franco-germânico** – Faz-se agora a fusão dos Sacramentários romanos com os ritos galicano e

germânico. Começam os decretos e as imposições. Aos poucos, a unidade do Império Romano vai sendo substituída pela unidade da Igreja, a partir da influência da Igreja de Roma. Quer-se a unificação do culto. Não que a iniciativa tenha partido sempre de Roma. A unificação parte do Rei Pepino pelo ano 754. Carlos Magno levou esta obra adiante, agora mais por motivos políticos.

A pura forma romana logicamente não podia satisfazer a índole dos povos germânicos. Por isso, fez-se uma adaptação, realizada sobretudo por Alcuíno. A forma pura romana de São Gregório Magno transformada em terras germano-gaulesas mais tarde voltou a Roma.

Nesta fusão entraram elementos não romanos como: orações, bênçãos; missas votivas; missas pelos defuntos; prefácios; maior número de orações; orações mais longas; orações particulares dentro da missa; maior suntuosidade dos ritos de diversos sacramentos, sobretudo das Ordenações, da dedicação de igreja, o Domingo de Ramos.

Nesta evolução lutam entre si duas tendências: a busca de uma síntese quase perfeita e os novos elementos trazidos das novas nações, que vão favorecer uma ofuscação da visão de unidade antiga, que se opõem à piedade litúrgica e vai separar no decurso dos séculos sempre mais a piedade popular da piedade litúrgica dos primeiros séculos. Assim, introduzem-se orações privadas do sacerdote dirigidas à Santíssima Trindade. Efetua-se aos poucos a mudança de posição do sacerdote no altar. Entra o costume de todos os presbíteros celebrarem em particular. Aos poucos as orações dirigidas a Cristo tornam-se mais frequentes.

A Liturgia romana caracteriza-se pela sobriedade, buscando o mistério central celebrado, ao passo que a expressão dos povos nórdicos é mais sentimental.

Surge uma devoção crescente à Santíssima Trindade, a Nossa Senhora e aos Santos. Cristo mantém ainda uma posição central, mas não tanto como aquele que em uma pessoa une duas naturezas, mas o Cristo Deus que é simplesmente o Rei supremo. Abre-se um grande abismo entre aquele que reside no trono celeste com suprema majestade e o homem pecador que, temendo a morte, vai ao encontro do juízo final. Ajudam a superar este abismo os anjos, os santos, os sacerdotes, os monges, enfim, os intermediários. A Igreja celeste e a terrestre como que se separam uma da outra.

Quanto à expressão artística, surge a arte românica, onde está presente um novo *ethos*, os sentimentos, a separação do homem e de Deus; a majestade divina. Os elementos individualistas vão aparecendo.

Neste período realiza-se também a grande ruptura entre o clero e o povo. Os presbíteros celebram a Liturgia em nome do povo. O povo delega o clero, tornando-se mero espectador.

4. De Gregório VII até o início do século XVI

Neste período assistimos à volta da Liturgia franco-germânica para Roma, à sua fixação e à sua decadência.

1) **A volta da Liturgia franco-germânica para Roma** – Neste período a Liturgia foi bastante influenciada pelas Ordens religiosas reformadas. Temos nesses mosteiros a tendência de amplificar os Ofícios, multiplicar as celebrações, introduzir Ofícios votivos, aumentar o aparato externo: os ornamentos do altar e da igreja, as vestes, a iluminação, o incenso, as procissões, o toque das campainhas etc.

A participação do povo vai desaparecendo por completo; o povo praticamente já não canta. A partir do século IX, na hora das oferendas, é oferecido dinheiro em vez de pão; a Comunhão dos fiéis rareia. Surgem leis que obrigam a Comunhão três vezes por ano. As causas da necessidade dessa lei seriam: a indiferença de muitos, as consequências do antiarianismo pelo qual se via apenas a divindade de Cristo, a praxe penitencial pública que tinha caído em descrédito por sua severidade.

O século XI é a época em que a Liturgia franco-germânica volta para Roma e, ali reformada, estende-se novamente ao mundo ocidental. É época da passagem do clássico antigo para o clássico germânico; a passagem do modo de rezar comunitário para formas mais particulares; das formas sóbrias antigas às formas novas, às vezes, menos equilibradas; do cristocentrismo ou da centralidade do mistério pascal, para devoções mais periféricas.

2) **A Alta Idade Média dos séculos XII e XIII** – O que nos séculos precedentes se iniciou como que numa época de passagem, aparece agora plenamente desabrochado. É o auge da Idade Média, imbuída de uma cultura totalmente cristã, manifestada, no século XII, no âmbito da cultura monástica tradicional e, no século XIII, nas novas formas de cultura das Ordens Mendicantes, da Escolástica e da Gótica. Forma-se uma liturgia estritamente medieval, marcada pelo gótico, que antecede imediatamente a época tridentina.

Alguns elementos devem ser ressaltados. A Igreja Romana se fortalece novamente. Ela restaura o Pontifical Romano-germânico procurando abreviar e conservar os elementos estritamente romanos. O Pontifical da Cúria Romana preparou de modo eficaz a unidade da Liturgia do Ocidente cristão. As novas Ordens religiosas cultivam a volta à simplicidade das origens da Igreja, a autenticidade da tradição e da Sagrada Escritura.

Inicia-se a devoção ao mistério da Encarnação. Celebra-se a missa em memória da humanidade do Filho de Deus; cantam-se salmos em honra das cinco chagas; cultua-se com devoção mais terna a Santíssima Virgem. Tudo isso repercute nas obras de arte, no vigor dinâmico, numa sensibilidade enfática, na austeridade das igrejas das novas Ordens, mas também na multiplicação dos coros, das capelas laterais.

Faz-se a reforma da Liturgia eucarística e da Liturgia das Horas na Igreja papal de Roma, procurando-se também maior simplicidade.

No segundo milênio começou-se a introduzir certos elementos novos no Cânon da Missa, como, por exemplo, a elevação da hóstia após as palavras da Consagração, por volta de 1210, para que pudesse ser vista por todos, costume que se universalizou só com a reforma de Trento. Introduziram-se ainda outros elementos como o toque das campainhas, as velas acesas, o rito da adoração, a inclinação e a genuflexão dos ministros em alguns lugares, no século XIII. Para o Celebrante é prescrita só no século XV.

Esta evolução reflete o desejo de ver a hóstia para confirmar a fé na presença real do Senhor. Esta fé, diminuindo as outras formas de participação ativa, mais e mais se concentra na Consagração. A partir dessa época, a Eucaristia não é tanto celebrada como ação de graças, nem recebida em Comunhão, mas, sobretudo, adorada. Compreende-se, então, a introdução da Festa do Corpo de Cristo (1264, por Urbano IV).

Os Franciscanos, para promover a unidade da Ordem, adotam como Liturgia típica o costume da Cúria Romana. Com eles o Missal Romano espalha-se por todo o mundo. Torna-se depois a base concreta para o Missal Romano de Pio V.

Esta época revela-nos a evolução de toda uma mentalidade. É uma época de grande vigor, de grande vitalidade e grandeza. Distingue-se por uma espiritualidade que informa toda a realidade. A sociedade é cristã. Aparece, no entanto, o individualismo egocêntrico e social, a subjetividade mística e lírica, a tendência a multiplicar as formas e impressões, a aumentar as expressões. O homem deseja sentir. Verifica-se a tendência de colocar todos os sentidos em função na participação ativa. Aparece uma sensibilidade nova, maior intimidade, o máximo de "pathos"; a tendência de ver ou contemplar experimentalmente; põe-se maior acento na resposta subjetiva; aparece aos poucos um acúmulo de formas, onde às vezes os elementos essenciais são obscurecidos.

A nova piedade para com o Cristo Senhor é mais realista, histórica, humana, íntima. Por isso também uma nova piedade para com a Virgem Maria e os santos em geral, que estão mais unidos à humanidade de Cristo.

Como consequência dessa nova atitude surge também uma nova maneira de colocar as relíquias dos santos, de compor os altares, de ordenar a disposição do presbitério, das imagens do crucifixo, das formas das vestes litúrgicas.

Quanto à Liturgia como tal, as formas litúrgicas expressas em livros chegaram a pleno desenvolvimento: o Pontifical, o Missal e o Breviário. Através das Ordens Mendicantes há uma preocupação pastoral, a preocupação de serem acessíveis ao povo; por isso o surgimento das formas de devoções populares. A Liturgia torna-se um elemento de certo modo decisivo de toda a vida humana pública e particular e assim permanece por séculos. É a era das catedrais góticas, menos espaços de celebração do Povo de Deus do que grandes monumentos da fé.

Quanto a aspectos negativos, cresce sempre mais a distância entre o Celebrante e o povo, que, de modo geral, segue a missa pela participação visual, através de explicações alegóricas. A Comunhão torna-se muito rara. Parece que o povo prefere comungar pela visão da hóstia, pela comunhão espiritual. A partir do século XIII aumenta novamente o número das missas particulares e dos altares. As igrejas não raro possuem 35 ou 45 altares.

3) **O outono da Idade Média: Séculos XIV e XV** – É o tempo da decadência dos Romanos Pontífices, do surgimento da espiritualidade da "devotio moderna", apresentada pela "Imitação de Cristo". A elevação da hóstia torna-se o centro da piedade popular. A Eucaristia é recebida de joelhos. A partir do século XII deixa-se, aos poucos, a Comunhão sob as duas espécies. Começa-se a dar a Comunhão fora da Celebração eucarística, distribuída após o término da missa. Desaparece aos poucos o nexo íntimo entre a ação eucarística e a Comunhão. A atenção dos fiéis dirige-se prevalentemente à presença real, como presença de Deus. Surge a procissão do "Corpo de Deus", as exposições e adoração do Santíssimo.

Pode-se dizer que, imediatamente antes da Reforma, a vida litúrgica em sua expressão exterior florescia de certo modo no máximo esplendor. Havia igrejas suntuosas e numerosas em cada cidade. Um sem-número de sacerdotes "altaristas" que não tinham outra função a não ser dizer a missa diária. O que importava era a exterioridade, uma liturgia determinada pela massa, pelo número, pela pura tradição, por aparato e pompa. Era orientada não tanto para o centro, o mistério de Cristo, mas para elementos acidentais e periféricos da fé. Os fiéis vivem apenas de resíduos da fé, já não mais a fé, embora ela permaneça intocável. Os fiéis são postos à margem.

A Liturgia romana impõe-se por toda parte, mas o povo não toma parte nesta Liturgia. Assiste, aceita e sustenta o culto, aprovando-o como culto oficial de uma sociedade, que através de seu clero presta um testemunho público a Deus, adora-o e rende graças pela redenção operada em Cristo.

Por causa da separação sempre mais acentuada entre o sacerdote que celebra os mistérios e o povo, que assiste sempre mais passivamente, vão aos poucos aparecendo as devoções paralelas, as devoções populares. Surgem as devoções do *Santo Rosário*, da

Via-sacra, do *Angelus*. O povo que crê sente a necessidade de expressar essa fé comunitariamente em oração. Não podendo fazê-lo devidamente nas formas oficiais, busca suas expressões próprias.

No todo, desde os tempos da Igreja primitiva até o século XVI, houve uma enorme evolução. Desde a *Ceia do Senhor* e da *Fração do Pão pelas Casas* até as diversas formas de missas: a papal, a solene, a cantada, a lida e as missas privadas. Elaborou-se uma grande síntese, a Liturgia Romana, que se tornou o fundamento da Reforma, melhor, para a fixação de Trento. Por um lado temos uma maravilhosa obra de arte, mas não mais uma Liturgia viva que cumprisse com sua finalidade. Esquece-se o principal, isto é, que seja vivência da Igreja de fato, da Igreja concreta, do povo. Quanto ao conteúdo pode-se dizer que se chegou a uma maravilhosa expressão daquele culto pelo qual a verdadeira Igreja de Cristo adora o Pai em espírito e verdade, mas não sob o aspecto da natureza da Liturgia centrada na memória do Mistério pascal.

30
A Liturgia através da história - II: Do século XVI (Concílio de Trento) até os nossos dias

Este período distingue-se pelas grandes descobertas ou conquistas, a Renascença, o fenômeno da Reforma protestante, o Concílio de Trento, o surgimento da Companhia de Jesus, a vitória sobre os turcos etc. Passamos depois pela época do Barroco, séculos XVI e XVII, a época do Racionalismo (Iluminismo) do século XVIII, da Restauração do século XIX, chegando até o Movimento Litúrgico dos inícios do século XX e o Concílio Vaticano II.

1. A Reforma protestante e o Concílio de Trento

Desde o Concílio de Constança (1414-1418) reformadores clamavam pela necessidade da reforma da Igreja na cabeça e nos membros. Postulavam também a reforma da Liturgia, sobretudo sua unificação.

A crítica de Lutero dirigia-se não apenas contra os abusos, mas insurgia-se contra a Liturgia sob o aspecto dogmático, contra a índole sacrifical da missa, contra as missas celebradas em honra dos santos, contra as missas "rezadas" sem Comunhão dos fiéis, as missas pelos defuntos, em suma, contra as obras dos homens que na multiplicação das missas abolem, segundo ele, o primado e a suficiência da graça divina. Mas, em sua reforma litúrgica, Lutero não encontrou o contato com a Igreja antiga que procurava.

O Concílio de Trento não foi um concílio de reforma litúrgica, mas de defesa da fé expressa pela Liturgia católica. A tendência geral era pela necessidade de reformar, contudo sem destruir o contato com o tempo imediatamente precedente.

Em 1562 foi constituída uma Comissão para coibir os abusos. O Concílio não fez a reforma nem deu princípios para tal. Confiou a tarefa ao Romano Pontífice. Decretou que fosse universal e uniforme, em continuidade com a tradição, procurando desfazer o estado caótico, ocasionado pela Reforma protestante, satisfazendo o senso histórico-crítico da época, procurando tirar os acréscimos posteriores por demais particulares, não romanos, restituindo o primado dos Tempos litúrgicos, diminuindo as festas dos santos. Devia ser introduzido um "Ordo Missae" e de rubricas gerais obrigatório. O Concílio fez o que podia, alcançando sua finalidade de defender a Igreja contra os erros e injustiças dos inovadores. Salvou assim o depósito da fé transmitido pela Liturgia. Mas o fez e teve que fazê-lo, continuando expressamente as formas da Idade Média.

A reforma dos livros litúrgicos estava concluída em torno de 1615. A intenção que orientou a reforma foi boa. Mas o nobre objetivo histórico-crítico intencionado pelo Concílio e os Sumos Pontífices não pôde ser atingido. A norma, segundo a qual nos séculos futuros nada mais devia ser mudado, certamente necessária e salutar naquele tempo e circunstâncias, trouxe consigo consequências negativas. Conduziu a Liturgia da Igreja a uma situação estável, rígida, glacial, que sob a tutela das rubricas rígidas entrou como que numa letargia, durante quase quatro séculos, situação superada apenas pelo Concílio Vaticano II. Para conservar o *status quo* e protegê-lo, Sisto V, em 1588, instituiu a Sagrada Congregação dos Ritos.

A Liturgia tornou-se algo muito afastado da vida, como que colocada num museu; e a piedade, sendo sempre algo de vivo, uma vez que a Liturgia em grande parte se subtraiu das formas de piedade popular, foi adquirindo sempre mais suas formas próprias desligadas da Liturgia.

Os livros litúrgicos reformados não restauraram, como queriam, a forma primitiva da Liturgia romana, mas, de forma bastante depurada, o estado da última evolução medieval, fixando-a para sempre. Uma Liturgia que é só do clero, que no seu coro, separado do povo, celebra solenemente o seu Ofício, em língua latina; uma Liturgia sem participação verdadeiramente ativa do povo nas paróquias, em formas bastante reduzidas, em geral missas lidas. A Comunhão era só do Celebrante e sob uma espécie, quando dada ao povo. Permanece uma tendência ao periférico, à exteriorização, àquela separação pela qual se distinguem o culto público e a devoção do indivíduo piedoso que assiste. A Liturgia não é a ação em que se expressa e se vive objetivamente a religião na comemoração do Mistério pascal, mas um exercício legal, que é para o indivíduo religioso ocasião para receber os sacramentos, de contemplar Deus presente e os mistérios da fé, para assim se edificar. Como resultado da polêmica protestante e da apologia do cristianismo, entrou o espírito triunfalista, festivo, com manifestações suntuosas, ou seja, a espiritualidade tridentina católica da época barroca. A reforma de Trento como que oficializou a Liturgia do outono da Idade Média dos séculos XIV e XV, a Liturgia como obra de arte sim, mas monacal, clerical, separada do povo. Tivesse a reforma de Trento conseguido atender às aspirações da Reforma protestante quanto à verdadeira volta à Bíblia, às fontes de origem, à união com o povo, à compreensibilidade, não teríamos tido quatro séculos de fixidez, de Liturgia triunfalista, expressa pelo barroco, e suas consequências, principalmente, de não autenticidade.

2. A época do Barroco dos séculos XVI e XVII

A cultura barroca supõe a ideologia antropocêntrica da Renascença e do Humanismo. Ela busca um "sensualismo" novo, enérgico e explícito. A época do Barroco foi, por assim dizer, a última época do Ocidente, em que o fato religioso ainda influenciou e informou toda a vida cultural, num enorme florescimento do subjetivismo sensual, promovendo-se, antes de tudo, a unidade da Igreja.

A cultura barroca é a cultura da festa, nos jogos, na música, na alegria, na participação de todos, no triunfo do subjetivismo coletivo. Por isso, a festa do Barroco, por excelência, é a Festa do Corpo de Cristo, Corpo de Deus, com sua procissão, com a máxima pompa, com representações dramáticas, vestes pomposas, estandartes, militares e cônegos. É, por assim dizer, a época das procissões.

Convém lembrar que a cultura brasileira originou-se neste ambiente festivo e triunfalista da fé católica do barroco.

É a época das encenações, do grande teatro. Representações do Natal, da Paixão. Sobressaem as encenações sacramentais em honra do Santíssimo Sacramento. A vida cristã distingue-se por uma superabundância de orações, preces, devoções, ladainhas, confrarias.

Toda esta mentalidade reflete sobre a devoção ao Cristo eucarístico e a devoção a Nossa Senhora. Temos a Festa do Corpo de Cristo com procissão; a exposição do Santíssimo; as devoções vespertinas; o tabernáculo colocado no altar, mais e mais como trono majestático e triunfal do Rei. Proclama-se o Cristo glorificado e triunfante. O Cristo padecente aos poucos vai sendo realçado na devoção ao Sagrado Coração de Jesus.

Cresce muito a devoção a Nossa Senhora. A piedade eucarística e mariana juntas condicionaram neste tempo uma nova forma de culto: a devoção vespertina, seguida da bênção eucarística.

O barroco com sua cultura em si é popular, informada de uma religiosidade que através da Idade Média penetrou, a seu modo, nas comunidades cristãs. Mas ela nada pode fazer com a Liturgia oficial. Por isso, sua substituição pelas devoções populares. A celebração da missa era importante para poder haver procissões eucarísticas, para se fazer a devoção eucarística vespertina, mais mariana do que cristológica. Não é mais a hora de Vésperas, mas da *Ave-Maria*.

Quanto à Liturgia como tal, era celebrada com fidelidade, de modo solene, estrita e literalmente conforme o decreto do Concílio de Trento, mas numa uniformidade por assim dizer a-histórica, longe da vida cotidiana. A própria Liturgia está a serviço da piedade privada. Era realizada em grande parte para que a oração pessoal subjetiva encontrasse assunto e se elevasse e não como ação participativa ativa na ação litúrgica.

A Comunhão é questão mais ascético-moral do que litúrgica. A devoção eucarística vai na linha da reparação. O homem do barroco quer experimentar, participar. Como o do gótico participava pela estática contemplação (o desejo de ver a hóstia), o do barroco quer agir, brincar. Daí as encenações, as devoções, as procissões etc.

3. A época do Racionalismo (Iluminismo) do século XVIII

O Iluminismo suscitou grandes valores. Nem tudo foi paganismo e negação dos valores cristãos. Ocorreu, apenas, que o mundo católico, ainda traumatizado pelos reformadores do século XVI, ficou apavorado com a nova onda de renovação.

Surge neste tempo uma forte reação por parte de teólogos contra o culto público, a missa, as devoções ao Sagrado Coração, a Nossa Senhora, aos santos, o Rosário, as Confrarias, as procissões, peregrinações etc. Tem-se a impressão de ser a reação protestante a acordar de novo, visto que o barroco não resolvera os problemas da participação do povo. Agora a reação se faz não mais fortalecida pela fé, mas pela razão que se proclama vitoriosa. Nesta época aparece sempre de novo este princípio que move tudo: o intelecto, ou a razão do indivíduo, determina tudo. É o Iluminismo.

Neste contexto, a Liturgia não é mais a própria ação salvífica do Senhor através do culto celebrado e participado, mas são antes os indivíduos que no culto são formados, edificam-se e se aperfeiçoam moralmente. O culto constitui o melhor meio para a formação intelectual, moral e pedagógica do indivíduo. Por isso, em parte o Iluminismo luta pela purificação da Liturgia, mostrando o caminho para o essencial e sua coerência lógica e intrínseca. Quis voltar às origens do cristianismo. A norma ideal para ela seria, ao menos na intenção, a Liturgia da Igreja primitiva, assim como a arte da época voltava ao clássico. Mas o classicismo litúrgico caiu no mesmo erro do classicismo comum: buscaram as formas e simplesmente as imitaram, sem que entendesse a lei intrínseca, essencial, íntima do culto antigo. Caiu, por isso, num lamentável anacronismo.

O Iluminismo também fez algumas tentativas concretas de reformas. As tendências fundamentais destes reformadores, que se inspiraram no Sínodo de Pistoia (1786), eram: maior simplicidade, maior expressão comunitária paroquial, com participação ativa dos fiéis; compreensibilidade e edificação pela introdução da língua vernácula, realce e importância da homilia e do caráter catequético da Liturgia.

Infelizmente era impossível para eles chegarem a resultados práticos, uma vez que a Liturgia estava fixada pelo Concílio de Trento e toda ela imbuída da mentalidade medieval com superposições barrocas. Temos no Iluminismo católico uma primeira tentativa de reforma litúrgica pastoral, ou seja, a partir do povo e em favor do povo. A Liturgia não deve ser a celebração com aparato meramente oficial e pomposo, mas um elemento constitutivo da devoção, do culto e da vida dos fiéis. Falhou também por favorecer demais as formas externas em detrimento do essencial, do espírito. O centro não era Deus, mas o homem, não o *logos* divino, mas o humano. A Liturgia estava a serviço dos homens e não a serviço de Deus. Procurava certamente a comunidade, mas uma certa comunidade moral e não a mística do Corpo Místico de Cristo.

4. A época da Restauração do século XIX

O barroco como que se impôs, passando o rolo sobre o Iluminismo, que nada pôde fazer por falta de meios e por uma impostação falha, demasiadamente humana.

Foi, no entanto, preciso que viesse o Iluminismo com seu radicalismo, com grandes revoluções e distúrbios, para que se compreendesse que não era pelo triunfalismo barroco que se realizaria a reforma de Trento. Isso aconteceria só depois da reação imediata ao Iluminismo pelo romantismo em sua volta ao barroco-gótico, que também não daria resultados, pois os resultados não acontecem pela simples restauração. Como exemplo, temos a restauração pura e simples do Canto gregoriano. Assim, após a humilhação, se teve que começar a construir com muito sacrifício e esforço.

1) **Mentalidade geral deste tempo** – O século XIX é o século das ciências naturais, da técnica, da máquina, do progresso sem limites, do liberalismo; o século social, mas caótico, ateísta e positivista, em que o cristianismo é combatido quase por toda parte. O cristianismo é colocado em segundo plano.

Os motivos desta decadência da vida cristã parecem ser: a oposição trágica à cultura materialista da época, que priva o cristianismo de grande vitalidade. No âmbito interno, o fato de os cristãos se determinarem mais pelos elementos periféricos e secundários, pelo sentimentalismo subjetivo e romântico, pelo historicismo e a apologia, pelos valores pedagógicos e sociais e não pelos elementos centrais da vida de Cristo e do Corpo Místico de Cristo.

Esta época distingue-se por uma oposição sistemática à mentalidade reformadora do Iluminismo. A mentalidade cristã da época quer "a restauração" do tempo antigo por sua beleza. Tudo quanto tivesse conotação de Iluminismo era considerado mau, embora fosse bom em si mesmo. O antigo é louvado: a beleza das orações latinas; a dignidade das cerimônias, a harmonia do todo; o "cantus firmus"; a polifonia clássica como a de Palestrina. Havia oposição aos cantos em língua vernácula durante a missa; era-se a favor da missa somente em latim. A Liturgia do Missal Romano e a Liturgia em geral são simplesmente uma obra de arte, uma obra admirável do Espírito Santo. Ela foi e continua sendo perfeita, embora nenhum fiel assistisse. É uma Liturgia sacerdotal em favor do povo cristão. O povo mais uma vez foi reduzido a mero espectador, sendo a Liturgia acessível aos fiéis rejeitada de antemão. A Liturgia da missa era considerada pelos homens dirigentes dessa época como um fator que valia de modo estável para todos os tempos, que devido à sua objetividade misteriosa não apenas exclui, mas não possui nenhuma relação com os fiéis e estes nem devem aproximar-se dela. Houve até a proibição de se traduzir o Cânon da Missa para o vernáculo sob pena de excomunhão. É a mentalidade de uma época fatigada que já não consegue resolver os seus problemas.

Como fatos concretos temos a devoção ao Sagrado Coração de Jesus que, em 1856, se torna festa universal. A devoção mariana, sobretudo à Imaculada Conceição, recebe grande importância. O Rosário torna-se simplesmente a devoção do povo. Surge a devoção do mês de maio, a veneração de São José no mês de março; a Sagrada Família com sua festa, São Joaquim e Santana.

Tudo quanto dá brilho às celebrações é incentivado, sobretudo nas formas das devoções, como procissões, veneração dos santos, imagens; tudo isso nas formas do gótico e do barroco restaurados.

A centralidade teológica da Liturgia nem sempre foi corretamente apreciada. Como nas épocas anteriores, a atenção continua voltada para o periférico.

Na piedade eucarística a ênfase está nas formas extralitúrgicas. "Ouve-se" a missa, sem nenhuma participação ativa. A missa solene é uma função celebrada com grande pompa, para cuja solenidade concorrem o clero oficiante, o coro dos cantores que dá uma espécie de concerto e o povo fiel que ouve, olha, realizando suas devoções particulares. Os fiéis não rezam a missa, mas rezam na missa suas devoções. Quando se toma a Comunhão, recebe-se antes ou, muitas vezes, depois da missa. A missa mesma é apenas ocasião de se preparar para a Comunhão através de atos de fé, esperança e caridade, de penitência e contrição, de humildade e de adoração, e, depois da Comunhão, de atos de agradecimento. A Comunhão é apenas um encontro particular da alma com seu Salvador.

Surge aos poucos a missa com cantos em vernáculo, sobretudo na Alemanha. Canta-se na missa e não as partes cantadas da missa. Muitas vezes, toda a atenção se dirige apenas para a Comunhão espiritual. Na missa solene aos domingos, nesta época, não se conhece a distribuição da Comunhão. Lembramos ainda as missas diante do Santíssimo exposto, procissões eucarísticas, Congressos eucarísticos.

2) **Primeiras tentativas de restauração litúrgica no âmbito monástico** – O Padre Guéranger, Abade de Solesmes, na França (1805-1875), começou neste mosteiro todo um trabalho de restauração. Surgem *Les Instituitions Liturgiques* (1840/1851) e *L'Année Liturgique* (1841/1866). Ele compreendeu o espírito da Liturgia, fazendo-a fonte de vida espiritual ao menos para os mosteiros.

M. e Pl. Wolter, os irmãos Abades de Beuron, levaram o pensamento de Guéranger para a Alemanha. Aparecem, nesta época, os primeiros Missais para o povo, bem como o *Vesperale*.

Neste mesmo movimento tenta-se a restauração do Canto gregoriano. Introduzem-se vestes litúrgicas mais amplas. Busca-se a restauração da arte sacra, sobretudo a partir da Escola Artística de Beuron.

Tem início toda uma ciência litúrgica pela pesquisa de fontes. Citemos apenas Guéranger, L. Duchesne, E. Bishop, Magistretti e F. Probst.

Os fundamentos lançados no fim do século XIX serviram para os trabalhos futuros. Os primeiros decênios do século XX ainda foram determinados pela mentalidade do século XIX, a da restauração. Este movimento do fim do século XIX foi o início do Movimento Litúrgico, ainda em esfera erudita, de pura restauração, de volta ao clássico, anacrônico, mas que encontrou o espírito da Liturgia ainda que em círculos bem eruditos. Peca ainda por um cruel arcaísmo. Nem poderia ser diferente, uma vez que Trento havia determinado a fixidez das formas litúrgicas.

5. A época do Movimento Litúrgico e da reforma da Liturgia até o Concílio Vaticano II

Somente nesta época podemos falar de um "movimento litúrgico" em sentido estrito, através de um trabalho pastoral pelo qual os fiéis são instruídos sobre a Liturgia e convidados a participarem realmente de modo ativo e os fiéis sempre mais correspondam a esse convite.

Este período foi marcado por alguns fatos importantes: O pontificado de Pio X, de 1903 a 1914, o surgimento do Centro de Pastoral Litúrgica em Paris, em 1944, com a revista *La Maison-Dieu*, a encíclica *Mediator Dei*, de Pio XII, datada de 1947, e as primeiras reformas litúrgicas promovidas por Pio XII, como a Noite de Páscoa, em 1952, e a Reforma de toda a Semana Santa.

1) **Fatores e causas do Movimento Litúrgico** – O Movimento Litúrgico não caiu do céu.

Pio X veio ao encontro dos desejos do fim do século XIX, apoiado pelos mosteiros da Bélgica, sobretudo por Dom L. Beauduin. A segunda fase é a extensão desse movimento a todo o mundo, sobretudo à Alemanha e à Áustria, começando com o movimento do Mosteiro de Maria Laach, na Páscoa de 1913. No Brasil o Movimento Litúrgico foi iniciado formalmente em 1933 a partir do Mosteiro de São Bento do Rio de Janeiro, graças à atuação de seu Abade Dom Martinho Michler. Esta fase vai até a crise de 1938/1939 e a intervenção da autoridade episcopal e de Roma nos anos de 1941 a 1947. Pode-se dizer que a terceira fase teve início com a fundação do Centro de Pastoral Litúrgica de Paris no ano de 1944 e com a Encíclica *Mediator Dei*, de Pio XII, em 1947.

Nesses 50 anos verificou-se uma profunda transformação. Foram vários fatores e causas dessa reviravolta. Temos que supor sempre a preparação que a precedeu no século XIX. Os motivos verdadeiros e legítimos da época do Iluminismo, os motivos do movimento da restauração, sobretudo da restauração monástica que voltou às fontes do monaquismo.

O Movimento Litúrgico dos inícios do século XX é expressão de uma reviravolta cultural de uma época, cujas raízes, no início, estão nas aspirações do Iluminismo, na Reforma de Lutero. Ela busca atingir toda a realidade da vida eclesial. O movimento retoma o período e as aspirações do Iluminismo, mas desta vez superadas as barreiras do materialismo, do positivismo e da confiança ilimitada na razão humana.

Acrescentem-se a valorização do laicato na Igreja pela Ação Católica e um novo conceito de Igreja. Em lugar de um conceito formado de componentes sociais, pedagógicos, políticos, apologéticos, sublinha-se o aspecto da Igreja como Corpo Místico de Cristo, a esposa de Cristo, a Mãe dos homens, a comunhão daqueles que estão em torno do altar para celebrar a Eucaristia. Surge uma nova consciência de Igreja nos próprios fiéis, a consciência do sacerdócio real dos leigos e, por isso, o Batismo é posto em nova luz. Este movimento não se realizou sem crises e entrechoques.

2) **A busca de uma conceituação de Liturgia** – A conceituação de Liturgia e a reforma decretada pelo Vaticano II já tinham

tido sua longa preparação. Após os pioneiros do Movimento Litúrgico pastoral, iniciou-se também, sobretudo por volta de 1914, a reflexão teológica sobre o conceito de Liturgia. Era preciso encontrar o seu espírito mais profundo. Podemos considerar Odo Casel, monge de Maria Laach, como um verdadeiro pioneiro e revolucionário em matéria de Liturgia. Ele desencadeou a passagem de um conceito jurídico ou estético de Liturgia para um conceito teológico-mistérico.

Tanto no conceito jurídico ou estético como no conceito teológico, a Liturgia é o *culto da Igreja*. Restava saber, porém, o que se entende por Igreja. Para os esteticistas e juridicistas a Igreja identificava-se com a hierarquia que governa uma sociedade perfeita, que possui um culto *oficial*.

No caso dos esteticistas, a Liturgia não era senão o conjunto de ritos e cerimônias do culto público determinado pela hierarquia, que servem para suscitar a devoção naqueles que a ele assistem. Para os juridicistas a Liturgia não passava de um conjunto de normas, leis, rubricas e cerimônias, baixadas pela hierarquia, que regem o culto oficial da Igreja. Entre os anos de 1915 e 1930 estes conceitos eram ainda bem frequentes, sendo motivo de profundas polêmicas.

Aos poucos, porém, sobretudo a partir dos estudos de Odo Casel sobre os mistérios pagãos, bem como a partir de estudos sobre o conceito de culto ritual do Antigo e do Novo testamentos, surge o conceito de Liturgia como **Mistério do culto de Cristo e da Igreja**, onde se acentua o aspecto da Igreja como Corpo Místico de Cristo, como comunidade de salvação.

Pio XII, na Encíclica *Mediator Dei*, em 1947, condenou os conceitos puramente jurídico e estético de Liturgia e apresentou uma colocação teológica, ao menos na parte doutrinária da mencionada encíclica.

243

Seguindo Pio XII, os Padres Conciliares endossaram a linha de Odo Casel ao apresentarem os princípios doutrinários da Liturgia na *Sacrosanctum Concilium*. Ao descreverem o que a Igreja entende por Liturgia, no Art. 7, não falam de livros aprovados, nem de hierarquia. Falam sim da garantia da sã tradição e de um contínuo progresso. Falam de uma parte estável e imutável da Liturgia e de uma parte mutável e reformável, superando assim a estaticidade teórica do Concílio de Trento.

3) **O espírito da reforma litúrgica do Vaticano II** – Todo o Concílio teve um caráter pastoral. Tem por finalidade precípua *"vitam christianam inter fideles in dies augere"* (fomentar sempre mais a vida cristã entre os fiéis) (SC 1). Parte, portanto, dos fiéis, da Igreja como comunidade dos que creem.

Pela reforma decretada pelo Vaticano II procura-se uma síntese verdadeiramente católica de todos os elementos: bíblico, litúrgico, pastoral, social e teológico. Propõe-se o equilíbrio entre a conservação da sã tradição e o necessário e justo progresso, entre o respeito ao conteúdo, ao mistério, à parte imutável da Liturgia e a parte que pode sofrer mudanças através dos séculos. O Concílio situou a Liturgia bem dentro da História da Salvação, sendo que o Povo de Deus faz parte desta história, participando da salvação de modo excelente pela memória dos mistérios de Cristo. A Liturgia constitui o momento atual da História da Salvação.

Busca-se sobretudo a participação consciente, ativa, plena e frutuosa dos fiéis, a que a Igreja como Povo sacerdotal, real e profético tem direito. Por isso, a simplificação dos ritos, a manutenção da sã tradição, a necessária adaptação e introdução de novos elementos válidos para evocar os mistérios da salvação. Para se conseguir esta participação dos fiéis no mistério pascal de Cristo exige-se a catequese litúrgica e bíblica e pede-se o uso do vernáculo.

A partir desses princípios foram reformados todos os livros litúrgicos, traduzidos, em seguida, para os diversos idiomas.

Certamente o Concílio Vaticano II superou a fixidez de Trento e partiu do povo. Se a Liturgia é de fato popular é outra questão. Permanece como um desafio a linguagem litúrgica, da linguagem bíblica, da linguagem moderna, da comunicação em geral, para que se possa viver, através de símbolos compreensíveis, o mistério pascal de Cristo. O problema da linguagem litúrgica parece ser um problema da linguagem simbólica do homem moderno. Permanece em aberto a questão da adaptação e da inculturação da Liturgia, que deverá ser do povo. Tem-se a impressão de que em nossos dias ainda existe uma espiritualidade paralela à litúrgica.

Em todo caso, das reflexões sobre a história da Liturgia através das épocas culturais podemos aprender que cada época possui sua expressão legítima e própria, que cada época possui sua linguagem. Assim, após o Concílio Vaticano II, podemos aprender muito da história da Liturgia. Parece que não podemos saltar por cima de toda a história e voltar pura e simplesmente às fontes. Cada época acrescenta algo de válido. Creio que para a nossa concepção de participação tenhamos que aprender algo da contemplação do gótico, dos sentimentos do barroco, do silêncio extático do romantismo para não cairmos numa participação puramente verbal e intelectual.

O que importa é que demos testemunho da ressurreição de Jesus Cristo, nosso Senhor, atendendo à grandeza dessa teologia da História da Salvação, que se concentra no Mistério pascal e nele é celebrada, proclamada e participada, adorando a Deus não só por palavras, mas por obras e em verdade, de tal modo que através do culto assim celebrado finalmente toda a nossa vida se torne cristiforme, servindo assim à glória de Deus.

31
O Magistério da Igreja e Liturgia

O tema do Magistério da Igreja em relação à Liturgia deve ser considerado sob vários aspectos. Primeiramente, ele está ligado à questão da Liturgia como celebração da fé, ou seja, da verdade revelada. Possui íntima relação com a evolução da expressão litúrgica através dos tempos, bem como com a necessidade de se adaptar a linguagem da celebração à mentalidade dos diversos povos e culturas.

1. A função do Magistério em relação à Liturgia

A partir do conceito teológico de Liturgia definido pelo Concílio Vaticano II, em que não se põe como critério livros aprovados, nem de hierarquia, mas a Igreja como Povo de Deus e Corpo Místico de Cristo, surge a questão da função do Magistério da Igreja em relação à Sagrada Liturgia.

O Concílio Vaticano II reconhece que na Liturgia devemos distinguir dois aspectos: o conteúdo e sua expressão. Diz o Concílio: *"A Santa Mãe Igreja deseja com empenho cuidar da reforma geral de sua Liturgia, a fim de que o povo cristão na Sagrada Liturgia consiga com mais segurança graças abundantes. Pois a Liturgia consta de uma parte imutável, divinamente instituída, e de partes suscetíveis de mudança. Estas, com o correr dos tempos, podem ou mesmo devem variar, se nelas se introduzir algo que não corresponda bem à natureza íntima da própria Liturgia, ou se estas partes se tornarem menos aptas. Com esta reforma, porém, o texto e as cerimônias devem ordenar-se de tal modo que de fato exprimam mais claramente as coisas santas que eles significam e o povo cristão possa compreendê-las facilmente, na medida do possível, e também participar plena e ativamente da celebração comunitária"* (SC 21).

Desta compreensão da Liturgia surgem também dois aspectos da função do Magistério em relação à Liturgia: em relação ao conteúdo, ou seja, em relação à natureza da Liturgia e em relação à sua expressão, isto é, à sua linguagem ritual.

1) **O Magistério, garantia da fé celebrada na Liturgia** – Pela Sagrada Liturgia a Igreja celebra a fé, tanto assim que surgiu o adágio que reza: *Legem credendi statuat lex supplicandi* ou simplesmente: *Lex orandi lex credendi*. Traduzindo: Que a norma da oração estabeleça a norma da fé. A Igreja crê aquilo que ela reza.

A função do Magistério certamente não é a de fazer com que uma ação seja litúrgica ou não. No campo da revelação o Magistério não faz com que algo seja verdade revelada, mas garante que algo seja verdade revelada, e temos o dogma. Assim, no campo da Liturgia, o Magistério tem antes de mais a função de garantir a verdade ou a ortodoxia do culto cristão, a Sagrada Liturgia. Ele não faz com que determinada celebração seja litúrgica ou não, mas garante que uma celebração seja de fato litúrgica.

A preocupação com a veracidade da celebração já era preocupação de Paulo, quando escrevia aos Coríntios sobre a Eucaristia como Ceia do Senhor, distinta da ceia comum (cf. 1Cor 11,23). Foi também a preocupação de Hipólito de Roma no início do século III. Nos primeiros dois séculos da Igreja não havia fórmulas ou textos fixos na Liturgia. Os bispos ou presbíteros, presidentes das celebrações, faziam memória do Mistério pascal, espontaneamente, conforme suas capacidades. Seguiam os diversos esquemas de oração como o da ação de graças na celebração da Ceia do Senhor, herdado dos judeus ou mesmo das orações dos povos pagãos. O conteúdo naturalmente era novo, era cristão. Era assim ainda no início do século III na Liturgia da Igreja de Roma e nas diversas Igrejas do Ocidente e do Oriente. Mas começa a surgir a preocupação com a ortodoxia, ou seja, com a fé celebrada. Assim, ao descrever a Liturgia do tempo como tradição recebida dos apóstolos, diz Hipólito, quanto à improvisação do Presidente da celebração referindo-se à Oração eucarística: "O Bispo, porém, renda graças, segundo o que dissemos acima. De modo algum é necessário que, rendendo graças, profira as mesmas palavras que escrevemos acima, como procurando dizê-las de cor, mas cada qual ore segundo a sua capacidade. Se alguém tiver a capacidade de orar usando dos próprios recursos e de forma solene, é bom que o faça. Se alguém, ao orar, proferir uma oração de modo medíocre, não o impeçais. Mas reze apenas o que é bom, na ortodoxia" (*Tradição Apostólica de Hipólito de Roma*, 1971: 14-22). Temos, portanto, a preocupação com a ortodoxia, com a verdade da fé.

Também Santo Agostinho já encontrou dificuldades neste ponto, pois certos sacerdotes improvisavam as orações muito mal formuladas e eivadas de heresias. Agostinho acabou proibindo os ditos presbíteros de elaborarem as orações litúrgicas (SANTO AGOSTINHO. In: CSEL, 51,1: 323).

2) **A busca de certa unidade de linguagem dos textos e dos ritos** – O Magistério da Igreja, aos poucos, além da função de garantia da ortodoxia da ação litúrgica, sentiu-se na obrigação de buscar a unidade da expressão cultual, tendo como expressão modelar a Liturgia da Igreja de Roma em contato com outras expressões litúrgicas no Ocidente.

No decorrer dos séculos foram surgindo muitas expressões litúrgicas segundo a índole dos diversos povos e culturas. Mesmo no Ocidente surgiram diversos ritos, sobretudo entre os povos gauleses, germânicos e ibéricos. Se, por um lado, a variedade constitui um valor, por outro, cria dificuldades. Assim como no decorrer do tempo uma igreja pode e mesmo deve passar por reformas e apesar das reformas permanece sempre a mesma, também a expressão da Sagrada Liturgia. Nela temos o conteúdo essencial: a comemoração mistérica da Redenção, conforme as palavras de Cristo: "Fazei isto em memória de mim", e a expressão do mistério da salvação que, fora do essencial, que sabemos ser instituído por Cristo, pode ser expresso ou revestido de mil maneiras, conforme os grupos, povos e tempos.

Em vista disso, a expressão significativa da obra da salvação aos poucos foi sendo regida por disciplina eclesiástica. A expressão significativa pode e deve evoluir conforme as necessidades dos tempos. Por isso, o Magistério possui também a missão de disciplinar o culto das comunidades cristãs, pois toda vida comum precisa ser regida por leis para o seu bom funcionamento. Mas, como toda autoridade na Igreja está posta a serviço, a exemplo do próprio Cristo, o Magistério deverá antes de tudo preocupar-se em fomentar a vida cultual da Igreja, vigiando e orientando positivamente, não tanto limitando e disciplinando.

É verdade que a disciplina se torna necessária também devido à subsidiariedade entre as comunidades que implica um relacionamento harmonioso. Para tanto será necessária certa unidade entre as comunidades vizinhas. O magistério procura favorecer tal unidade básica.

Outra coisa é saber se esta autoridade deve ser central e se ela tem a função de determinar todas as manifestações do culto até às últimas particularidades. Certamente, não. E aqui entra a tensão entre a centralização e a necessidade da descentralização, que tem como fundamento a tensão reinante entre a Igreja universal no seu aspecto de unidade e as igrejas particulares na sua justa diversidade, entre a comunidade diocesana e suas manifestações parciais como as paróquias, as capelas, as comunidades religiosas e os diversos grupos de fiéis.

Convém lembrar que demorou muito até que se concentrasse a legislação eclesiástica quanto à Liturgia somente na Santa Sé e isto apenas para o Ocidente, havendo ainda várias exceções. A era da centralização absoluta chegou à expressão máxima no Concílio de Trento. Daí por diante a Igreja se acostumou com a unidade absoluta. Somente o que teve a ventura de ser legislado pela reforma de Trento mereceu o caráter de Liturgia. Esta era da centralização absoluta chegou ao fim no Concílio Vaticano II, embora ainda tateando.

2. O Magistério e a Liturgia no Concílio Vaticano II

O documento conciliar sobre a Sagrada Liturgia sofre de certa tensão interna não inteiramente solucionada. Por um lado, apresenta o princípio da participação consciente e ativa: "Deseja ardentemente a Mãe Igreja que todos os fiéis sejam levados àquela plena, cônscia e ativa participação das celebrações litúrgicas, que a própria natureza da Liturgia exige e à qual, por força do batismo, o povo cristão, 'geração escolhida, sacerdócio régio, gente santa, povo de conquista', tem direito e obrigação" (SC 14). Note-se que é um princípio básico ao qual deve servir toda a legislação. Diz ainda que não quer impor uma forma rígida: "A Igreja não deseja impor uma forma rígida e única para aquelas coisas que não dizem respeito à fé ou ao bem de toda a comunidade. Antes, cultiva e desenvolve os valores e os dotes de espírito das várias nações e povos. O que quer que nos costumes dos povos de fato não esteja ligado indissoluvelmente a superstições e erros, examina-o com benevolência e, se pode, o conserva intacto" (SC 37).

E continua o documento: "Salva a unidade substancial do Rito Romano, dê-se lugar a legítimas variações e adaptações para os diversos grupos, regiões e povos, principalmente nas missões, também quando forem reformados os livros litúrgicos" (SC 38).

Por outro lado, se considerarmos os órgãos competentes para regulamentar a Sagrada Liturgia, deparamo-nos com o Art. 22 do mesmo documento: "§ 1. A regulamentação da Sagrada Liturgia é da competência exclusiva da autoridade da Igreja. Esta autoridade cabe à Santa Sé Apostólica e, segundo as normas do Direito, ao Bispo. § 2. Por poder concedido pelo Direito, dispor assuntos de Liturgia dentro dos limites estabelecidos, cabe também às competentes conferências territoriais dos Bispos, de vários tipos, legitimamente constituídas. § 3. Portanto, jamais algum outro, ainda que sacerdote, acrescente, tire ou mude por própria conta qualquer coisa à Liturgia" (SC 22). Até as traduções devem ser aprovadas pela autoridade territorial e confirmadas pela Sé Apostólica (cf. SC 36, § 4).

Como explicar esta posição restritiva e centralizadora dos Padres conciliares? Convém lembrar que a *Sacrosanctum Concilium* foi o primeiro documento aprovado pelo Concílio. Certamente houve uma incoerência, pois não foram tiradas todas as consequências da compreensão teológica da Liturgia apresentada. Por um lado os Padres apresentaram um conceito teológico de Liturgia, no qual não se fala de livros aprovados nem de culto oficial da Igreja (cf. SC 7). Quando, porém, passaram a indicar os princípios práticos sobre a reforma de toda a Liturgia, não mais partiram do mesmo conceito de Liturgia que haviam apresentado no início. Talvez inconscientemente, levados pelo longo lastro da tradição fixista tridentina, tenham-se deixado orientar por um conceito jurídico de Igreja e, consequentemente, de Liturgia. Tal atitude talvez se possa explicar como um compromisso entre as duas tendências do Concílio, a tradicionalista e a progressista. Daí aquela norma do Art. 22, § 3 que na prática não funciona, pois o sacerdote como presidente de uma assembleia não desempenha apenas o papel de um executor de normas e rubricas, mas é alguém que age como pessoa, relacionando-se de maneira viva com uma assembleia viva. É certo que não pode mudar nada por própria conta, mas se a participação plena, cônscia e ativa da assembleia o exigir, sem contrariar a natureza da Liturgia?

Teoricamente se reconhece o Bispo como autoridade em matéria de Liturgia (SC 22, § 1), visto ser o chefe da Igreja local. O que restou, de fato, para ele em matéria de Direito? Praticamente nada. O mesmo vale em relação à autoridade das Conferências dos Bispos em matéria da Liturgia.

Pelo fato de a questão da autoridade em matéria de Liturgia continuar indefinida na Igreja, continua também a falta de definição sobre a relação entre a Liturgia e a piedade popular. Como diz Salvatore Marsili, o que falta para que a devoção do Santo Rosário ou o *Angelus* sejam ações litúrgicas? Apenas a declaração ou o reconhecimento da Suprema Autoridade da Igreja, numa compreensão jurídica da Igreja e da Liturgia? Ou podemos reconhecer nelas uma ação litúrgica a partir dos critérios teológicos de comemoração do Mistério pascal de Cristo? Será que o Santo Rosário contemplado em comum ou o *Angelus* não são formas populares de oração comunitária que comemora o mesmo Mistério pascal celebrado na Liturgia das Horas?

Vemos, pois, que, no fundo do problema da renovação litúrgica, aflora o problema eclesiológico do harmonioso relacionamento entre a criatividade, o progresso, a acentuação do essencial, o exercício do sacerdócio de Cristo e o realce no aspecto visível da Igreja que transparece na uniformidade regida por leis bem determinadas.

É preciso largar a mentalidade jurídica de normas e rubricas e adquirir critérios de ação que, ao mesmo tempo, evitem um funcionamento mecânico sem vida, e os excessos de um comportamento arbitrário. Temos que sair do rubricismo estéril que se contenta em executar perfeitamente as cerimônias, e evitar a falta de respeito pela comunidade que se preside e à qual se serve. O presidente não é máquina, mas uma pessoa viva presidindo uma comunidade viva.

Devemos reconhecer que os livros litúrgicos reformados oferecem muitas possibilidades de o sacerdote presidente celebrar de modo mais adaptado, usando de criatividade na escolha das diversas possibilidades e opções apresentadas nos rituais. Importa pois explorar convenientemente os elementos, as adaptações e as liberdades que são oferecidas. Esta falta de aproveitamento das faculdades concedidas verifica-se sobretudo no plano das comunidades concretas. Os sacerdotes celebrantes não tomam conhecimento das possibilidades oferecidas, das opções apresentadas dentro dos rituais. Muitas vezes, pelo fato de não se aprofundarem nos documentos da Santa Sé, tomam simplesmente o Ritual e o executam pura e simplesmente, sem explorar toda a riqueza nele contida. Temos então a substituição de uma estrutura morta por outra, e o resultado, a morte da participação frutuosa. Outros nem tomam conhecimento das possibilidades de variações nas celebrações e pensando realizar uma obra de arte em matéria de criatividade litúrgica não desconfiam de que possivelmente uma Comissão internacional de peritos tenha feito algo de melhor.

A Liturgia renovada não é mais tão fixista como se costuma imaginar. Hoje a celebração litúrgica goza de uma ampla elasticidade. Não mais é possível improvisar uma celebração.

Para exercer seu sublime ministério de presidente da assembleia celebrante o sacerdote deve ser "mestre em Liturgia" e fazer uma preparação próxima.

Importa, pois, manter e promover sempre a comunhão eclesial sobretudo na Sagrada Liturgia. Por isso, a comunhão com o Bispo e com a Igreja universal. A obediência na comunhão com o Magistério tem lugar importante na Liturgia como celebração daquela obediência salvadora de Cristo Jesus.

32
Adaptação, criatividade, inculturação

A visão diacrônica da expressão litúrgica mostrou como a obra da salvação é acolhida e celebrada através da história pelos diversos povos em suas culturas, através do surgimento dos diversos ritos no Oriente e no Ocidente.

Vimos como uma coisa é a parte fixa, inalterável da Sagrada Liturgia e outra é sua expressão significativa ou sua linguagem. Ficou claro o que seja comunicação litúrgica e a arte da comunicação na Liturgia. A partir da compreensão teológica da Liturgia compreendemos como a celebração do Mistério pascal foi-se encarnando aos poucos nas culturas dos diversos povos, onde a mensagem do Evangelho foi chegando. No início, os cristãos provindos do mundo judaico continuaram a celebrar nas estruturas e expressões religiosas do povo de Israel, dando, porém, novo conteúdo ao seu culto, agora em espírito e verdade, por Cristo e em Cristo.

Aos poucos os cristãos foram comemorando os mistérios de Cristo com elementos da cultura helenista, adotando até a língua grega. Foi nesta língua que surgiram os diversos textos litúrgicos no Ocidente e no Oriente. No Oriente cada povo foi adotando aos poucos a língua do povo. Depois tivemos a passagem para o Império Romano que dominava praticamente toda a Europa e o Oriente Médio. No Ocidente adota-se o latim.

Com a evangelização dos povos gauleses e germânicos, a expressão latina da Liturgia encontra-se com a culturas desses povos. Depois, realiza-se uma síntese entre a expressão litúrgica latino-romana e as expressões gaulesas, germânicas e ibéricas. Finalmente se fixa a expressão litúrgica em todo o Ocidente, fixidez que se firmou no Concílio de Trento e permaneceu até o Concílio Vaticano II.

Aos poucos a Liturgia ficou restrita ao clero das catedrais e aos mosteiros. O resultado dessa cristalização foi o gradual afastamento dos fiéis leigos que foram encontrando seus arranjos paralelos nas chamadas devoções populares. Esta situação perdurou por mais de um milênio.

1. Adaptação

A questão da adaptação da liturgia à índole dos povos e grupos humanos é bastante complexa. A teoria parece clara, mas a prática não é tão simples. Depois de um longo período de fixidez, o Concílio Vaticano II abriu as portas para uma adaptação da Liturgia (cf. SC 37-40). O Concílio Vaticano II reconheceu o pluralismo cultural existente no mundo, bem como sua legitimidade. Este pluralismo possui valores e riquezas que merecem toda estima e respeito por parte da Igreja, que precisa abrir-se às diferentes culturas dos povos.

O Concílio não usa o termo *inculturação*, mas *adaptação* da Liturgia aos diversos grupos, regiões e povos (cf. SC 38). O princípio fundamental da adaptação litúrgica, no entanto, está claramente formulada na *Sacrosanctum Concilium*: *"A Igreja não deseja impor uma forma rígida e única para aquelas coisas que não dizem respeito à fé ou ao bem de toda a comunidade. Antes, cultiva e desenvolve os valores e os dotes de espírito das várias nações e povos. O que quer que nos costumes dos povos de fato não esteja ligado indissoluvelmente a superstições e erros, examina-o com benevolência e, se pode, o conserva intacto. Até, por vezes, admite-o na própria Liturgia, conquanto esteja de acordo com as normas do verdadeiro e autêntico espírito litúrgico"* (SC 37). No fundo a chamada inculturação consiste na adaptação ou encarnação da expressão litúrgica nos vários grupos, regiões e povos com suas diversas culturas.

O objetivo da Liturgia é comunicar à humanidade a vida de Cristo e apresentar ao Pai seu culto de glorificação. Ela o alcança através de formas litúrgicas renováveis conforme os tempos e situações culturais dos povos.

O grande motivo para mudar palavras, gestos, sinais e ritos não é o gosto das pessoas celebrantes ou a moda em voga em determinados momentos, mas a maior participação no culto a Deus integrado em nossa vida atual.

A adaptação litúrgica deve levar em conta alguns critérios, como o conteúdo da fé, a natureza da Liturgia, o sentido da Igreja e as situações antropológicas. Tem por finalidade tornar os sinais mais transparentes à mentalidade e cultura do povo, conseguir aquela participação consciente e ativa que nos põe em comunhão com a Igreja local e universal; ressaltar melhor o conteúdo fundamental da Liturgia que é celebração da fé, do mistério de Cristo.

Tal adaptação com os critérios citados se exerce em vários níveis. Tem lugar tanto na tradução dos textos e modificação dos ritos como na celebração dos sacramentos e da Eucaristia, atenta à índole das diferentes assembleias. Trata-se, portanto, de se adaptar a cada assembleia na maneira de celebrar.

2. Criatividade

Tanto a simples adaptação como a aculturação e a inculturação exigem muita sensibilidade. Por criatividade não se deve entender tirar como que do nada expressões litúrgicas. A verdadeira criatividade é orgânica. Está ligada aos ritos precedentes.

Celebrar bem é o primeiro princípio da criatividade. Dar vida aos textos e aos ritos. O presidente da assembleia não pode executar gestos e textos sempre do mesmo modo, quando celebra com crianças ou num pequeno grupo ou numa grande igreja lotada. É fazer com que em qualquer situação os ritos e as palavras tenham vida e exprimam a fé despertada, por exemplo, pela Palavra proclamada, a oferta trazida ao altar, a procissão rumo à mesa eucarística.

Existe também espaço de criatividade nas opções oferecidas pelos livros litúrgicos para a escolha dos formulários de missas, o ato penitencial, as leituras, os cantos. Devem-se aproveitar as várias aberturas que são dadas ao presidente para fazer exortações ao seu povo. Explorar os diversos símbolos, os ministérios previstos é outro modo de se celebrar com criatividade.

Finalmente devemos realçar o jeito ou a maneira de celebrar, que se inspira sobretudo em dois fatores: o tipo de comunidade que celebra e o modelo de Igreja que se tem. Um é o jeito de se celebrar numa catedral, outro, numa igreja matriz, outro ainda, numa capela ou pequena comunidade. A compreensão que se tem de Cristo, da Igreja, do homem moderno vai refletir naturalmente sobre o modo de celebrar. Trata-se então de fazer com que a vida da Igreja, em todas as suas dimensões, seja acolhida e expressa na celebração.

3. Aculturação e inculturação

No fundo a aculturação e a inculturação da Liturgia não são outra coisa do que adaptações mais profundas. De modo geral, aculturação acontece no encontro de duas culturas, resultando daí uma síntese ou a dominação de uma pela outra. Aplicado à Liturgia, o termo designa o processo dinâmico que se desencadeia quando a fé se instala nas bases de uma cultura. Assim, há elementos culturais próprios de cada povo que são compatíveis com a liturgia romana e assim podem ser incorporados facilmente por ela. Na medida em que este processo elabora elementos que vão fazer parte do rito, é preciso aprovação da Conferência dos Bispos e da Sé Apostólica, pois cabe a essas instâncias garantir o autêntico espírito litúrgico e preservar a unidade substancial do Rito Romano. A passagem para a língua vernácula, o uso de ritmos musicais próprios dos diversos povos, adaptação das vestes, uso de símbolos ocasionais e celebrar com criatividade já constituem processos de inculturação da Sagrada Liturgia.

Como *inculturação* propriamente dita compreende-se a adaptação mais profunda que incorpora ritos sociais ou religiosos, dando-lhes sentido cristão sem desfigurar a natureza da Liturgia. Não se trata mais de adaptar simplesmente o Rito Romano, acolhendo elementos rituais religiosos de outras culturas, num processo de aculturação, mas da elaboração de novos ritos, conforme vem proposto no Art. 40 da *Sacrosanctum Concilium*:

"Urgindo, porém, em vários lugares e condições, uma adaptação mais profunda da Liturgia, que é por isso mais difícil: 1) A competente autoridade territorial eclesiástica, de que trata o art. 22 § 2, considere acurada e prudentemente o que, nesse particular, das tradições e da índole de cada povo, se pode oportunamente admitir no culto divino. As adaptações que pareçam úteis ou necessárias sejam propostas à Sé Apostólica, para serem introduzidas com seu consentimento. 2) Para que, porém, a adaptação se faça com a necessária prudência, à mesma autoridade territorial eclesiástica será dada, pela Sé Apostólica, se necessário, nalguns grupos, aptos para tanto, e por tempo determinado, a faculdade de permitir e orientar as necessárias experiências prévias. 3) Como, particularmente nas Missões, as leis litúrgicas costumam trazer especiais dificuldades quanto à adaptação, haja, para sua elaboração, homens peritos na matéria em questão".

Para todo o processo de adaptação em geral e de adaptações mais profundas da Liturgia aos diversos povos e culturas a Congregação do Culto Divino e a Disciplina dos Sacramentos publicou em 25 de janeiro de 1994 a *Quarta Instrução para uma correta aplicação da Constituição Conciliar sobre a Liturgia* chamada *Varietates legitimae.* Ela tem como tema a Liturgia Romana e a Inculturação. Explica o que entende por adaptação e inculturação e depois oferece as normas para uma adaptação mais profunda da Liturgia às diversas culturas.

Esperava-se muito dessa *Instrução*. Insiste, no entanto, por demais no Rito Romano e impede, na prática, o surgimento de novos ritos, como se depreende do que se segue:

"Finalmente, a busca da inculturação não leva, de modo algum, à criação de novas famílias rituais, mas, ao tentar dar resposta às necessidades de determinada cultura, leva a adaptações que continuam a fazer parte do Rito Romano" (n. 36).

O Papa João Paulo II chegou a declarar aos Bispos do Regional Nordeste 3 da CNBB em visita *ad limina* que no Brasil não há lugar para um rito afro-brasileiro, visto que os afro-brasileiros foram evangelizados a partir do Rito Romano. Fala, no entanto, sobre a necessidade de "enraizar a Liturgia Romana nas culturas do Brasil". Tratar-se-ia da busca de formas expressivas a harmonizar com o Rito Romano e no âmbito do seu gênio peculiar.

O que nos resta neste campo? Quem sabe, um rito para certas nações indígenas e, ainda assim, ele deverá garantir "a substancial unidade do Rito Romano". Não é fácil trabalhar em tal processo de inculturação da Liturgia.

Entre nós este processo de adaptação inculturada foi apenas iniciado. Temos, pois, um longo caminho a percorrer. Se o processo de adaptação inculturada já é complicadíssimo, o que, então, pensar de um rito inculturado?

Importa, no entanto, continuar trabalhando em favor de uma Liturgia adaptada à índole do povo. Trata-se, no dizer de João Paulo II, de enraizar a Liturgia Romana nas diversas culturas do Brasil.

A Quinta Instrução para a reta aplicação da Constituição sobre a Sagrada Liturgia *Liturgiam authenticam* da Congregação para o Culto Divino e a Disciplina dos Sacramentos, de 25 de abril de 2001, sobre os princípios de tradução dos livros litúrgicos, certamente veio complicar mais ainda o processo de adaptação da expressão litúrgica à índole dos diversos povos e culturas.

33
Liturgia e catequese

Certamente a Liturgia tem caráter catequético, mas não é catequese. Ela, no entanto, depende da catequese. Podemos distinguir dois aspectos na relação entre Liturgia e catequese: A Liturgia na catequese e a catequese litúrgica.

1. A Liturgia na catequese

O Concílio afirma: *"Embora a Liturgia seja principalmente culto da Majestade Divina, encerra também grande ensinamento ao povo fiel. Pois na Liturgia Deus fala a seu povo. Cristo ainda anuncia o Evangelho. E o povo responde a Deus, ora com cânticos ora com orações"* (SC 33).

A catequese, com ou sem catecumenato instituído, é sempre iniciação teórica e prática na vida da Igreja em todas as suas dimensões. Ela tem por objetivo introduzir na dimensão comunitária e participativa da Igreja, levando a exercer os diversos ministérios na comunidade de fé. Introduz na dimensão missionária da Igreja toda ela missionária, através de alguma ação evangelizadora. A catequese iniciará as pessoas num processo de formação cristã contínua, isto é, na própria dimensão catequética de aprofundamento da fé até o fim da vida. Introduzirá na dimensão ecumênica e de diálogo religioso, levando as pessoas a respeitarem e apreciarem o que de bom Deus realiza nas pessoas que professam outras crenças cristãs ou não. Levará as pessoas no tempo da Iniciação à vida cristã a viverem a dimensão sociotransformadora da Igreja, através de ações apostólicas nas realidades terrestres, como a família, os estudos, as ciências, a vida social, as artes, o esporte, a política; enfim, a viverem como cidadãos cristãos a consagrarem o mundo a Deus.

Em relação à dimensão celebrativa ou litúrgica, temos que distinguir dois aspectos em relação à catequese. Além de iniciar na vida litúrgica sacramental ou não sacramental no sentido estrito, a dimensão celebrativa deve perpassar toda a catequese. A catequese deve ser de iniciação na vida litúrgica da Igreja, ou seja, iniciática e mistagógica. A catequese deverá levar a rezar os próprios encontros de catequese e celebrar as atividades concretas da ação cristã em todas as dimensões da vida da Igreja. A catequese terá que ilustrar a fé dos catequizandos à luz do que a Igreja celebra. Levará, enfim, os cristãos a celebrarem os sacramentos e todos os mistérios de Cristo e a viverem de acordo com eles.

2. A catequese litúrgica

A catequese tem a função de introduzir teórica e praticamente na vida litúrgica. Na compreensão e vivência do seu sentido profundo de celebração da obra de Deus da salvação pelo mistério pascal de Cristo. Levará as pessoas à compreensão dos elementos constitutivos de uma celebração cristã: à compreensão do que seja páscoa, em que consiste o fato valorizado que se celebra, ou seja, a pessoa de Cristo com tudo o que Ele significa para o mundo. Levar a conhecer, amar e seguir o Cristo como discípulo comprometido com a causa do Reino de Deus. Introduzirá na compreensão da linguagem simbólica ritual, na compreensão da dinâmica e dos elementos de uma celebração. Tudo deve levar à compreensão e à prática de uma participação consciente, ativa, plena e frutuosa da Sagrada Liturgia, na sua espiritualidade.

Como a própria Liturgia, embora não seja catequese, mas tem caráter catequético, pode haver uma catequese na própria celebração litúrgica, sem, no entanto, transformar a Liturgia em instrumento de catequese. O próprio Concílio o recomenda quando diz: *"Seja também inculcada, por todos os modos, a catequese mais diretamente litúrgica; e nas próprias cerimônias sejam previstos, se necessário for, breves esclarecimentos, a serem proferidos pelo sacerdote ou pelo ministro competente, em momentos mais oportunos, com palavras prescritas ou outras semelhantes"* (SC 35,3). São as chamadas pequenas didascalias dentro da ação litúrgica, em geral a cargo do comentarista.

Não se ama o que não se conhece. Não se celebra o que não se aprecia. Compete à catequese levar ao conhecimento e a apreciar as diversas celebrações dos mistérios de Cristo, tendo no centro a vivência do Mistério pascal.

A Igreja deve, pois, cultivar em relação à Liturgia uma catequese que antecede a celebração, isto é, de iniciação, uma catequese concomitante com a celebração ou durante a celebração e uma catequese consequente ou que se segue à celebração ou seja mistagógica.

34
Liturgia e espiritualidade

Chamamos de espiritualidade o processo da busca de comunhão com Deus, através de Jesus Cristo, na força do Espírito Santo. Esta busca de santidade, o ser semelhantes ao modo de ser de Deus, a busca da perfeição, este processo do relacionamento no tu a tu com Deus realiza-se através de exercícios. Também o conjunto destes exercícios é chamado *espiritualidade*.

Fala-se hoje em espiritualidade presbiteral, do religioso, do leigo, espiritualidade do trabalho, espiritualidade do compromisso social, espiritualidade oriental, e assim por diante. Existem também as diversas escolas de espiritualidade: a mariana, a beneditina, a carmelita, a salesiana, a franciscana. Daí surgem várias escolas de espiritualidade, que se distinguem conforme o modelo seguido.

A espiritualidade cristã em geral, centrada na prática de Jesus Cristo no modo de se relacionar com o Pai, herdada pela Igreja, tem seu centro na escuta da Palavra de Deus, na vida de oração, na vivência dos sacramentos e na ação da caridade.

Por muitos séculos, particularmente a partir da *devotio moderna*, a espiritualidade foi considerada uma prática quase exclusivamente individual e até intimista, ignorando seu aspecto comunitário, eclesial ou litúrgico. Os tratados de Espiritualidade, Ascética e Mística praticamente não consideram a Sagrada Liturgia, que, no entanto, é contemplativa e mística por excelência. Mais ainda, a Vida litúrgica era contraposta à contemplação, à mística e ao compromisso sociotransformador.

A Liturgia constitui uma dimensão de qualquer espiritualidade que se queira definir como cristã. Por isso, em vez de "espiritualidade litúrgica" preferimos falar em Liturgia e espiritualidade ou "Liturgia na espiritualidade".

Espiritualidade litúrgica não é uma espiritualidade fechada sobre si mesma, como se fora exclusivamente de algum grupo ou movimento, como se fora própria, por exemplo, dos beneditinos, uma espiritualidade beneditina. É própria de toda a Igreja.

1. Espiritualidade litúrgica à luz do Concílio

O Concílio Vaticano II coloca a Liturgia no coração de toda a vida da Igreja: *"A Liturgia é o cume para o qual tende a ação da Igreja e, ao mesmo tempo, é a fonte donde emana toda a sua força. Pois os trabalhos apostólicos se ordenam a isso: que todos, feitos pela fé e pelo Batismo filhos de Deus, juntos se reúnam, louvem a Deus no meio da Igreja, participem do sacrifício e comam a ceia do Senhor. A própria Liturgia, por seu turno, impele os fiéis que, saciados dos sacramentos pascais, sejam concordes na piedade; reza que conservem em suas vidas o que receberam pela fé; a renovação da aliança do Senhor com os homens na Eucaristia solicita e estimula os fiéis para a caridade imperiosa de Cristo. Da Liturgia portanto, mas da Eucaristia principalmente, como de uma fonte, se deriva a graça para nós e com a maior eficácia é obtida aquela santificação dos homens em Cristo e a glorificação de Deus, para a qual, como a seu fim, tendem todas as demais obras da Igreja"* (SC 10).

Mas, o Concílio tem consciência de que nem tudo na vida da Igreja é Liturgia, ao afirmar: *"A Sagrada Liturgia não esgota toda a ação da Igreja. Pois, antes que os homens possam achegar-se da Liturgia, faz-se mister que sejam chamados à fé e à conversão... Por isso a Igreja anuncia aos não-crentes a mensagem da salvação... Aos que creem, porém, sempre deve pregar-lhes a fé e a penitência; deve, além disso, dispô-los aos sacramentos, ensinar-lhes a observar tudo o que Cristo mandou e estimulá-los para toda a obra de caridade, piedade e apostolado. Por estas obras os fiéis cristãos manifestem que não são deste mundo, mas sim a luz do mundo e os glorificadores do Pai diante dos homens"* (cf. SC 9).

O Concílio ensina que *"a vida espiritual não se restringe unicamente à participação da Sagrada Liturgia. O cristão, chamado para a oração comunitária, deve, não obstante, entrar em seu cubículo e orar ao Pai em segredo, deve até orar sem cessar, como ensina o Apóstolo. E do mesmo Apóstolo aprendemos que devemos sempre trazer em nosso corpo a morte de Jesus para que também a sua vida se manifeste em nossa carne mortal. Razão por que suplicamos ao Senhor no sacrifício da missa que nós mesmos, pela aceitação da oblação da hóstia espiritual, sejamos feitos eterna dádiva sua"* (SC 11). Toda espiritualidade que se diz cristã será também litúrgica.

2. Características da espiritualidade litúrgica

Várias são as características da espiritualidade litúrgica.

1) **Seu caráter trinitário** – Pela ação litúrgica as pessoas são mergulhadas diretamente no mistério da Santíssima Trindade. Realiza-se sempre aquela dinâmica fundamental: Ao Pai, por Cristo, no Espírito Santo. A Trindade Santa envolve a assembleia celebrante com sua presença e ação.

2) **A centralidade de Cristo** – No centro da espiritualidade cristã à luz da Liturgia encontra-se a pessoa de Jesus Cristo. No mistério da Encarnação realizou-se o mistério de Deus em toda a sua plenitude: o plano de Deus de fazer os seres humanos participantes de sua vida, do seu amor e da sua felicidade. No Verbo encarnado todos os seres humanos são chamados a participar do

mistério de comunhão e de vida divinas. A centralidade de Cristo expressa-se sobretudo pelo mistério pascal. A espiritualidade cristã é uma espiritualidade pascal. E sendo pascal, será também memorial. O mistério pascal de Cristo torna-se presente na vida da Igreja. Os mistérios da vida, paixão, morte e ressurreição do Senhor tornam-se presentes através do memorial, realizado na celebração. Nesse memorial dos mistérios de Cristo são recapituladas as experiências pascais da Igreja, de cada cristão que celebra. Vive-se a gratuidade. É Jesus Cristo que realiza o mistério de comunhão com a Trindade Santa.

3) **A ação do Espírito** – A ação de Jesus Cristo, realizada uma vez por todas, atualiza-se por obra do Espírito Santo. Se a Deus Pai se atribui a criação, a fonte de todo ser, ao Filho é atribuída a obra da redenção e ao Espírito Santo a plenificação da ação do Filho, através da ação e da vida da Igreja.

4) **Uma espiritualidade eclesial comunitária** – O ser humano será sempre um indivíduo na relação do tu a tu com Deus. Ele, como indivíduo, é criado à imagem e semelhança de Deus. Como tal, entra em comunhão com o mistério. Este mistério de comunhão com Deus pode realizar-se diretamente. Mas, o ser humano não é um ser isolado. Vemo-lo na ordem natural. Cada pessoa, por ser pessoa, é um ser relacionado: consigo mesmo, com o tu, particularmente, na alteridade sexual. É relacionado com o nós, na realidade familiar e social.

O mesmo verifica-se na ordem religiosa. O ser humano é chamado também a comunicar-se com Deus comunitariamente, em Igreja. O dom do culto legado por Cristo é um dom comunitário. Não basta dizer que me comunico com Deus e pronto. Tenho um compromisso com a comunidade. Sou vocacionado a expressar o mistério da Unidade na Trindade do próprio Deus.

Podemos dizer que a espiritualidade cristã se expressa de uma forma particular ou individual e de uma forma comunitária. Duas formas de oração, de comunicação com Deus, que não se contra-põem, mas se completam. A dimensão comunitária não anula a individualidade. Aqui convém uma consideração sobre o individual e o comunitário. Não devemos opor o comunitário ao pessoal. Tanto a expressão individual como a comunitária devem ser uma manifestação pessoal. A pessoa pode vivenciar individualmente o mistério de Deus e pode vivenciá-lo comunitariamente; em ambos os casos se trata de uma vivência pessoal. As duas modalidades se completam.

5) **Mística e contemplação** – Uma verdadeira compreensão do comunitário e do individual ou particular, onde o que importa é o pessoal, leva-nos também a uma solução da questão da mística e da contemplação na Liturgia.

Mística e contemplação não se realizam apenas na expressão individual da espiritualidade. Mística tem a ver com mistério, com quem vive o mistério. Ora, onde mais do que na Liturgia se vive o mistério? Na Liturgia, mais do que por qualquer outro modo, vive-se o mistério de Cristo e de Deus. Os místicos são antes de tudo os iniciados nos mistérios de Cristo através dos sacramentos da iniciação cristã do Batismo, da Crisma e da Eucaristia.

Contemplação em si não tem nada a ver com a visão. Contemplação tem a ver com templo, morada de Deus. Contemplar significa morar no templo, morar no espaço de Deus, conviver com Deus. Ora, onde mais do que na Liturgia o ser humano convive com Deus? Diria mesmo que a vivência litúrgica se constitui no máximo convívio com Deus, pois aí se realiza a comunhão com Deus, por Cristo, no Espírito Santo.

6) **Uma espiritualidade encarnada** – O cultivo do divino ou a vivência do mistério na Liturgia realiza-se de forma encarnada. Trata-se sempre de uma ação comemorativa da assembleia; comemorativa do fato valorizado por excelência: o mistério de Cristo

revelado e realizado na história, desde a encarnação, passando por sua vida, paixão-morte, ressurreição, ascensão, envio do Espírito Santo, a vida da Igreja já consumada nos santos, até a esperança de seu retorno glorioso.

O cultivo de Deus faz-se através da totalidade do ser humano. Ele se comunica de corpo e alma, com todo o seu ser e agir. Sua participação pessoal manifesta-se por todas as faculdades e sentidos. São acionados os sentimentos mais diversos. Ele exercita sua dimensão individual e está presente também a dimensão comunitária, como reflexo do mistério da Trindade. Presentes estão os diversos elementos da criação e os frutos do trabalho humano.

7) **Uma espiritualidade sacramental** – Porque encarnada, a Liturgia é sacramental. Toda a Liturgia tem caráter sacramental. Sua linguagem apresenta-se sob a forma de sinais sensíveis e significativos. A Liturgia é totalmente simbólica, praticamente sinônimo de sacramental. Esta sacramentalidade manifesta-se em primeiro lugar nas sete grandes celebrações da Páscoa de Cristo e dos cristãos no decurso da vida humana. Aquele que crê em Cristo é mergulhado no mistério pascal de Cristo pelo Batismo. A comemoração do mistério de Pentecostes o unge com o Espírito Santo para levar à plenitude sua vocação e missão batismais de sacerdote, rei do Reino dos Céus e profeta dos bens eternos. O dom da filiação divina será fecundo na construção da cidade de Deus.

Neste caminho para Deus os discípulos se reúnem para viverem a totalidade do mistério do amor fraterno e da vida, experimentado na ceia do Senhor, no ágape fraterno, a Celebração eucarística, transformada em alimento para o caminho.

Se a comunhão fraterna eucarística for rompida pela queda, eis a lembrança da misericórdia de Deus manifestada no Cristo que perdoou. O gesto sacramental da reconciliação recompõe a comunidade no amor fraterno.

A enfermidade e a doença podem ser tropeços no caminho. Mesmo elas oferecem ocasião para um gesto solidário no Cristo que conforta, cura e perdoa os doentes. A unção medicinal feita pela Igreja transforma-se numa unção do Espírito Santo, para que o cristão enfermo também nesta situação possa dar testemunho do Cristo e completar por seus sofrimentos o que falta à Paixão de Cristo.

A missão messiânica de Cristo tem continuadores que encarnam sua presença e ação na história. O Cristo que anuncia o Evangelho, que continua santificando e guiando o seu povo é celebrado nas ordenações de bispos, presbíteros e diáconos. O serviço de salvação de Jesus Cristo adquire uma forma visível, sacramental, no sacerdócio ministerial e na diaconia.

O amor humano entre um homem e uma mulher já naturalmente chamado a ser reflexo do amor em Deus e do amor de Deus à humanidade adquire uma dimensão religiosa cristã. Expressa e participa do amor fiel e de aliança de Jesus com a humanidade toda. Esta forma do amor tem a linguagem da sexualidade, a linguagem do corpo, sacramento do amor de Deus, e expressão da unidade na diversidade do mistério de Deus.

Também as demais expressões litúrgicas se encarnam no espaço e no tempo. Na experiência anual do tempo insere-se a vivência dos mistérios de Cristo, desde o Advento e Natal até seu retorno glorioso.

O tempo lunar está na base da festa primordial, o Dia do Senhor, o domingo. A experiência pascal da passagem do trabalho ao repouso semanal leva a comemorar a Páscoa que dá sentido a todas as experiências pascais da comunidade eclesial: a Páscoa de Jesus Cristo.

A experiência diária do tempo serve para encarnar o mistério pascal de Cristo através do ritmo da oração expressa pela Liturgia das Horas.

Outros momentos pascais da comunidade eclesial são recapitulados na Páscoa de Cristo através da celebração de bênçãos.

Não devemos esquecer a Profissão religiosa, as consagrações e dedicações, os envios missionários e as Exéquias.

8) **Uma espiritualidade eucarística** – Toda a Liturgia tem dimensão eucarística, própria de seu caráter memorial, adquirindo sua expressão maior na celebração sacramental da Eucaristia, a Ceia do Senhor. Todas as celebrações são evocativas dos benefícios de Deus. Percebendo a gratuidade de todas as coisas, São Paulo exorta: "Em todas as circunstâncias dai graças, porque esta é a vontade de Deus em Jesus Cristo" (1Ts 5,18).

Tudo é graça, tudo é bênção de Deus. Se Deus dá graças ao ser humano, se Ele se dá a si mesmo no Filho, então também o ser humano agraciado deve render graças. Render graças a Deus, dar graças ao próximo, sendo uma fonte de bênção para Ele, e dar graças a toda a natureza e por toda a natureza criada. Esta vida em ação de graças adquire uma expressão sacramental em toda a Liturgia e, particularmente, na Celebração eucarística.

9) **Uma espiritualidade inspirada na Palavra de Deus** – A assembleia celebrante é o lugar privilegiado da Palavra de Deus transmitida pelas Sagradas Escrituras. Ali ela se torna viva, atual e eficaz. Ela é acolhida com fé e desperta uma resposta na celebração e na vida dos discípulos de Cristo. Ao reunir-se para celebrar o mistério pascal a Igreja lê tudo quanto a Ele se refere em todas as Escrituras (cf. SC 6). Antes de tornar presentes sacramentalmente os mistérios de Cristo ela costuma contemplá-los através da proclamação da Palavra de Deus. Não há celebração na Liturgia cristã sem que nela se proclame a Palavra de Deus. Ela é recomendada mesmo na mais simples celebração de bênção. Ela lembra a ação da misericórdia de Deus na história e a traz para o hoje da experiência do mistério. A proclamação da Palavra de Deus convida à

conversão, condição necessária para o seguimento de Cristo e a participação na graça da salvação.

10) **A prática das virtudes teologais** – A Liturgia é expressão intensa e leva à vivência das virtudes teologais. Jesus Cristo apresenta-se como Caminho, Verdade e Vida. A Liturgia é o lugar privilegiado para o exercício das virtudes teologais da fé, da esperança e da caridade.

Na fé, é acolhida a palavra de Deus. A fé é despertada e expressa em cada celebração. Na fé é evocada a presença e a ação do Deus Trino na História da Salvação e na vida de cada um. Fé em Deus, fé em Jesus Cristo, na obra da salvação, na presença de Deus na vida da Igreja. Fé nas promessas de Deus, na ressurreição da carne e na vida eterna. Pelas celebrações dos mistérios de Cristo manifesta-se sempre de novo a verdade sobre Deus, sobre Jesus Cristo, a Igreja e o ser humano. Na Eucaristia sempre se proclama todo o mistério da fé. A liturgia contém e revela a plenitude da fé cristã, tanto assim que a oração litúrgica é considerada a norma da fé.

A prática da **virtude teologal da esperança** não é menor. A Liturgia afirma sempre de novo as promessas de Deus. Não apenas as proclama, mas já as torna presentes no mistério do culto. As realidades últimas tornam-se presentes ainda que sob o véu da fé e da linguagem dos símbolos. Por isso a Igreja pode rezar: "vivendo a esperança, aguardamos a vinda do Cristo Salvador". É a dimensão escatológica da Liturgia.

A virtude teologal da caridade é garantida na expressão da Liturgia. Nela se manifestam sempre de novo a Vida e o Amor de Deus que, através de Jesus Cristo e no Espírito Santo, se comunicam de forma sacramental ao ser humano. Realiza-se o grande mandamento do amor a Deus e ao próximo. Reúne-se a família de Deus, onde todos em Cristo e por Cristo vivem sua condição de filhos e filhas do mesmo Pai celeste e de irmãos e irmãs do Irmão maior, Jesus Cristo. Pela Liturgia em geral e, de modo especial, pelos sacramentos, vai-se formando o Corpo místico de Cristo. Renova-se a reconciliação com Deus e com o próximo. O Espírito Santo, Espírito de comunhão, de unidade e de vida, é derramado nos corações dos fiéis. Deus, por Cristo, no Espírito Santo, é sempre o agente principal nos mistérios do culto cristão. O momento celebrativo torna-se assim expressão e fonte da vida fraterna dos cristãos.

11) **Uma vida litúrgica** – A Liturgia não é alienada, nem alienante. "Porque o mistério pascal de Cristo celebrado e atualizado em cada sacramento deve ressoar e completar-se na vida, toda a Liturgia deve levar a um compromisso social. O cristão celebrante é sinal vivo do mistério pascal e, portanto, instrumento de salvação integral. Por outro lado, na medida em que as comunidades estão comprometidas com a transformação do mundo, seu engajamento repercute na Liturgia, fonte e ápice de toda a vida cristã" (AVLB, n. 157).

Em cada celebração litúrgica o cristão é abençoado. A toda bênção corresponde um envio. O cristão é enviado a levar a bênção ao próximo através do serviço, pela prática do mandamento novo que renova todas as coisas, no âmbito da família, da comunidade eclesial e da sociedade. Tendo sido agraciado, torna-se fonte de graça para o outro. Ele vai levar a graça, a bênção para o próximo, vai viver em ação de graças. Toda sua vida no amor de Deus e do próximo transforma-se, então, numa ação de graças a Deus, ao próximo e a toda a natureza criada. Assim, todo o seu ser e agir transformam-se num culto espiritual, numa *liturgia*, num serviço de salvação para toda a humanidade. Estabelece-se, então, um relacionamento dinâmico entre o momento celebrativo da vida e a ação no trabalho de construção de uma sociedade sempre mais justa e fraterna. O cristão enviado coloca-se com amor a serviço da vida, promovendo-a em todos os sentidos.

Vivendo assim tudo se torna transparente de Deus, tudo adquire uma dimensão simbólica, transformando-se em linguagem do mistério de Deus na vida das pessoas. As coisas e as ações começam a adquirir uma dimensão religiosa de comunicação com o divino, com o mistério. Estamos na esfera da mística, possuindo o Espírito do Senhor e o seu santo modo de operar. Dessa forma, a dimensão litúrgica da vida cristã anima e perpassa toda a espiritualidade cristã.

35
Pastoral Litúrgica

A Pastoral Litúrgica é uma exigência bastante nova na Igreja. Ela brota de uma compreensão de Liturgia como *cume e fonte* de toda a vida e ação da Igreja (cf. SC 10). Existe um **antes** da ação litúrgica, como o anúncio, a pregação, a catequese, e um **depois** da ação litúrgica, como a ação da caridade, o viver aquilo que foi celebrado, a atuação do cristão como cidadão na construção de uma sociedade justa e fraterna.

1. A necessidade de uma Pastoral Litúrgica

Antes do Concílio Vaticano já havia a preocupação por uma formação litúrgica para os fiéis. Tratava-se de um *movimento litúrgico*, de interesse e de iniciativa de grupos cristãos. O *Movimento litúrgico* nasceu de uma preocupação pastoral. O que antes era um *movimento pastoral*, após o Concílio transforma-se em *Pastoral Litúrgica*. Vê-se a Liturgia como uma dimensão da vida de toda a Igreja, e mais, como cume e fonte de toda a vida e ação da Igreja, da qual todos os fiéis são chamados a participar de modo frutuoso, e, por isso, de modo consciente, ativo e pleno.

Assim, como se formaram outras Equipes de Pastoral, como a Equipe de Pastoral Catequética, da Pastoral Vocacional, da Pastoral Missionária, aos poucos foram surgindo também as Equipes de Pastoral Litúrgica. O Documento conciliar sobre a Sagrada

Liturgia fala de "ação pastoral litúrgica" e pede que se constituam Comissões litúrgicas em nível nacional e diocesano com a incumbência de orientar ou de promover a ação litúrgica (cf. SC 43-46).

A Pastoral Litúrgica é compreendida como ação organizada e corajosa da Igreja para levar o Povo de Deus à participação consciente, ativa e frutuosa na Liturgia. No dizer da CNBB, "promover a Liturgia já é ação pastoral pelas dimensões comunitária e ministerial, catequética, missionária, ecumênica e transformadora que ela possui. Ela não esgota toda a ação da Igreja, mas promovendo-a estamos desencadeando o dinamismo de todas as pastorais, pois a Liturgia é fonte e ápice de toda atividade eclesial" (AVLB, n. 186).

2. Características da Pastoral Litúrgica

Todo estudo, pesquisa, ensino e aprendizado da Liturgia deverá ter um caráter "iniciático" (de iniciação teórica e prática) e mistagógico (aprofundamento daquilo que se viveu na celebração). Não basta a formação acadêmica ou simplesmente uma catequese teórica. Trata-se de um processo vivenciado dos mistérios da fé, celebrados na Liturgia.

Em toda a Pastoral Litúrgica, não só em relação aos sacramentos, podemos distinguir três momentos:

O momento antecedente, ou *"o antes-pastoral"*, na preparação diferenciada com vistas à celebração e à renovação ou crescimento da vida cristã. Trata-se de uma ação pastoral que antecede e prepara a celebração.

O momento concomitante, ou *"o durante-pastoral"*, na própria celebração, na sua especificidade de sinal simbólico e de seu caráter mistagógico, ou seja, levar a celebrar bem, de modo consciente, participativo, para que seja eficaz.

O momento consequente, ou *"o depois-pastoral"*, da celebração, com seus compromissos pessoais e comunitários, que se realizam pela continuação e pela constância. Levar a viver o que se celebrou.

Estas três dimensões da Pastoral Litúrgica nos mostram os sacramentos e todas as outras celebrações não só como um ato celebrativo limitado pelo tempo, mas também como um processo vital existencial, que em seu próprio dinamismo tende a transformar não um momento fugaz da vida, mas a vida inteira.

Temos então: Uma *pastoral antecedente*, como preparação da celebração; uma *pastoral concomitante*, como celebração consciente e ativa, que possui uma dimensão catequética, mistagógica, missionária e sociotransformadora em si mesma; e uma *pastoral consequente*, como mistagogia do mistério celebrado.

Daí brotam os princípios que determinam a Pastoral Litúrgica: conscientização, preparação, autenticidade, participação, comunitariedade, coerência.

É preciso situar esta Pastoral no interior da Pastoral global ou de conjunto, no interior da missão da Igreja. A Pastoral dos sacramentos exige a Palavra, a Comunhão e a caridade. São os três aspectos de uma comunidade eclesial conforme os Atos dos Apóstolos (cf. At 2,42-47).

Cada sacramento, como também o Ano Litúrgico, a Liturgia das Horas e demais celebrações litúrgicas devem merecer uma ação pastoral antecedente, concomitante e consequente.

3. Organização da Pastoral Litúrgica

Uma boa Pastoral Litúrgica deve partir sempre de uma correta compreensão da Sagrada Liturgia.

Falando da organização da Pastoral Litúrgica, o Documento da CNBB sobre a *Animação da Vida Litúrgica no Brasil* fala em **Equipe de Pastoral Litúrgica**: "Coração e cérebro da pastoral é a Equipe de Pastoral Litúrgica em nível nacional, diocesano e paroquial. Cabe-lhe com a CNBB, com o bispo ou o pároco, planejar, nos respectivos campos de ação, a Pastoral Litúrgica, o que será mais eficiente se continuamente pesquisar a situação real dos que celebram, aprofundar sempre mais seu conteúdo teológico, formar agentes e organizar sua ação" (n. 187). "A grande tarefa destas equipes é dinamizar um processo de formação de todos os participantes da Liturgia, visando, de um lado, que a celebração seja sempre mais expressiva e, de outro lado, o enriquecimento espiritual de todo o povo" (n. 189).

Na reflexão sobre a natureza e a prática da Pastoral Litúrgica distinguem-se dois tipos de equipes: Equipe de Pastoral Litúrgica e Equipes de Celebração.

1) **Equipes de Celebração** – As *Equipes de Celebração*, às vezes chamadas simplesmente Equipes de Liturgia, distinguem-se da Equipe de Pastoral Litúrgica. As Equipes de Celebração serão tantas quantas forem as celebrações da comunidade eclesial, sobretudo nos fins de semana. Trata-se não somente das Celebrações da Eucaristia, mas de todas as celebrações, incluindo Batismo, Crisma, Penitência, Matrimônio e as diversas expressões da Oração comunitária, sobretudo da Liturgia das Horas.

Numa assembleia existem vários tipos de ministérios litúrgicos. Podemos distinguir os ministérios ordenados, do bispo, do presbítero e do diácono; os ministérios instituídos, do leitor e do acólito; e uma infinidade de outros ministros, como leitores designados, coroinhas ou acólitos designados, comentaristas, animadores, cantores, instrumentistas, animadores do canto, sacristãos, equipe de acolhimento, ministros da coleta, ministros extraordinários da Comunhão eucarística, ministros extraordinários do Batismo, Ministros credenciados da Celebração do Matrimônio, dirigentes ou ministros da Palavra da celebração dominical na ausência de um presbítero, dirigentes da via-sacra e de novenas etc.

Uma Equipe de Celebração completa da Eucaristia consta dos seguintes componentes:

- O sacerdote, presidente da celebração;
- O comentarista;
- Uma equipe de acolhimento;
- O salmista que proclama cantado do ambão o Salmo responsorial;
- O grupo de cantores ou cantor que anima e sustenta o canto da assembleia;
- Os leitores que servem as leituras da Palavra de Deus;
- O acólito ou acólitos, instituídos ou não, a serviço do altar; os não instituídos, ou designados, quando crianças são chamados coroinhas, meninos ou meninas; quando adultos, são chamados acólitos designados;
- Os ministros extraordinários da Comunhão eucarística, quando necessário;
- Os ministros da coleta;
- Pessoas que ajudem as mães a cuidar das crianças;
- O sacristão, o zelador, a equipe de limpeza e de preparação do ambiente.

Na Celebração eucarística, a Equipe de Celebração constará ao menos dos seguintes elementos:

- O sacerdote, como presidente da celebração;
- Um animador do canto;
- Leitores, sendo conveniente que seja um para cada leitura;
- Ao menos um acólito, que pode ser coroinha (menino ou menina) ou adulto (homem ou mulher), ou ainda um mi-

nistro extraordinário da Comunhão Eucarística, que ajuda a ministrar a Sagrada Comunhão. Os ministros extraordinários da Comunhão Eucarística de *per si* não tomam o lugar dos acólitos.

2) **Equipe de Pastoral Litúrgica** – A Equipe de Pastoral Litúrgica não precisa ser muito grande. O presidente normalmente será o Pároco ou um Vigário paroquial. A Equipe deverá ter um coordenador que tenha boa formação litúrgica, e convém que haja alguém que entenda de canto litúrgico. Se houver alguém que domine um instrumento é muito bom.

Haverá uma Equipe em nível diocesano e as diversas equipes paroquiais. A equipe diocesana em união com a Pastoral de conjunto da Diocese cuidará da animação litúrgica em nível diocesano. Coordena as celebrações da Igreja local como Igreja local e assessora as Equipes de Pastoral Litúrgica das Paróquias.

As principais funções de uma Equipe de Pastoral Litúrgica:

O que se diz aqui sobre as funções da Equipe de Pastoral Litúrgica vale tanto para a equipe diocesana como para as equipes paroquiais:

- A **autoformação litúrgica**. Cuidará de possuir uma pequena biblioteca sobre Liturgia, que conste de livros sobre a natureza da Liturgia, sobre os Sacramentos, o Ano Litúrgico, a Liturgia das Horas. Não podem faltar os rituais com suas Introduções Gerais, sobretudo o Missal e os Lecionários. Contará com os principais documentos do Magistério sobre a Sagrada Liturgia, como a *Sacrosanctum Concilium, a Instrução Geral sobre o Missal Romano e o documento Animação da Vida Litúrgica no Brasil;*

- Aprofundar-se no **sentido do canto e da música na Liturgia**, para saber distinguir o canto litúrgico de outras modalidades de canto, como o canto religioso e o canto de animação, capacitando-se dessa forma para orientar os grupos de cantores e instrumentistas;

- Preocupar-se com um **bom conhecimento da realidade da comunidade eclesial;**
- **Formar Equipes de Celebração** para as diversas celebrações da comunidade eclesial. Os membros da Equipe de Pastoral Litúrgica, eventualmente, poderão participar das Equipes de Celebração, mas não é esta sua função primeira;
- Preparar pessoas para os **diversos ministérios na assembleia,** sobretudo leitores, acólitos ou coroinhas, cantores, instrumentistas;
- **Coordenar as reuniões das Equipes de Celebração,** ajudando-as a fazerem uma boa reunião de preparação das celebrações;
- Estudar e planejar com o sacerdote **o Calendário das Comunidades Eclesiais da Paróquia,** seja do Ano Litúrgico, seja de outros eventos extraordinários, como ordenações, profissões religiosas e expressões da Religiosidade/Piedade popular (mês de maio, dia das mães, dia dos pais, dia da Bíblia, dia do Pároco, dia mundial das Missões, dia do Catequista, Novena de Natal etc.);
- **Preparar subsídios** ou folhetos litúrgicos adaptados para as comunidades que celebram;
- **Promover a formação litúrgica** dos fiéis em geral, através de cartazes, folhetos, e mesmo Encontros, Jornadas e Cursos de Liturgia;
- **Ajudar as Equipes de Celebração** a prepararem celebrações vivas e participadas, através de cartazes e uso de símbolos, expressão corporal, adequados à índole do povo;

- **Garantir que na catequese esteja presente a dimensão celebrativa**; que a catequese também seja uma iniciação à vida litúrgica;

- Fazer com que nas Equipes de Celebração haja a **representação das diversas pastorais e associações e movimentos da Paróquia**, para assim enriquecer as celebrações, tomando em consideração todas as experiências pascais vividas pelos fiéis;

- Ser um **elo de união entre todas as Equipes de Pastoral** no momento celebrativo;

- A Equipe de Pastoral Litúrgica diocesana cuidará de garantir a formação litúrgica dos seminaristas.

3) **Como compor as equipes** – A Equipe de **Pastoral Litúrgica** pode ser composta por nomeação do Bispo em nível diocesano e pelos Párocos no nível das Paróquias. Pode ser mais conveniente nomear apenas o coordenador e compor a equipe com representantes das várias regiões da diocese e, em nível paroquial, com representantes das diversas comunidades eclesiais ou de representantes das diversas pastorais, associações e movimentos da Igreja.

A formação das **Equipes de Celebração** poderá seguir dois critérios. Podem-se compor equipes formadas por membros de grupos, pastorais, associações ou movimentos. Missas preparadas pelos jovens, pela catequese, por uma associação ou movimento. Neste caso, corre-se o risco de se formarem capelinhas dentro da comunidade paroquial. Por isso, parece mais conveniente que cada Equipe de Celebração seja formada por elementos das diversas atividades apostólicas e pastorais da comunidade. Que haja a presença das diversas dimensões pastorais, de associações e movimentos, pois a celebração não é do respectivo movimento ou pastoral, mas expressão de toda a comunidade eclesial.

Referências

AMBRÓSIO, S. *Os sacramentos*. I,12. In: "Os sacramentos e os mistérios", Petrópolis: Vozes. 1972, p. 25.

AUGÉ, M. *Liturgia*: história, celebração, teologia, espiritualidade. São Paulo: AM, 1996.

BARAÚNA, G. (org.). *A Sagrada Liturgia renovada pelo Concílio* – Estudos e comentários em torno da Constituição Litúrgica do Concílio Vaticano Segundo. Petrópolis: Vozes, 1964.

BECKHÄUSER, A. *Cantar a Liturgia*. Petrópolis: Vozes, 2004.

_____. *Comunicação litúrgica*: presidência, homilia, meios eletrônicos. Petrópolis: Vozes, 2003.

_____. In: CELAM. *Manual de Liturgia*. 4 vol. Vol. II: La celebración del Misterio Pascual. Santafé de Bogotá, 2000.

_____. "Expresiones celebrativas de la Religiosidad popular". In: CELAM. *Manual de Liturgia*. 4 vol. Vol. II: La celebración del Misterio Pascual. Santafé de Bogotá, 2000.

_____. *Celebrar a vida cristã* – Formação litúrgica para agentes de pastoral, equipes de liturgia e grupos de reflexão. Petrópolis: Vozes, 1995.

_____. "Espiritualidade litúrgica". In: *Grande Sinal*, XLVII, 1993/3, p. 707-719.

_____. *Concílio Vaticano II* – A Liturgia 25 anos depois. Petrópolis: Vozes, 1989.

_____. *Rezar em comunidade*. Petrópolis: Vozes, 1985.

_____. *Símbolos litúrgicos*. Petrópolis: Vozes, 1976.

_____. "Hermenêutica e Liturgia". In: *REB*, 32, 1972, p. 568- 580.

_____. "Impasses da renovação litúrgica". In: *REB*, 31, 1971, p. 655-667.

BOFF, L. *Os sacramentos da vida e a vida dos sacramentos* – Ensaio de Teologia Narrativa. Petrópolis: Vozes, 1975.

_____. *O destino do homem e do mundo* – Ensaio sobre a vocação humana. Petrópolis: Vozes, 1973.

BOROBIO, D. *Pastoral dos Sacramentos*. Petrópolis: Vozes, 2000.

BOROBIO, D. (org.). *A celebração da Igreja*. 3 vol. São Paulo: Loyola, 1985.

BOTT, B. *O Movimento Litúrgico* – Testemunho e recordações. São Paulo: Paulinas, 1978.

BUYST, I. "Sacramentalidade da Liturgia na *Sacrosanctum Concilium (SC)*: constituição conciliar sobre a Sagrada Liturgia". In*: Revista de Liturgia*, 30, 176 março/abril 2003, p. 4-9.

_____. *Como estudar Liturgia* – Princípios de Ciência Litúrgica. São Paulo: Paulinas, 1990.

_____. *Equipe de Liturgia 1*. Petrópolis: Vozes, 1985.

BUYST, I & DA SILVA, J.A. *O mistério celebrado*: memória e compromisso 1. Valência: Siquem, 2002.

CANALS, J.M. "Liturgia e metodologia". In: BOROBIO, D. (org.). *A celebração na Igreja 1*. São Paulo: Loyola, 1991.

CASEL, O. *Das christliche Kultmysterium*. 3. ed. Regensburg: Friedrich Pustet, 1948 [Trad. francesa: *Le mystère du culte dans le christianisme* – Richesse du Mystère du Christ. Paris: Du Cerf, 1964 [Lex Orandi, 28]].

Catecismo da Igreja Católica. São Paulo: Loyola, 2000.

CELAM. *Manual de Liturgia*. 4 vol. Vol. II: *La celebración del Misterio Pascual*. Santafé de Bogotá, 2000.

_____. *Liturgia para a América Latina* – Documentos e estudos. São Paulo: Paulinas, 1977.

CHUPUNGCO, A.J. *Liturgias do futuro* – Processos e métodos de inculturação. São Paulo: Paulinas, 1992.

CNBB. *A música litúrgica no Brasil* – Um subsídio para quantos se ocupam da música litúrgica na Igreja de Deus que está no Brasil. São Paulo: Paulus, 1999 [Estudos da CNBB 79].

_____. *Animação da vida litúrgica no Brasil*. São Paulo: Paulinas, 1989 [Documentos da CNBB 43].

_____. *Adaptar a Liturgia*: tarefa da Igreja. São Paulo: Paulinas, 1984.

CONGREGAÇÃO PARA A EDUCAÇÃO CATÓLICA. *Instrução sobre a formação litúrgica nos seminários*. Petrópolis: Vozes, 1986 [Documentos Pontifícios 209].

CONGREGAÇÃO PARA O CULTO DIVINO. *Quarta instrução para uma correta aplicação da Constituição conciliar sobre a Sagrada Liturgia –* Legitimae diversitates. Petrópolis: Vozes, 1994.

CONGREGAÇÃO PARA O CULTO DIVINO E A DISCIPLINA DOS SACRAMENTOS. *Diretório sobre a piedade popular e Liturgia –* Princípios e orientações. São Paulo: Paulinas, 2003.

CORBON, J. *Liturgia de fonte*. São Paulo: Paulinas, 1981.

DANIÉLOU, J. "Le mystère liturgique intervention actuelle de Dieu dans l'histoire". In: *La Maison-Dieu*, n. 79, 1964, p. 32.

DA SILVA, J.A. *O movimento litúrgico no Brasil –* Estudo histórico. Petrópolis: Vozes, 1983.

Dicionário de Liturgia. São Paulo: Paulinas, 1992.

GELINEAU, J. *Canto e música no culto cristão –* Princípios, leis e aplicações. Petrópolis: Vozes, 1968.

HEINZ-MOHR, G. *Dicionário dos Símbolos*. São Paulo: Paulus, 1994.

JOÃO PAULO II. "Enraizar a Liturgia Romana nas culturas do Brasil, respeitando o espírito litúrgico e a unidade do rito" – Discurso por ocasião da visita *ad limina* ao Regional Nordeste 3 da CNBB, 29 de setembro de 1995. *Sedoc*, 28, n. 256, mai./jun. 1996, p. 698-706.

KOLBE, F. *Die Liturgische Bewegung*. Aschaffenburg: Paul Pattloch, 1964.

LÓPEZ MARTÍN, J. *No Espírito e na Verdade*. 2 vol. Petrópolis: Vozes, 1996/1997.

LURKER, M. *Dicionário de Figuras e Símbolos Bíblicos*. São Paulo: Paulus, 1993.

LUTZ, G. "Símbolos na Liturgia". In: *Revista de Liturgia*, ano 8, n. 48, nov./dez. 1981, p. 2-10. São Paulo.

MARTIMORT, A.G. *A Igreja em oração* – Introdução à Liturgia. 4 vol. Petrópolis: Vozes, 1988.

MERTON, T. *Tempo e Liturgia*. Petrópolis: Vozes, 1968.

MÜLLER, O. "O mistério da Páscoa". In: BARAÚNA, G. (org.). *A Sagrada Liturgia renovada pelo Concílio* –Estudos e comentários em torno da Constituição Litúrgica do Concílio Vaticano II. Petrópolis: Vozes, 1964.

PASTRO, C. *Guia do espaço sagrado*. São Paulo: Loyola, 1999.

_____. *Arte sacra* – O espaço sagrado hoje. São Paulo: Loyola, 1993.

PIO XII. Encíclica *Mediator Dei* (1947). Petrópolis: Vozes, 1948 [Documentos Pontifícios 54].

Sacrosanctum Concilium, art. 5-8. In: *Compêndio do Vaticano II* – Constituições, decretos, declarações. 31. ed. Petrópolis: Vozes, 2015.

SAGRADA CONGREGAÇÃO DOS RITOS. *Instrução sobre a música na Sagrada Liturgia (Musicam sacram)*, de 4 de maio de 1967. Petrópolis: Vozes, 1968 [Documentos Pontifícios 166].

SANTO AGOSTINHO. De Baptismate 6,25,47. In: CSEL 51,1.

SÃO CIRILO DE JERUSALÉM. "Terceira Catequese Mistagógica sobre a Crisma", 3. In: *Catequeses Mistagógicas*. Petrópolis: Vozes, 1977.

SCHUBERT, G. *Arte para a fé* – Nos caminhos traçados pelo Vaticano II. São Paulo: Loyola, 1987.

Tradição apostólica de Hipólito de Roma, 28, Petrópolis, 1971.

VAGAGGINI, C. *Il senso teologico della Liturgia* – Saggio di Liturgia Teologica generale. Roma: Paoline, 1965.

_____. "Vista Panorâmica sobre a Constituição Litúrgica". In: BARÚNA, G. (org.). *A Sagrada Liturgia renovada pelo Concílio* – Estudos e comentários em torno da Constituição Litúrgico do Concílio Vaticano II. Petrópolis: Vozes, 1964.

VV.AA. "A Liturgia e o corpo". In: *Concilium*, 259 – 1995/3: Liturgia. Petrópolis: Vozes, 1995.

_____. *Anamnesis.* 7 vol. São Paulo: Paulinas, 1987.

_____. "Tempo e Liturgia". In*: Concilium*, 162 – 1981/2: Liturgia. Petrópolis: Vozes, 1981.

Índice

Sumário, 5

Apresentação à segunda edição, 7

Prefácio, 11

Abreviaturas e siglas, 13

Introdução, 15

1. A ciência litúrgica, 19

2. Liturgia em abordagem filológica, 25

3. Liturgia como celebração, 31

    1. Métodos de abordagem, 31

    2. Celebração, 32

        1) O fato valorizado, ou páscoa, 32

        2) A expressão significativa do fato, ou o rito simbólico do fato, 33

        3) Intercomunhão solidária ou mistério, 33

    3. Nossa abordagem da matéria, 33

4. Mistério nas religiões naturais, 35

    1. Compreensão filológica de mistério, 35

    2. As religiões dos mistérios, 36

    3. O mito de Coré, 36

    4. A dimensão antropológica do mistério nas religiões naturais, 38

    5. Semelhanças e diferenças entre os mistérios do culto dos pagãos e os mistérios do culto dos cristãos, 40

        1) Semelhanças, 40

        2) Diferenças, 41

5. O catolicismo tradicional em confronto com os mistérios do culto da religiosidade natural, 43

    1. Um povo muito religioso, 44

    2. Um povo pouco cristão, 45

    3. Menos ainda eclesial, 46

    4. Confronto com as religiões naturais, 47

    5. Desafios, 48

6. Aprofundamento do conceito de mistério, 50

    1. O mistério de Deus, 50

    2. O mistério de Cristo Jesus, 51

    3. A vocação do ser humano, 56

    4. A queda, o "não" à vocação, e a necessidade da conversão, 59

7. Páscoa – Fato valorizado, 63

    1. Páscoa, 63

    2. Páscoa-fato, 64

    3. Páscoa-rito, 67

8. A Páscoa – Fato da Nova Aliança, 69

    1. Jesus Cristo, a Páscoa verdadeira, 69

    2. Os mistérios de Cristo, 72

    3. O Mistério Pascal, 73

9. Páscoa-rito, o mistério do culto cristão, 75

    1. Páscoa-rito ou mistério do culto, 75

    2. Os mistérios do culto, 77

10. A Sagrada Liturgia à luz da *Sacrosanctum Concilium*, 79

11. A Liturgia, obra da Santíssima Trindade, 84

    1. O Pai é louvado, 85

    2. O Filho é comemorado, 86

    3. O Espírito Santo é invocado, 87

    4. Uma espiritualidade trinitária, 90

12. Liturgia, ação da Igreja, 92

    1. O mistério da Igreja, 94

    2. A Liturgia como epifania da Igreja, 96

3. As diversas manifestações da Igreja, 96

   1) A Liturgia catedral, 97

   2) A Liturgia paroquial, 97

   3) A Liturgia das pequenas comunidades eclesiais, 97

   4) A Igreja "de iure", 97

13. A Liturgia na totalidade da vida da Igreja, 99

   1. A Liturgia não esgota toda a vida e ação da Igreja, 99

   2. A Liturgia, cume e fonte da vida da Igreja, 100

   3. A Liturgia celebra a Igreja, 101

14. O símbolo: a expressão significativa da Liturgia, 102

15. Os mistérios do culto de Cristo e da Igreja, 106

   1. Os sete sacramentos, 108

   2. Outros mistérios de Cristo, 112

16. A expressão significativa da Liturgia: os ritos litúrgicos, 114

   1. A natureza do rito, 114

   2. As dimensões do sinal litúrgico, 117

   3. A sacramentalidade de toda a Liturgia, 118

17. As pessoas: a assembleia e os ministros, 120

   1. A assembleia, 120

   2. Pessoas com funções diversas na assembleia, 123

      1) O sacerdote presidente, 124

      2) Outros ministérios e funções, 124

18. A Palavra de Deus: a Bíblia e a Liturgia, 128

   1. A Palavra de Deus na Liturgia, 128

   2. Liturgia e hermenêutica bíblica, 129

      1) Exegese literal e exegese espiritual ou típica, 129

      2) A lei que rege a interpretação litúrgica da Bíblia, 130

      3) As quatro profundidades do sentido único dos textos escriturísticos, 133

   3. A maneira como a Liturgia faz uso da Bíblia, 137

      1) A Sagrada Escritura, fonte dos mistérios celebrados, 137

      2) A Sagrada Escritura usada como leitura, 137

3) O uso da Palavra de Deus como oração, 139

4) Inspiração para os textos, 139

5) Inspiração para as cerimônias ou ritos, 140

6) Fonte da homilia, 140

19. A Palavra da Igreja na Liturgia: a eucologia, 141

1. As orações de ação de graças ou orações eucarísticas, 141

2. Orações de tipo coleta, 142

3. Orações de bênção e exorcismo, 143

4. Fórmulas sacramentais, 143

5. Orações litânicas, 144

6. Responso ou responsório, 144

7. Antífona, 144

8. Tropo e motete, 145

9. Saudações e aclamações, 145

10. Hino, 145

11. Canto, 146

20. Elementos da natureza como símbolos na Liturgia, 147

1. Luz e trevas, 148

2. A água, 149

3. O óleo, 152

4. O pão e o vinho, 155

5. A cinza e o incenso, 156

21. Objetos como símbolos na Liturgia, 157

1. O livro, 157

2. Os livros litúrgicos, 159

22. A corporeidade na Liturgia, 162

1. Gestos, 162

2. Genuflexão e inclinação, 163

3. Prostração, 164

4. Ações, 165

5. Posturas do corpo, 165

6. Movimentos, 166

7. Movimentos corporais e dança, 168

8. Peregrinações, 169

9. O silêncio, 170

23. Vestes sagradas, 172

1. As vestes em geral, 172

2. A dimensão religiosa da veste, 173

3. As vestes litúrgicas, 174

4. Os paramentos, 175

24. A arte da cor na Liturgia, 179

1. A pintura e a escultura, 181

2. A arquitetura no espaço celebrativo, 182

1) A superação do templo, 182

2) Da casa da Igreja à igreja-casa dos cristãos, 183

3) Nossas igrejas, 184

4) A necessidade de uma equipe no planejamento de uma nova igreja, 188

3. Formação artística, 188

25. A arte do som: a música e o canto litúrgicos, 190

1. A função da música em geral, 190

2. O canto litúrgico, 191

3. A música litúrgica conforme o Magistério da Igreja, 192

1) A música na Liturgia em geral, 192

2) A música e o canto da missa, 195

4. Função do grupo de cantores ou do cantor, 197

26. Tempo e Liturgia, 199

1. O tempo, 199

2. Jesus Cristo, o Senhor do tempo, 200

3. O tempo da Liturgia, 201

4. A Liturgia no tempo, 202

1) O tempo das gerações, 203

2) O tempo da vida, 203

3) O tempo solar, 203

4) O tempo lunar, 204

5) O tempo diário, 205

6) O tempo ocasional ou circunstancial, 205

7) A Eucaristia, 205

27. Comunicação litúrgica e a arte da comunicação na Liturgia, 206

1. O que é comunicação, 206

2. Quem comunica, 207

3. O que se comunica, 207

4. Como se realiza a comunicação litúrgica, 209

5. O ministério da comunicação litúrgica, 209

6. A arte da comunicação, 211

28. Participação da Liturgia, 214

1. Participação eficaz ou frutuosa, 215

2. Participação consciente, 216

3. Participação ativa, 216

4. Participação plena, 217

29. A Liturgia através da história - I: Da Igreja primitiva até o século XVI (Concílio de Trento), 219

1. A comunidade nascente, 219

2. A passagem para o mundo helenista e a consolidação da Liturgia, 221

1) A época pré-nicena ou pré-constantiniana (séculos II-III), 221

2) A época constantiniana, 222

3) A obra do gênio romano, 223

3. Do Século VI até Gregório VII (1078), 223

1) A época clássica da Liturgia Romana nos séculos VI e VII, 224

2) A passagem para o mundo franco-germânico, 224

4. De Gregório VII até o início do século XVI, 226

1) A volta da Liturgia franco-germânica para Roma, 226

2) A Alta Idade Média dos séculos XII e XIII, 227

3) O outono da Idade Média: séculos XIV e XV, 230

30. A Liturgia através da história - II: Do século XVI (Concílio de Trento) até os nossos dias, 232

1. A Reforma protestante e o Concílio de Trento, 232

2. A época do Barroco dos séculos XVI e XVII, 235

3. A época do Racionalismo (Iluminismo) do século XVIII, 236

4. A época da Restauração do século XIX, 238

    1) Mentalidade geral deste tempo, 238

    2) Primeiras tentativas de restauração litúrgica no âmbito monástico, 240

5. A época do Movimento Litúrgico e da reforma da Liturgia até o Concílio Vaticano II, 241

    1) Fatores e causas do Movimento Litúrgico, 241

    2) A busca de uma conceituação de Liturgia, 242

    3) O espírito da reforma litúrgica do Vaticano II, 244

31. O Magistério da Igreja e Liturgia, 246

1. A função do Magistério em relação à Liturgia, 246

    1) O Magistério, garantia da fé celebrada na Liturgia, 247

    2) A busca de certa unidade de linguagem dos textos e dos ritos, 248

2. O Magistério e a Liturgia no Concílio Vaticano II, 250

32. Adaptação, criatividade, inculturação, 254

1. Adaptação, 255

2. Criatividade, 256

3. Aculturação e inculturação, 257

33. Liturgia e catequese, 261

1. A Liturgia na catequese, 261

2. A catequese litúrgica, 262

34. Liturgia e espiritualidade, 264

1. Espiritualidade litúrgica à luz do Concílio, 265

2. Características da espiritualidade litúrgica, 266

    1) Seu caráter trinitário, 266

    2) A centralidade de Cristo, 266

3) A ação do Espírito, 267

4) Uma espiritualidade eclesial comunitária, 267

5) Mística e contemplação, 268

6) Uma espiritualidade encarnada, 268

7) Uma espiritualidade sacramental, 269

8) Uma espiritualidade eucarística, 271

9) Uma espiritualidade inspirada na Palavra de Deus, 271

10) A prática das virtudes teologais, 272

11) Uma vida litúrgica, 273

35. Pastoral Litúrgica, 275

1. A necessidade de uma Pastoral Litúrgica, 275

2. Características da Pastoral Litúrgica, 276

3. Organização da Pastoral Litúrgica, 277

1) Equipes de celebração, 278

2) Equipe de Pastoral Litúrgica, 280

3) Como compor as equipes, 282

Referências, 283

Dicionário de Teologia Fundamental

Esse *Dicionário* tem por base o binômio revelação-fé. Em torno deste eixo giram os 223 verbetes que o compõem. A estrutura do *Dicionário* foi pensada de modo a propor, a quem o desejar, um estudo sistemático de todos os temas da Teologia Fundamental: os princípios básicos e suas implicações.

Em sua concepção inicial, essa obra procurou definir, antes de tudo, as grandes linhas do *Dicionário* e, em seguida, determinar os verbetes a serem tratados, levando em conta uma série de critérios.

Mesmo tendo sido composto há algumas décadas, permanece muitíssimo atual, justamente pela forma abrangente utilizada em sua organização. Sendo um dicionário, não contém tratados teológicos sistemáticos, mas cada temática é apresentada com uma grande abrangência. Além disso, ao final de cada verbete há indicações bibliográficas para aprofundamento.

COLEÇÃO INICIAÇÃO À TEOLOGIA
Coordenadores: Welder Lancieri Marchini e Francisco Morás

- *Teologia Moral: questões vitais*
  Antônio Moser

- *Liturgia*
  Frei Alberto Beckhäuser

- *Mariologia*
  Clodovis Boff

- *Bioética: do consenso ao bom-senso*
  Antônio Moser e André Marcelo M. Soares

- *Mariologia – Interpelações para a vida e para a fé*
  Lina Boff

- *Antropologia teológica – Salvação cristã: salvos de quê e para quê?*
  Alfonso García Rubio

CULTURAL

Administração
Antropologia
Biografias
Comunicação
Dinâmicas e Jogos
Ecologia e Meio Ambiente
Educação e Pedagogia
Filosofia
História
Letras e Literatura
Obras de referência
Política
Psicologia
Saúde e Nutrição
Serviço Social e Trabalho
Sociologia

CATEQUÉTICO PASTORAL

Catequese
  Geral
  Crisma
  Primeira Eucaristia

Pastoral
  Geral
  Sacramental
  Familiar
  Social
  Ensino Religioso Escolar

TEOLÓGICO ESPIRITUAL

Biografias
Devocionários
Espiritualidade e Mística
Espiritualidade Mariana
Franciscanismo
Autoconhecimento
Liturgia
Obras de referência
Sagrada Escritura e Livros Apócrifos

Teologia
  Bíblica
  Histórica
  Prática
  Sistemática

REVISTAS

Concilium
Estudos Bíblicos
Grande Sinal
REB (Revista Eclesiástica Brasileira)

VOZES NOBILIS

Uma linha editorial especial, com importantes autores, alto valor agregado e qualidade superior.

VOZES DE BOLSO

Obras clássicas de Ciências Humanas em formato de bolso.

PRODUTOS SAZONAIS

Folhinha do Sagrado Coração de Jesus
Calendário de mesa do Sagrado Coração de Jesus
Agenda do Sagrado Coração de Jesus
Almanaque Santo Antônio
Agendinha
Diário Vozes
Meditações para o dia a dia
Encontro diário com Deus
Guia Litúrgico

CADASTRE-SE
www.vozes.com.br

EDITORA VOZES LTDA.
Rua Frei Luís, 100 – Centro – Cep 25689-900 – Petrópolis, RJ
Tel.: (24) 2233-9000 – Fax: (24) 2231-4676 – E-mail: vendas@vozes.com.br

UNIDADES NO BRASIL: Belo Horizonte, MG – Brasília, DF – Campinas, SP – Cuiabá, MT
Curitiba, PR – Fortaleza, CE – Goiânia, GO – Juiz de Fora, MG
Manaus, AM – Petrópolis, RJ – Porto Alegre, RS – Recife, PE – Rio de Janeiro, RJ
Salvador, BA – São Paulo, SP